Die Methode für jeden Tag

Ungarisch
ohne Mühe

VON
GEORGES KASSAI & TAMÁS SZENDE

DEUTSCHE ÜBERSETZUNG UND BEARBEITUNG VON
DEN AUTOREN

IN ZUSAMMENARBEIT MIT
MONICA KLIER

ZEICHNUNGEN VON J.-L. GOUSSÉ

Der Sprachverlag

KÖRNERSTRASSE 12
50823 KÖLN
DEUTSCHLAND

© Assimil 2013/2024   ISBN 978-2-7005-0180-3

Der Assimil-Verlag bietet folgende Sprachkurse an:

Grundkurse Niveau A1–B2 / Reihe "ohne Mühe"

Amerikanisch • Arabisch • Brasilianisch
Bulgarisch • Chinesisch • Chinesische Schrift
Dänisch • Deutsch (als Fremdsprache) • Englisch
Finnisch • Französisch • Griechisch • Hindi
Indonesisch • Italienisch • Japanisch • Kanji-Schrift
Koreanisch • Kroatisch • Latein • Luxemburgisch
Niederländisch • Norwegisch • Persisch • Polnisch
Portugiesisch • Rumänisch • Russisch • Schwedisch
Spanisch • Suaheli • Thai • Tschechisch
Türkisch • Ungarisch • Vietnamesisch

Vertiefungskurse Niveau B2–C1 / Reihe "in der Praxis"
Englisch • Französisch • Italienisch • Russisch • Spanisch

Weitere Sprachkurse in Vorbereitung

... Aktuelles und weitere Infos unter www.AssimilWelt.com

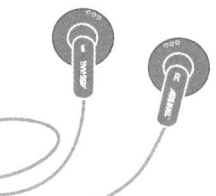

Die Tonaufnahmen
mit den fremdsprachigen Texten aller Lektionen und Verständnisübungen aus diesem Kurs – insgesamt 155 Min. Spieldauer – können Sie im Internet oder bei Ihrem Buchhändler bestellen: **Magyarul könnyen**
4 Audio-CDs ISBN 978-3-89625-142-8
geplant 1 MP3-CD ISBN 978-3-89625-116-9

VORWORT ZU "UNGARISCH OHNE MÜHE"

Hinweise zur Verwendung dieses Buches
Dieser Kurs richtet sich sowohl an Personen, für die Ungarisch noch eine völlig unbekannte Sprache ist, als auch an Personen, die bereits über Ungarischkenntnisse verfügen und diese gerne auffrischen möchten. Er vermittelt in 85 Lektionen modernes und lebensnahes Ungarisch. Insgesamt erlernen Sie in diesem Kurs knapp 2.000 Vokabeln.

Ungarisch ohne Mühe präsentiert Ihnen die Sprache so, wie man ihr im täglichen Leben begegnet. Durch den lebendigen Kontext werden Sie sich sehr schnell wohl fühlen. Die ASSiMiL-Methode bietet eine natürliche Progression: Lassen Sie sich leiten, und Sie werden bequem Ihr Ziel erreichen.

Das Geheimnis der natürlichen Assimilierung ist die **Regelmäßigkeit** des Lernens: **15–20 Minuten täglich** mit diesem Kurs, und Sie werden schnell Fortschritte machen. Haben Sie einmal wenig Zeit, so vermindern Sie die Lerndosis lieber, als dass Sie sie ganz streichen. Sie müssen nicht pro Tag eine Lektion durcharbeiten, sondern können eine Lektion auf zwei oder drei Tage verteilen. Lernen Sie nicht "zwischen Tür und Angel" oder wenn Sie unter Stress stehen oder zu müde sind. Wählen Sie zum Lernen einen Ort und eine Tageszeit, der bzw. die auf Ihre Lerngewohnheiten abgestimmt ist.

Lernen Sie **NIE auswendig**. Die bessere Art, sich eine Fremdsprache anzueignen (zu assimilieren), ist wiederholtes Lesen und vor allem Anhören der Dialoge und Übungstexte.

Lesen Sie auf jeden Fall die vorliegende **Einleitung** und auch die **Erläuterungen zur Aussprache**. Beides ist eine wichtige Ergänzung zu den Tonaufnahmen; außerdem wird hier beschrieben, wie Sie die vereinfachte Lautschrift lesen.

Vor allem in den ersten Tagen Ihres Studiums sollten Sie sich die Lautbeschreibungen möglichst täglich ansehen und die Laute laut und deutlich nachsprechen. Sie können die Lautbeschreibungen in der vorliegenden Einleitung außerdem jederzeit zum Nachschlagen benutzen.

Am Ende des Kurses finden Sie ein **Wörterverzeichnis Ungarisch-Deutsch** und eine **Kurzübersicht** über die **Laute** des Ungarischen.

INHALT

• Vorwort	**III**
• Passive und aktive Phase	**VI**
• Aufbau der Lektionen	**VII**
• Arbeitsweise	**IX**
• Aussprache / Kurzübersicht	**X**
• Das ungarische Alphabet und die Aussprache	**XI**

Verzeichnis der Lektionen — Seiten

Lektionen 1–7 — **1–24**
• 1 • Mi újság? Semmi. • 2 • Magyarország, Franciaország • 3 • Egy különös család • 4 • Egy kíváncsi rendőr • 5 • A "Paprika" étteremben • 6 • Érdekes könyvek • 7 • Wiederholung und Anmerkungen

Lektionen 8–14 — **23–46**
• 8 • Látogatás a bankban • 9 • Késő van • 10 • A fogorvosnál • 11 • Ma vizsgázunk • 12 • Városnézés Budapesten • 13 • Magánügy • 14 • Wiederholung und Anmerkungen

Lektionen 15–21 — **47–68**
• 15 • Ma semmit nem találok • 16 • Diszkóban • 17 • Ibolya egy romantikus estéje • 18 • Fogadás Budapesten • 19 • Új lakásba költözünk • 20 • Uzsonna a nagymamánál • 21 • Wiederholung und Anmerkungen

Lektionen 22–28 — **69–92**
• 22 • Veszekedés a gyerekszobában • 23 • Ki gazdag? • 24 • Egy este az Operában • 25 • Ki látta a balesetet? • 26 • Adjon enni a macskáknak! • 27 • Ismételjünk! • 28 • Wiederholung und Anmerkungen

Lektionen 29–35 — **91–116**
• 29 • A hentesnél • 30 • Legyünk udvariasak! • 31 • Fa leszek ... • 32 • Nem mentek holnap moziba? • 33 • Hogyan "gyártunk" szavakat? • 34 • Önéletrajz • 35 • Wiederholung und Anmerkungen

Lektionen 36–42 — **117–140**
• 36 • Tornaórán • 37 • Hurrá, utazunk! • 38 • Pesti viccek • 39 • Emlékek • 40 • Néhány szó a magyar történelemről • 41 • Egy furcsa álom • 42 • Wiederholung und Anmerkungen

Lektionen 43–49   **139–164**

• 43 • Karcsi féltékeny • 44 • Karcsi féltékeny II (második rész) • 45 • Vásárolj be! • 46 • Négy évszak • 47 • Ismeri ön Magyarországot? • 48 • Randevú • 49 • Wiederholung und Anmerkungen

Lektionen 50–56   **163–190**

• 50 • Félúton • 51 • Száz éves a nagypapa (tévériport) • 52 • Énekeljünk! • 53 • Levél Amerikából • 54 • Levél Budapestről • 55 • Öröklakás a Rózsadombon • 56 • Wiederholung und Anmerkungen

Lektionen 57–63   **191–216**

• 57 • Szavak, szavak ... • 58 • Énekeljünk újra! • 59 • Min nevetnek a magyarok? • 60 • Választási beszéd egy képzelt köztársaságban • 61 • Távirat • 62 • Diavetítés • 63 • Wiederholung und Anmerkungen

Lektionen 64–70   **215–242**

• 64 • Tudni illik, hogy mi illik • 65 • Szállodában • 66 • A lecsó receptje • 67 • Szegény vagyok ... • 68 • Munkát keresek • 69 • Néhány szó a gazdaságról • 70 • Wiederholung und Anmerkungen

Lektionen 71–77   **241 270**

• 71 • Altató • 72 • Cédula a kapun • 73 • Három régi népszokás • 74 • Mit tegyek? • 75 • Turistagondok • 76 • Mi a futball? • 77 • Wiederholung und Anmerkungen

Lektionen 78–85   **269–304**

• 78 • A határon • 79 • Mese a halászról és a feleségéről • 80 • Mi az ördögnek vettem autót? (Monológ) • 81 • Miről ír a mai újság? • 82 • Közmondások állatokról • 83 • Miért gyenge a pesti fekete? • 84 • Wiederholung und Anmerkungen • 85 • Búcsú

Anhänge

• Anhang A. Grammatikalischer Anhang   305

• Anhang B. Wörterverzeichnis   317

• Aussprache / Kurzübersicht über die Laute des Ungarischen   341

PASSIVE UND AKTIVE PHASE

Wie alle ASSiMiL-Kurse gliedert sich auch dieser Kurs in eine passive und eine aktive Phase (auch "**Zweite Welle**" genannt). Bis Lektion 49 lernen Sie zunächst passiv, d. h. Sie sollten nur verstehen, was Sie lesen und hören. Sie sollten möglichst oft die Aufnahmen anhören, sich mit der Aussprache vertraut machen, die Anmerkungen lesen und die Übungen absolvieren. In dieser Phase bilden Sie noch keine eigenen Sätze, sondern sammeln lediglich passive Kenntnisse an.

Am Ende von Lektion 50 beginnt die "Aktive Phase", für die Sie von nun an täglich einige Minuten mehr einplanen müssen. Dort finden Sie – wie bei allen weiteren Lektionen – den Hinweis "Zweite Welle:", gefolgt von einer Lektionsnummer. Das bedeutet: Nachdem Sie Ihre aktuelle Lektion wie gewohnt studiert haben, gehen Sie zurück zu der angegebenen Lektion und arbeiten diese aktiv durch, d. h. Sie versuchen, den deutschen Dialog auf der rechten Buchseite – wie ein Dolmetscher – auf Ungarisch wiederzugeben, wobei Sie die linke Buchseite zudecken. Dies üben und wiederholen Sie so lange, bis Sie den Text korrekt in die Fremdsprache übersetzen können.

Sie können (und sollten) ebenso mit der Verständnisübung der jeweiligen Lektion verfahren, d. h. auch hier versuchen, die deutschen Sätze auf Ungarisch wiederzugeben.

Zur Kontrolle haben Sie immer die fremdsprachigen Sätze auf der jeweils gegenüberliegenden Buchseite.

Im Laufe dieser "Aktivierung" werden Sie angenehm überrascht sein, wie viele Kenntnisse Sie nach und nach – ohne Mühe und intuitiv – erworben haben und dass Sie schon eine Menge Wortschatz und Strukturen passiv "assimiliert" haben. Gleichzeitig werden Sie feststellen, dass Sie Ihre bislang erworbenen Kenntnisse vertiefen und festigen und parallel Ihren Wortschatz erweitern. Außerdem zeigt Ihnen die "Zweite Welle" die Schwierigkeiten auf, die noch bei Ihnen bestehen, und Sie werden herausfinden, was Sie noch einmal wiederholen sollten.

AUFBAU DER LEKTIONEN

A. Lektionstext
Auf jeder linken Buchseite finden Sie den fremdsprachigen Lektionstext, auf der gegenüberliegenden Buchseite die sinngemäße deutsche Übersetzung. Um Ihnen vor allem am Anfang das Verständnis zu erleichtern, finden Sie an vielen Stellen auch die wörtliche Übersetzung bestimmter Satzteile in runden Klammern (...). Satzteile oder Ausdrücke im Deutschen, die im ungarischen Text nicht vorhanden sind, jedoch für das Verständnis oder für die syntaktische Korrektheit des Deutschen wichtig sind, sind mit eckigen Klammern versehen [...]. Zahlen in runden Klammern am Satzende im ungarischen Dialog verweisen auf die Anmerkungen (siehe Punkt C.).

B. Vereinfachte Lautschrift/Aussprache
In den ersten sieben Lektionen finden Sie jeweils unter dem ungarischen Lektionstext einen mit "Aussprache" überschriebenen Absatz, der die phonetische Transkription aller Sätze der jeweiligen Seite enthält.

Bei der Lautschrift handelt es sich nicht um die internationale Lautschrift, sondern eine speziell von ASSiMiL entwickelte Phonetik, die Ihnen die Aussprache des Ungarischen erleichtern soll. Wie Sie die Phonetik lesen, wird am Ende der Einleitung vor der ersten Lektion auf Seite X erläutert.

C. Anmerkungen
Zahlen in runden Klammern im ungarischen Lektionstext verweisen auf Anmerkungen, die immer auf der gleichen Buchdoppelseite zu finden sind; das erspart Ihnen umständliches Hin- und Herblättern. Die Anmerkungen enthalten in Kürze wichtige Informationen zum Verständnis des jeweiligen Satzes, eines Satzteils oder eines Wortes bzw. deren Grammatik, ergänzenden Wortschatz, Synonyme und Antonyme zu bestimmten Wörtern und gelegentlich landeskundliche Details.

D. Verständnisübung mit Lösung (Gyakorlat)
Die 1. Übung jeder Lektion ist eine aus wenigen ungarischen Sätzen bestehende Verständnisübung, in der das Vokabular der aktuellen Lektion und auch der letzten Lektionen wieder aufgegriffen und in einen anderen Kontext eingebettet wird. Anhand dieser Übung können Sie feststellen, ob Sie den bisher gelernten Wortschatz verstanden und assimiliert haben. Die Übungslösung finden Sie in Form der

deutschen Übersetzung der Übungssätze auf der gegenüberliegenden Buchseite.

E. Lückentextübung mit Lösung (Egészítse ki)
Die 2. Übung jeder Lektion ist eine Lückentextübung, die ebenfalls auf dem bislang kennengelernten Vokabular basiert. Hier sollen Sie auf der Grundlage der angegebenen deutschen Sätze in die darunterstehenden ungarischen Sätze fehlende Wörter einsetzen. Die "Lücken" werden durch Punkte dargestellt, wobei jeder Punkt für einen Buchstaben steht. Endet ein Satz mit einer "Lücke", so ist der Schlusspunkt des Satzes fett gedruckt. Die Lösung zu dieser Übung, d. h. die Wörter, die Sie einsetzen müssen, finden Sie auf der rechten Buchseite.

F. Motivationshinweise
Gelegentlich gibt es kleine Lernhinweise, die dazu dienen sollen, Sie zu ermuntern und zu motivieren, Sie also sozusagen "bei Laune zu halten". Sie enthalten wichtige Tipps für das effektive Lernen und für Situationen, in denen Sie auf Schwierigkeiten stoßen oder in denen Sie sich demotiviert fühlen könnten.

G. Wiederholungslektionen
In jeder 7. Lektion wird systematisch die Grammatik der vergangenen sechs Lektionen wiederholt, vertieft und anhand von Beispielen erläutert. In diesen Lektionen finden Sie u. a. auch Konjugations-, Deklinations- und Wörterlisten, die Sie vielleicht in den Lektionen vermisst haben. Zur Auflockerung enthalten einige dieser Lektionen auch landeskundliche Informationen.

H. Illustrationen
Schenken Sie auch den Illustrationen ein wenig Aufmerksamkeit. Jede Karikatur dreht sich um einen Satz aus der jeweiligen Lektion und kann Ihnen vielleicht helfen, sich bestimmte Wendungen oder Ausdrücke besser zu merken, weil Sie sie mit einem Bild bzw. einer Situation verbinden können.

I. Tonaufnahmen
Sie können zwar mit dem Buch alleine lernen, wir empfehlen Ihnen dennoch dringend, die Tonaufnahmen (Audio-CDs / MP3 / Lernsoftware) zu erwerben. Sie enthalten sämtliche ungarischen Lektionstexte sowie die ungarischen Texte der Verständnisübung. Professionelle Sprecherinnen und Sprecher aus unterschiedlichen Regionen gewährleisten eine hohe Authentizität in Aussprache, Betonung und Satzmelodie. Zu Beginn werden die Lektionstexte relativ langsam

gesprochen, im Laufe der Lektionen steigert sich das Sprechtempo bis hin zu dem typischen Ungarisch, wie Sie es in Ungarn hören können.

ARBEITSWEISE

1. Lesen Sie zunächst die vorliegende Einleitung, vor allem die Lautbeschreibungen (Seite X & XI), aufmerksam durch.

2. Hören Sie sich Ihre aktuelle Lektion mehrmals hintereinander auf den Tonaufnahmen an, und vergleichen Sie die Aussprache mit der vereinfachten Lautschrift unter dem Lektionstext.

3. Vergleichen Sie jeden ungarischen Satz mit seiner Übersetzung auf der gegenüberliegenden Seite, und versuchen Sie anhand der wörtlichen Übersetzung, den ungarischen Satzbau nachzuvollziehen.

4. Gibt es zu dem Satz eine Anmerkung, so lesen Sie diese.

5. Hören Sie sich dann die Lektion erneut an. Sie können versuchen, den ungarischen Text Satz für Satz laut mitzulesen, aber beachten Sie: Wenn Sie Anfänger sind, sollten Sie sich auf gar keinen Fall Stress mit der Aussprache machen! Akzeptieren Sie, dass Ihr Ohr in diesem Stadium noch nicht an die typisch ungarischen Laute gewöhnt ist und dass Sie einige Zeit brauchen werden, um sie auszusprechen.

6. Versuchen Sie, jeden Satz so oft laut zu lesen, bis Sie ihn wiederholen können, ohne ins Buch zu sehen. Lassen Sie sich nicht dadurch beirren, dass Ihre Aussprache nicht 100%ig mit der der Sprecher übereinstimmt.

7. Hören Sie sich die Lektion noch einmal komplett an.

8. Wenn Sie den gesamten Lektionstext verstanden, sich mit der Aussprache vertraut gemacht und die Anmerkungen gelesen haben, absolvieren Sie die Verständnisübung.

9. Arbeiten Sie anschließend, am besten schriftlich, die Lückentextübung durch, natürlich ohne zwischendurch auf die Lösung zu sehen!

10. Gehen Sie erst dann zur nächsten Lektion über, wenn Ihnen die aktuelle Lektion keine Schwierigkeiten mehr bereitet!

Aussprache / Kurzübersicht

Buchstabe	[Lautschrift]	Aussprachebeispiel & Erklärung
a	[ɑ]	zwischen [a] & [o] wie im engl. „what"
á	[a:]	langes a wie in Vater, Saal
c	[ts]	wie z in zehn, Zange
cs	[tsch]	wie in tschechisch
e	[ɛ]	wie in denn, wenn
é	[e]	wie in See, Esel
gy	[dj]	wie in Adieu
h	[h]	wie in Haus
í	[i:]	langes i wie in Tier, hier
ny	[nj]	wie in Cognac, Champagner
o	[o]	wie in Sonne, ob
ó	[o:]	langes o wie in ohne, Ohren
ő	[ö:]	langes ö wie in hören
s	[sch]	wie in schön
sz	[s]	wie ss/ß in Haus
ty	[tj]	wie in Heintje
ú	[u:]	wie in Kuh
ű	[ü:]	langes ü wie in Tür
v	[w]	wie w in Witwe
z	[z]	wie in rosa
zs	[j]	wie in „Heute Journal"

XI

DAS UNGARISCHE ALPHABET UND DIE AUSSPRACHE

In der Tabelle auf der linken Seite finden Sie eine Kurzübersicht aller Laute, die im Vergleich zum Deutschen auf Ungarisch eine abweichende Aussprache haben. Eine Kopie dieser Tabelle finden Sie zum schnellen Nachschlagen auch auf der letzten Buchseite.

In der ersten Spalte sehen Sie die ungarischen Buchstaben, in der zweiten die von uns gewählte Entsprechung für die Lautschrift und in der dritten ein entsprechendes Aussprachebeispiel. Für diese Beispiele haben wir normalerweise deutsche Wörter ausgewählt und nur dann auf fremdsprachige Wörter zurückgegriffen, wenn die Laute auf Deutsch nicht existieren.

Der Wortakzent liegt im Ungarischen immer auf der ersten Wortsilbe: **szer**vusz "guten Tag"; **sem**mi "nichts"; **kö**szönöm "danke"; usw. Die Folgesilben bzw. die unakzentuierten Silben werden aber trotzdem immer deutlich ausgesprochen.

Haben Sie schon einmal ein Zigeunerorchester spielen hören? Dann ist Ihnen sicher aufgefallen, wie es ein Musikstück beginnt. Der ungarische Satz ähnelt diesbezüglich oft einem Lied: Ein starker Akzent liegt auf dem Satzbeginn, und dieser geht dann in eine abfallende Melodie über.

1 egy

ELSŐ LECKE

Mi újság? Semmi.

1 – Halló? Jó napot kívánok. Itt Szabó János. Ott ki beszél? **(1)**
2 – Halló! Itt Péter beszél.
3 – Szervusz Péter.
4 – Szervusz János.
5 – Hogy vagy? **(4)**
6 – Köszönöm, jól vagyok. És te? **(2) (4)**
7 – Köszönöm, jól vagyok. Én is jól vagyok. **(3) (4)**
8 – Mi újság?
9 – Semmi. Szép idő van. És ott mi újság? **(4) (5)**
10 – Semmi különös. Itt is szép idő van. **(3) (4)**

AUSSPRACHE
mi u:jscha:g schemmi **1** hallo: jo:napot ki:va:nok itt szabo: ja:nosch ott ki beszel **2** hallo: itt peter besel **3** servus peter **4** servus ja:nosch **5** hodj vadj **6** kösönöm jo:l vadjok es te **7** köszönöm jo:l vadjok en isch jo:l vadjok **8** mi u:jscha:g **9** schemmi sep idö: van es ott mi u:jscha:g **10** schemmi különösch itt is sep idö: van

GYAKORLAT
1 Hogy beszél Anna? **2** Anna jól beszél. **3** Te is szép vagy? **4** Én is szép vagyok. **5** Jó napot, itt vagyok. **6** Te ott vagy.

ERSTE LEKTION

Was gibt's Neues (was Neuigkeit)? Nichts.

1 – Hallo? Guten Tag (guten Tag ich wünsche).
   Hier spricht Hans Szabó. Wer spricht dort (dort wer spricht)?
2 – Hallo! Hier spricht Peter (hier Peter spricht).
3 – Tag, Peter.
4 – Tag, Hans.
5 – Wie geht es dir (wie bist)?
6 – Danke, es geht mir gut (gut bin). Und dir (du)?
7 – Danke, es geht mir gut. Mir geht es auch gut.
8 – Was gibt's Neues (was Neuigkeit)?
9 – Nichts. Es ist schönes Wetter (schönes Wetter gibt es). Und dort bei dir, was gibt's Neues?
10 – Nichts Besonderes. Hier ist auch schönes Wetter.

ANMERKUNGEN

1 *Kívánok* ist die erste Person Singular des Verbes *kíván* (wünschen). *Jó* = "gut". *Napot* kommt von *nap* "Tag".
2 *Köszönöm*, diese Form entspricht eigentlich der ersten Person Singular des Verbs *köszön*, das "danken" bedeutet.
3 *Is* = auch steht immer nach dem Wort, auf das es sich bezieht.
4 *Vagyok, vagy, van* sind die drei Singularformen des Verbs sein (*lenni*): ich bin, du bist, er/sie/es ist.
5 Im Ungarischen steht das Adjektiv vor dem Nomen. *Jó újság* heißt "gute Nachricht". Man unterscheidet nicht zwischen Maskulinum und Femininum.

> Beachten Sie: Die Lektionen 1 bis 13 sind auf den Audio-CDs zweimal aufgenommen, einmal mit verlangsamter und einmal mit normaler Sprechgeschwindigkeit.

ÜBUNG: 1 Wie spricht Anna? **2** Anna spricht gut. **3** Bist du auch schön? **4** Ich bin auch schön. **5** Guten Tag, hier bin ich (ich bin hier). **6** Du bist dort.

3 három

EGÉSZÍTSE KI (Einfügen)
1 *Wie geht es dir?*
. . . . vagy?

2 *Danke, hier ist schönes Wetter.*
. . . ., itt . . . . van.

3 *Nichts Besonderes.*
Semmi . . . .

4 *Spricht dort Peter?*
Péter . . . . . .?

MÁSODIK LECKE

Magyarország, Franciaország (1)

1 – Ez Európa. (2)
2 – Itt van Franciaország.
3 – Ott van Magyarország.
4 – Franciaország nagy ország. (2)
5 – Tanár úr, Magyarország is nagy ország? (2)
6 – Igen, Petike, Magyarország is nagy ország. (3) (2)

AUSSPRACHE

mɑdjɑrorsa:g frɑntsiɑorsa:g **1** ɛz ɛuro:pɑ **2** itt vɑn frɑntsiɑorsa:g **3** ott vɑn mɑdjɑrorsa:g **4** frɑntsi orsa:g nɑdj orsa:g **5** tɑna:r u:r mɑdjɑrorsa:g isch nɑdj orsa:g **6** igɛn pɛtikɛ mɑdjɑrorsa:g isch nɑdj orsa:g

---

Konzentrieren Sie sich vorerst ganz auf das Verstehen beim Hören und Lesen, und machen Sie sich noch keine Gedanken über die Aussprache.

négy 4

5 *Dir geht es auch gut.*
.. is ... vagy.

6 *Was gibt's Neues?*
Mi . . . . . ?

DIE FEHLENDEN WÖRTER:
1 Hogy **2** Köszönöm - szép idő - **3** különös **4** beszél **5** Te - jól - **6** - újság

ZWEITE LEKTION

Ungarn, Frankreich

1 – Das ist Europa.
2 – Hier ist Frankreich.
3 – Dort ist Ungarn.
4 – Frankreich ist ein großes Land (Frankreich großes Land).
5 – Herr Lehrer, ist Ungarn auch ein großes Land (Ungarn auch großes Land)?
6 – Ja, Peterchen, Ungarn ist auch ein großes Land.

ANMERKUNGEN
1 Vor Ländernamen gibt es im Allgemeinen keinen Artikel. Das macht es einfach, oder?
2 *Ez* ist ein Demonstrativpronomen (hinweisendes Fürwort). Wir finden es hier in einem Satz ohne Verb wieder. *van* und *vannak*, 3. Person Singular bzw. Plural des Verbs *lenni* "sein", werden meistens weggelassen. In einigen Redewendungen (*szép idő* van "es ist schönes Wetter", *itt van* ... "hier ist ...") bleiben sie aber erhalten. Zurzeit ist es vor allem wichtig, dass Sie den ungarischen Text *verstehen*.
3 *Petike* ist die Koseform von Peter.

5 öt

7 – Magyarországon magyarok vannak és magyarul beszélnek. **(4) (5) (6)**
8 – Franciaországban franciák vannak és franciául beszélnek. **(4) (7)**
9 – Itt van Párizs és ott van Budapest.
10 – Párizs szép város. **(2)**
11 – Tanár úr, Budapest is szép város? **(2)**
12 – Igen Petike, Budapest is szép és nagy város. **(2)**
13 – Mi nem vagyunk magyarok. Mi franciák vagyunk és franciául beszélünk. **(8) (9) (10)**

7 mɑdjɑrorsɑːgon mɑdjɑrok vɑnnɑk esch mɑdjɑrul bɛselnɛk 8 frɑntsi orsɑːgbɑn frɑntsiaːk vɑnnɑk es frantsiaːul bɛselnɛk 9 itt vɑn paːrij es ott vɑn budɑpɛscht 10 paːrij sep vaːrosch 11 tɑnaːr uːr budɑpɛscht isch sep vaːrosch 12 igɛn pɛtikɛ budɑpɛscht is sep esch nɑdj vaːrosch 13 mi nɛm vɑdjunk mɑdjɑrok mi frɑntsiaːk vɑdjunk esch frɑntsiaːul bɛselünk

GYAKORLAT

1 Itt van Petike. **2** Petike jól beszél magyarul. **3** Mi magyarok vagyunk. **4** Párizs Európában van. **5** Igen, ez nagy város. **6** Tanár úr, Petike beszél?

EGÉSZÍTSE KI (Einfügen)

1 *Frankreich ist ein schönes Land.*
.... szép ....

7 – In Ungarn gibt es Ungarn und sie sprechen
   Ungarisch (Ungarisch sprechen).
8 – In Frankreich gibt es Franzosen und sie sprechen
   Französisch.
9 – Hier ist Paris und dort ist Budapest.
10 – Paris ist eine schöne Stadt.
11 – Herr Lehrer, [ist] Budapest auch eine schöne Stadt?
12 – Ja, Peterchen, Budapest ist auch eine schöne und
    große Stadt.
13 – Wir sind keine Ungarn. Wir sind Franzosen
    und sprechen Französisch.

ANMERKUNGEN
4 Im Allgemeinen entsprechen den Präpositionen im Deutschen im Ungarischen Suffixe, die an den Wortstamm des Nomens angehängt werden. Der Aufenthalt in einem Land oder in einer Stadt wird ebenfalls durch das Anhängen eines Suffixes ausgedrückt: für die meisten Länder mit -*ban* oder -*ben*; für manche mit -*n*, wie für Ungarn.
5 Der Plural der Nomen und der Adjektive wird mithilfe eines -*k* gebildet, dem ein Vokal vorausgeht, wenn das Wort mit einem Konsonanten endet. Im Gegensatz zum Deutschen, wo der Plural sich durch verschiedene Kennzeichen ausdrückt (Buch - Bücher, Tisch - Tische usw.), verwendet das Ungarische immer das gleiche -*k*. Im Ungarischen entspricht jeder grammatikalischen Funktion (possessiv, demonstrativ usw.) ein Zeichen. Die ungarische Grammatik ist ein echtes Konstruktionsspiel mit vorgefertigten Elementen; Sie müssen sie nur noch "zusammenmontieren".
6 -*nek* (in *beszélnek*) bezeichnet die dritte Person Plural des Verbs.
7 Wenn das Wort mit den Buchstaben *a* oder *e* endet, werden diese vor der Pluralendung -*k* lang gesprochen (*á, é*).
8 Erste Person Plural des Verbs "sein".
9 Dritte Person Plural des Verbs "sprechen".
10 Lernen wir bei dieser Gelegenheit gleich: *német* "deutsch", *németek* "Deutsche", *Németország* "Deutschland".

ÜBUNG :
1 Hier ist Peterchen. **2** Peterchen spricht gut Ungarisch. **3** Wir sind Ungarn. **4** Paris ist in Europa. **5** Ja, es ist eine große Stadt. **6** Herr Lehrer, spricht Peterchen?

2 *In Ungarn gibt es Franzosen.*
   Magyarország .. vannak ....

7 hét

EGÉSZÍTSE KI (Einfügen)

1 *Frankreich ist ein schönes Land.*
. . . . szép . . . . . .

2 *In Ungarn gibt es Franzosen.*
Magyarország . . vannak . . . .

3 *Peterchen ist schön und groß.*
Petike . . . . és . . . . .

4 *Auch Hans spricht Ungarisch.*
. . . . . is . . . . . . magyar . . .

HARMADIK LECKE

Egy különös család

1 Az Erdős család Budapesten él (**1**)
2 egy modern lakásban. (**2**)
3 Erdősék otthon vannak. (**3**)
4 Hol van Erdős István? (**4**)
5 A konyhában van. (**5**)
6 Hol van Erdős Istvánné? (**6**)
7 A szobában.
8 Egy férj a konyhában?
9 Egy feleség a szobában?
10 Nem különös? (**7**)

AUSSPRACHE

ɛdj különösch tschɑlɑ:d **1** ɑjz erdö:s tschɑlɑ:d budɑpɛschtɛn el **2** ɛdj modɛrn lɑkɑ:schbɑn **3** ɛrdö: schek otthon vɑnnɑk **4** hol vɑn ɛrdö:sch ischtvɑ:n **5** ɑ konjhɑ:bɑn vɑn **6** hol vɑn ɛrdö:sch ischtvɑ:nne **7** ɑ sobɑ:bɑn **8** ɛdj ferj ɑ konjhɑ:ban **9** ɛdj fɛlɛseg ɑ sobɑ:bɑn **10** nɛm különösch

5 *Was gibt es Neues in Frankreich?*
. . . . Franciaországban?

6 *Hier ist Europa.*
Itt . . . Európa.

DIE FEHLENDEN WÖRTER:
1 Franciaország - ország. **2** - on - franciák. **3** - szép - nagy. **4** János - beszél - ul. **5** Mi újság **6** - van -.

DRITTE LEKTION

Eine eigenartige Familie

1 Die Familie Erdős (Erdős Familie) lebt in Budapest (in Budapest lebt)
2 in einer modernen Wohnung.
3 Die Erdős' sind zu Hause (zu Hause sind).
4 Wo ist István Erdős?
5 Er ist in der Küche (in der Küche ist).
6 Wo ist Frau (István) Erdős?
7 [Sie ist] im Zimmer.
8 Der (ein) Ehemann in der Küche?
9 Die (eine) Ehefrau im Zimmer?
10 Ist das nicht eigenartig (nicht eigenartig)?

ANMERKUNGEN
1 Lesen Sie die Anmerkung **4** der zweiten Lektion.
2 *Egy* ist der unbestimmte Artikel, er verändert seine Form nicht. Er kann weggelassen werden.
3 Die Endung *-ék* bezeichnet hier die Familie. Im Deutschen verwendet man in diesem Fall den Plural des bestimmten Artikels: "die".

EGY KÜLÖNÖS CSALÁD.

GYAKORLAT
1 Hol van a feleség? **2** A lakás nem modern. **3** A férj, a feleség és Petike egy család. **4** A családok otthon vannak. **5** Párizsban élünk. **6** Ez nem szép ország.

EGÉSZÍTSE KI

1 *Ich bin zu Hause.*
   Én . . . . . . vagyok.

2 *Die Wohnung ist modern.*
   . lakás . . . .

3 *In Budapest ist schönes Wetter.*
   . . . . szép . . . van.

NEGYEDIK LECKE

Egy kíváncsi rendőr

1 – Jó napot kívánok. Kérem az útlevelet.
2   Ön külföldi? Mit csinál Magyarországon? **(1)**
3 – Magyarul tanulok.

AUSSPRACHE

ɛdj ki:va:ntschi rɛndö:r **1** jo: nɑpot ki:va:nok kerɛm ɑz u:tlɛvɛlɛt **2** ön külföldi mit tschina:l mɑdjɑrorsa:gon **3** mɑdjɑrul tɑnulok

ANMERKUNGEN

4 Lesen Sie die Anmerkung 2 der zweiten Lektion. *Van* und *vannak* erscheinen immer dann, wenn der Satz eine Ortsangabe enthält. In einigen Redewendungen werden *van* und *vannak* weggelassen.
5 Der bestimmte Artikel hat also im Singular wie im Plural zwei Formen: *a* vor einem Konsonanten und *az* vor einem Vokal. Diese Regel trägt zur Musikalität und zur Harmonie der ungarischen Aussprache bei.
6 Die Endung *-né* wird dem Namen hinzugefügt (zum Beispiel: *Erdősné*) oder dem Vornamen (*Erdős Istvánné*) des Ehemannes, um die verheiratete Frau zu bezeichnen (Frau oder gnädige Frau).
7 Die Verneinung wird im Allgemeinen mithilfe von *nem* ausgedrückt.

ÜBUNG

1 Wo ist die Ehefrau? **2** Die Wohnung ist nicht modern. **3** Der Ehemann, die Ehefrau und Peterchen [bilden] eine Familie. **4** Die Familien sind zu Hause. **5** Wir leben in Paris. **6** Das ist kein schönes Land.

4 *Wo sind die Erdős?*
  Hol ...... Erdősék?

5 *Sie sind nicht im Zimmer.*
  ... a szobában ....

6 *Bist du ein moderner Ehemann?*
  .. modern .... vagy?

DIE FEHLENDEN WÖRTER: 1 - otthon - **2** A - modern. **3** Budapesten - idő - **4** - vannak - **5** Nem - - vannak. **6** Te - férj -

VIERTE LEKTION

Ein neugieriger Polizist

1 – Guten Tag! Ihren Pass bitte (ich bitte um den Pass)!
2   Sie sind Ausländer? Was machen Sie in Ungarn?
3 – Ich lerne Ungarisch (Ungarisch lerne).

11 tizenegy

4 – Nehéz a magyar nyelv?
5 – Nem, könnyű.
6 – Hol él? Párizsban?
7 – Nem Párizsban élek, hanem egy francia kisvárosban. **(2)**
8 – Most hova megy? **(3)**
9 – A szállodába megyek. **(4)**
10 – Tessék az útlevél. Köszönöm.
11   Viszontlátásra. Minden jót.

4 nɛhez ɑ mɑdjɑr njɛlv 5 nɛm könjnjü: 6 hol el pa:rijbɑn 7 nɛm pa:rijbɑn elɛk hɑnɛm ɛdj frɑntsiɑ kischva:roschbɑn 8 moscht hovɑ mɛdj 9 sa:lloda:bɑ mɛdj k 10 tɛschschek ɑz u:tlɛvel kösönöm 11 visontla:t:aschrɑ mindɛn jo:t

GYAKORLAT

1 Erdősné egy nagy városban él. 2 Tanul franciául? 3 Hova megy a feleség? 4 Önök Budapesten vannak? 5 Most nem megyek a konyhába. 6 Mi otthon tanulunk.

EGÉSZÍTSE KI

1 *Ich fahre nach Paris.*
   . . . . megyek.

2 *Gibt es im Hotel eine Küche (eine Küche im Hotel)?*
   Van . . . . . . a . . . . ?

3 *Auf Wiedersehen in Frankreich.*
   . . . . Franciaországban.

tizenkettő 12

4 – Ist die ungarische Sprache schwierig (schwierig die ungarische Sprache)?
5 – Nein, [sie ist] leicht.
6 – Wo leben Sie (wo leben)? In Paris?
7 – Ich lebe nicht in Paris, sondern in einer kleinen französischen Stadt.
8 – Wo gehen Sie jetzt hin (jetzt wohin gehen)?
9 – Ich gehe ins Hotel.
10 – Hier, Ihr Pass. Danke.
11 Auf Wiedersehen. Alles Gute.

ANMERKUNGEN
1 *Ön*. Personalpronomen der dritten Person Singular. Es wird nur als Höflichkeitsform verwendet, es entspricht der deutschen höflichen Anrede "Sie"; *önök*, Plural von *ön* entspricht diesem "Sie" im Plural, natürlich zusammen mit dem Verb in der dritten Person Plural. Das sind Redewendungen, die Sie oft in den Straßen von Budapest und auch überall sonst in Ungarn hören werden. Die ungarische Höflichkeit (man kann sogar von Galanterie sprechen) ist berühmt.
2 *Nem ... hanem* bedeutet "nicht ... sondern".
3 Die Formen *hova/hová* werden immer angewandt, wenn von einer Bewegung in eine Richtung (dynamische Handlung) die Rede ist.
4 Die Suffixe des Ungarischen, die im Deutschen den Lokaladverbien entsprechen (s. Anmerkung 4, zweite Lektion) können zwei Formen annehmen, je nachdem, ob sie "dynamisch" sind (Ortswechsel) oder "statisch". Die dynamische Variante von *-ban/-ben* ist *-bal/-be*.

ÜBUNG: 1 Frau Erdős lebt in einer großen Stadt. **2** Lernen Sie Französisch? **3** Wohin geht die Ehefrau? **4** Sind Sie in Budapest? **5** Ich gehe jetzt nicht in die Küche (Ich nicht gehe jetzt in die Küche). **6** Wir lernen zu Hause.

4 *Wo lebt Frau Szabó?*
 ... él .... ?

5 *Wohin geht der Ausländer?*
 Hova .... a .... ?

6 *Der Lehrer lernt ebenfalls.*
 A ..... is ....

DIE FEHLENDEN WÖRTER:
1 Párizsba - **2** - konyha - szállodában **3** Viszontlátásra - **4** Hol - Szabóné
5 - megy -külföldi **6** - tanár - tanul.

LECTION 4

ÖTÖDIK LECKE

A "Paprika" étteremben

1 – Pincér! Legyen szíves az étlapot! **(1) (2)**
2 – Azonnal jövök... Tessék. **(1) (3)**
3 – Köszönöm.
4 – Kérnek italt?
5 – Igen, egy liter vörösbort.
6 – Csak fehérbor van.
7 – Jó. De kérünk vizet is. Van gulyás?
8 – Igen, kérem. Van. És paprikás csirke is. **(1)**
9 – Két gulyást és egy paprikás csirkét kérünk.
10 – Hozok salátát is.
11 – Nem kérünk salátát.
12 – Jó étvágyat!

AUSSPRACHE

α pαprikα εttεrεmbεn **1** pintser lεdjεn si:vεsch αz etlαpot **2** αzonnαl jövök teschschek **3** kösönöm **4** kernεk itαlt **5** igεn εdj litεr vöröschbort **6** tschαk fεhεr bor vαn **7** jo: dε kerünk vizεt isch vαn guja:sch **8** igεn kerεm vαn esch pαprika:sch tschirkεisch **9** ket guja:scht esch εdj pαprika:schtschirket kerünk **10** hozok sαla:ta:t isch **11** nεm kerünk sαla:ta:t **12** jo: etva:djαt

ANMERKUNGEN

1 In dieser Lektion finden Sie eine ganze Reihe von Höflichkeitsformen. *Legyen szíves* (Wort für Wort: seien Sie so liebenswürdig) entspricht dem deutschen "bitte, seien Sie so freundlich" und verlangt im Allgemeinen die Antwort: *Tessék!* (wörtlich: dass es Ihnen gefalle!), was wir mit "bitte schön" übersetzt haben, da wir situationsgetreu bleiben wollten. *Tessék!* kann aber auch stehen für die deutschen Höflichkeitsformen "ich bitte Sie darum", "ich stehe zu Ihrer Verfügung" usw. *Köszönöm* wiederum verlangt als Antwort *kérem* (Danke - ganz zu Ihren Wünschen). Das Wort *kérem* leitet sich ab vom Verb *kér*, das "bitten" bedeutet.

FÜNFTE LEKTION

Im Restaurant "Paprika"

1 – Kellner! Seien Sie so freundlich, die Karte bitte!
2 – Ich komme gleich (gleich komme)... Bitte schön (dass es Ihnen gefalle).
3 – Danke.
4 – Möchten Sie [etwas] trinken (bitten Getränk)?
5 – Ja, einen Liter Rotwein.
6 – Es gibt nur Weißwein (nur weißen Wein es gibt).
7 – Gut. Aber wir möchten auch Wasser (bitten Wasser auch). Gibt es Gulasch?
8 – Ja. [Das] gibt es (es gibt). Und auch Paprikahuhn.
9 – Wir möchten zwei [Mal] Gulasch und ein Paprikahuhn (zwei Gulasch und ein Paprikahuhn bitten wir).
10 – Ich bringe auch Salat (bringe Salat auch).
11 – Wir möchten keinen Salat (nicht fragen Salat).
12 – Guten Appetit!

2 Im Deutschen ist das Objekt durch seine Satzstellung und durch die Deklination gekennzeichnet. Im Ungarischen markiert das Suffix -t das Objekt. Wenn das Wort mit einem Konsonanten aufhört, steht vor dem -t in manchen Fällen ein Vokal (*étlapot*, aber *italt*). Wenn das Wort mit einem Vokal endet, wird die Endung -t direkt angehängt; die Buchstaben *a, e* werden lang gesprochen (siehe Anmerkung 7 der zweiten Lektion).
3 Erste Person Singular des Verbs *jön* "kommen". Wir gehen in der siebten Lektion noch einmal darauf ein.

GYAKORLAT
1 A pincér a szállodába megy. **2** Hozok bort és vizet. **3** A külföldi salátát is kér. **4** A gulyás most nem jó. **5** Itt van az étlap. **6** Miért kérünk csirkét?

EGÉSZÍTSE KI
1 *Die Polizisten bestellen kein Getränk.*
. rendőrök ... kérnek .... -t.

2 *Der Salat ist gut.*
A ....

3 *Die Kovács bringen Wasser [mit].*
.... vizet hoznak.

4 *Bitte Herr Lehrer, wo ist Europa?*
..... úr, legyen ......, hol ... Európa?

5 *Peterchen bestellt kein Hühnchen.*
Petike ... kér ....

6 *Gibt es in Frankreich guten Wein?*
Van .. bor .... ?

HATODIK LECKE

Érdekes könyvek

1 – Laci, jössz sétálni? **(1) (2) (3)**

AUSSPRACHE
erdɛkɛsch könjvɛk **1** *lɑtsi jöss scheta:lni*

ÜBUNG:
1 Der Kellner geht ins Hotel. 2 Ich bringe Wein und Wasser. 3 Der Ausländer bestellt auch Salat. 4 Das Gulasch ist jetzt nicht gut (ist nicht jetzt gut). 5 Hier ist die Karte. 6 Warum bestellen wir Hühnchen?

DIE FEHLENDEN WÖRTER:
1 A - nem - ital - 2 - saláta jó. 3 Kovácsék - - 4 Tanár - - szíves - van - 5 - nem - csirkét. 6 - jó - Franciaországban

SECHSTE LEKTION

Interessante Bücher

1 – Laci, kommst du mit spazieren (kommst spazieren)?

ANMERKUNGEN
1 *Laci* ist die Koseform von *László* "Ladislaus".
2 Zweite Person Singular des Verbs *jön* "kommen".
3 Der Infinitiv der Verben wird im Allgemeinen dadurch gebildet, dass das Suffix *-ni* an die Form der dritten Person Singular angehängt wird. Beispiel: *jön/jönni, él/élni*, usw.

2 – Nem megyek, most nincs időm. **(4) (5)**
3 – Miért? Mit csinálsz?
4 – Franciául tanulok.
5 – Jó a könyv? **(5)**
6 – Nagyon érdekes. A címe: "Vörös és fekete".**(5)**
7 – Jó, akkor nem sétálunk, én is olvasok.
     Hol a könyvem?
8 – Tessék, itt van az asztalon. Érdekes a címe: **(6)**
9 – "A rendőr, a felesége és a paprika". **(5)**

2 nɛm mɛdjɛk moscht nintsch idö:m 3 miert mit tschina:ls 4 frɑntsia:ul tɑnulok 5 jo: ɑ könjv 6 nɑdjon erdɛkɛsch ɑ tsi:m vörösch esch fɛkɛtɛ 7 jo: ɑkkor nɛm scheta:lunk én isch olvɑschok hol ɑ könjvɛm 8 tɛschschek itt vɑn ɑz ɑstɑlon erdɛkɛsch ɑ tsi:mɛ 9 ɑ rɛndö:r ɑ fɛlɛschegɛ esch ɑ pɑprikɑ

GYAKORLAT

1 Megyek sétálni. **2** Mari nagyon szép. **3** Egy kisvárosban tanulok. **4** A borom az asztalon van. **5** Csak magyarul olvasok. **6** Kérek három érdekes könyvet (siehe Anmerkungen und Wiederholung).

EGÉSZÍTSE KI

1 *Ich lese ein interessantes Buch.*
  Olvasok ... érdekes ....

2 *Mein Mann ist nicht zu Hause.*
  Férjem ....

3 *Was macht Peterchen im Zimmer?*
  ... csinál Petike a ....?

4 *Wir lernen eine eigenartige Sprache.*
  Egy .... nyelvet ..... -unk.

tizennyolc 18

2 – Ich komme nicht (nicht gehe), ich habe jetzt keine Zeit (jetzt gibt's nicht meine Zeit).
3 – Warum? Was machst du?
4 – Ich lerne Französisch.
5 – Ist das Buch gut (gut das Buch)?
6 – Sehr interessant. Es heißt (sein Titel): "Rot und Schwarz".
7 – Gut, dann gehen wir also nicht spazieren, ich lese auch. Wo ist mein Buch?
8 – Hier auf dem Tisch. Der Titel ist interessant:
9 – "Der Polizist, seine Frau und Paprika".

ANMERKUNGEN
4 *Nincs* (es gibt nicht, es ist nicht) ist die Verneinung von *van*.
5 *Idő-m* = "meine Zeit";
cím-e = "sein Titel", *feleség-e* = "seine Frau".
Wir werden noch auf die Possessiv-Suffixe des Ungarischen zurückkommen. Aber merken Sie sich schon jetzt, dass *van* in Verbindung mit einem Substantiv in seiner possessiven Form steht (*van időm* = "ich habe Zeit", wörtlich: "es gibt Zeit meine").
6 Siehe Anmerkung 4 der zweiten Lektion. Das Suffix *-n*, oft nach einem Vokal stehend, entspricht auch dem deutschen "auf". Zum Beispiel: *könyvön* "auf dem Buch".

ÜBUNG: 1 Ich gehe spazieren. **2** Maria ist sehr schön. **3** Ich studiere in einer kleinen Stadt. **4** Mein Wein steht auf dem Tisch. **5** Ich lese nur auf Ungarisch. **6** Ich möchte (bitten um) drei interessante Bücher.

5 *Warum gehst du nicht spazieren?*
 ..... nem ....?

6 *Lesen Sie auch?*
 .... is olvasnak?

HETEDIK LECKE

WIEDERHOLUNG UND ANMERKUNGEN

Was haben Sie in dieser ersten Lektionseinheit angetroffen?

Sie kennen jetzt bereits die Grundregeln der ungarischen Grammatik. Wir werden uns Mühe geben, ein wenig Ordnung in Ihre Kenntnisse zu bringen. Einige Aspekte dieser Grammatik werden Ihnen vielleicht ungewohnt vorkommen, aber auf jeder Reise fühlt man sich am Anfang ein bisschen fremd.

Was das Verb angeht, so sollten Sie sich momentan Folgendes merken:

1 Das Verb

a Alle Formen, die Sie gelernt haben, sind im Präsens.

b Der ungarische Infinitiv ist immer durch das Suffix *-ni (élni = él-ni; jönni = jön-ni)* gekennzeichnet.
c Wie wir später noch sehen werden, gibt es mehrere Konjugationen; die Häufigste folgt dem Modell *beszélni*:

DIE FEHLENDEN WÖRTER:
1 - egy - könyvet. **2** - nincs otthon. **3** Mit - - - szobában **4** - különös - tanul - **5** Miért sétálsz **6** Önök - -

> *Hätten Sie es für möglich gehalten, einen Text wie den in dieser Lektion nach so kurzer Zeit zu verstehen? Sollte es noch Verständnisprobleme geben, so wiederholen Sie die vergangenen Lektionen noch einmal.*

SIEBTE LEKTION

beszélek = ich spreche
beszélsz = du sprichst
beszél = er, sie, es spricht
beszélünk = wir sprechen
beszéltek = ihr sprecht
beszélnek = sie sprechen

Das Verb *élni* wird nach dem gleichen Schema konjugiert: *élek, élsz, él,* usw.

d Sicher haben Sie bemerkt, dass die Personalpronomen (die ungarischen Entsprechungen für "ich", "du", "er" usw.) nicht im obigen Schema aufgeführt sind. Die Personalpronomen lauten:

én, te, ő, mi, ti, ők

Sie stehen nur beim Verb, wenn sie besonders hervorgehoben werden sollen: én beszélek = ich spreche, und nicht jemand anderes. Die "Höflichkeits"-Pronomen dagegen, *ön* (mit der dritten Person Singular des Verbs: *ön beszél*) und *önök* (mit der dritten Person Plural des Verbs: *önök beszélnek*) stehen meistens dabei.

Wir machen Sie darauf aufmerksam, dass *ti,* zweite Person Plural, verwendet wird wie im Deutschen, wenn man sich an mehrere Personen wendet, die geduzt werden.

e Sie kennen jetzt bereits drei "unregelmäßige" Verben: *menni* (gehen), *jönni* (kommen) und *lenni* (sein). Nachstehend ihre komplette Konjugation im Präsens.

MENNI	JÖNNI	LENNI
megyek	jövök	vagyok
mész	jössz	vagy
megy	jön	(van)
megyünk	jövünk	vagyunk
mentek	jöttök	vagytok
mennek	jönnek	(vannak)

f Erinnern Sie sich an unsere Anmerkung **2** in der zweiten Lektion?
Wir hatten Ihnen dort Fälle gezeigt, in denen, im Gegensatz zur allgemeinen Regel, *van* und *vannak* im Satz erscheinen (deshalb sind sie im obigen Schema in Klammern aufgeführt).
Betrachten wir diese Fälle näher:
- Ortsangabe *itt van, ott van, otthon vannak, hol van?, hol vannak?*;
- Ausdruck des Vorhandenseins (entspricht im Deutschen "es gibt"); zum Beispiel: *csak fehér bor van*;
- Ausdruck eines Besitzverhältnisses (entspricht dem deutschen "haben"); zum Beispiel: *van időm*;
- Einige Redewendungen: *szép idő van; hogy van?* (wie geht es Ihnen, wie geht es ihm?, wie geht es ihr?); *jól van* (ihm/ihr geht es gut, es geht Ihnen gut); *jól vannak* (es geht Ihnen gut).

Wir haben Ihnen gerade einige ungewöhnliche Aspekte der ungarischen Grammatik vorgestellt. Die Suffixe, bzw. ihr häufiges Vorkommen stellt eine der Lernschwierigkeiten dar. Aber das ist eine Sache der Gewohnheit. Wie dem auch sei, nachstehend alles, was Sie beim momentanen Stand Ihrer Kenntnisse darüber wissen müssen:

2 Die Suffixe
Sie spielen in der ungarischen Grammatik eine wesentliche

Rolle. Einige unter ihnen drücken Beziehungen im Raum aus:
- -ba/ -be bezeichnet den Ort, *auf den die Handlung gerichtet ist*
- -ban/ -ben bezeichnet den Ort, *an dem die Handlung stattfindet*
- -n (oft stehen die Vokale *o, e* oder *ö* davor) bezeichnet im Allgemeinen die Fläche, *auf der die Handlung stattfindet*, die durch das Verb ausgedrückt wird.

Andere, wie das -k oder das -t drücken verschiedene Beziehungen aus (wie Plural, Objekt, usw.). Ihre Form hängt davon ab, ob das Wort mit einem Konsonanten oder einem Vokal endet (zum Beispiel: *idő, időt - étlap, étlapot - szálloda, szállodák - bor, borok*).

Eine der Eigenheiten der ungarischen Sprache besteht in der Vielfalt der Suffixe, die, wie Sie gesehen haben, verschiedene Formen besitzen. Dank dieser Eigenschaft - die auf eine "poetische" Art die Regel der *Vokalharmonie* genannt wird - werden Sie nicht die geringste Mühe haben, das richtige Suffix zu wählen.

3 Die Vokalharmonie

Je nach ihrem Artikulationsort unterscheidet man zwischen "vorne gebildeten" und "hinten gebildeten" Vokalen oder auch "hellen" und "dunklen"; *i, í, ü, ű, e, é, ö, ő* werden als "hell" eingestuft, und *a, á, o, ó, u, ú* als "dunkel". Die sogenannte Regel der Vokalharmonie verlangt im Allgemeinen, dass ein Wort mit hellen Vokalen Suffixe mit hellen Vokalen bekommt, und dass umgekehrt, ein Wort mit dunklen Vokalen von Suffixen mit dunklen Vokalen begleitet wird.

-be, -ben, -en, -ön, -ek, -et, usw. sind Suffixe mit *hellen* Vokalen.

-ba, -ban, -on, -ok, -ak, -ot, -at, usw. sind Suffixe mit *dunklen* Vokalen.

Es ist Ihnen sicher aufgefallen, dass bei den Lokaladverbien *itt* (hier) und *ott* (dort) das Alternieren der hellen und dunklen Vokale dazu dient, respektive die Nähe oder die Weite zu bezeichnen, wie übrigens auch im Deutschen: das *i* von "hier" ist ein heller Vokal und das *o* von "dort" ein dunkler. Genauso ist es bei den Demonstrativpronomen: *ez* (dieser, dies, siehe zweite Lektion) findet seine "dunkle" Entsprechung in: *az*

NYOLCADIK LECKE

Látogatás a bankban (1)

1 Nagy úr ma délelőtt a bankba megy. (1)
2 A bank a Petőfi Sándor utcában van. (1)
3 – Jó napot kívánok. Hol van a pénztár?
4 – Ott van balra, az ablak mellett. (2)
5 – Köszönöm szépen. (3)
6 Itt van két csekk; pénzt kérek.
7 – Uram, ezek a csekkek hamisak. (4)
8 – Ha nem ad egy millió forintot, akkor lövök!
9 – Itt a pénz. Tessék egy millió forint.

ANMERKUNGEN
1 Sie finden die Erklärung dieser Formen unter den Punkten **2** und **3** unserer siebten Lektion.
2 Bis jetzt haben Sie nur Suffixe kennengelernt, die räumliche Beziehungen ausdrücken (*-ba/-be, -ban/-ben* und *-n*). Das Ungarische besitzt auch vom Nomen getrennte Wörter, um verschiedene Beziehungen auszudrücken: die Grammatikforscher nennen diese Wörter "Postpositionen", da sie sich immer nach dem Nomen, auf das sie sich beziehen, befinden. *Mellett* ist eine solche Postposition.
3 Wenn es an ein Adjektiv angehängt wird, verwandelt das *-n* dieses in ein Adverb: *szép* (schön), *szépen* (auf schöne Art und Weise, oder "vielen Dank" in der Redewendung *köszönöm szépen*); *hamis* (falsch), *hamisan* (fälschlicherweise); *különös* (eigenartig), *különösen* (eigenartigerweise).

(jenes, jener, usw.). Wenn wir diese Demonstrativpronomen in den Plural setzen, sehen wir, wie die Regel der Vokalharmonie funktioniert: *ezek, azok*.

Wenn Sie diese wenigen Grundregeln wirklich gut verarbeitet haben, sind Sie mit dem "Geist" der ungarischen Sprache schon vertraut. Die zweite Etappe Ihres Lernens wird dadurch leichter. Viel Glück.

ACHTE LEKTION

Ein Besuch in der Bank (Besuch in der Bank)

1 Heute Vormittag geht Herr Nagy auf die Bank (Nagy Herr heute Vormittag auf die Bank geht).
2 Die Bank ist in der Sándor Petőfi-Straße (Petőfi Sándor Straße in ist).
3 – Guten Tag. Wo ist die Kasse?
4 – Dort links, neben dem Fenster (das Fenster neben).
5 – Danke schön.
6 Hier sind (hier ist) zwei Schecks; geben Sie mir Geld.
7 – Mein Herr, diese Schecks sind gefälscht.
8 – Wenn Sie [mir] nicht eine Million Forint geben, dann schieße ich!
9 – Hier ist das Geld (hier das Geld). Hier bitte eine Million Forint.

---

4 *Uram* ist die possessive Form von *úr*. Sie wird ausschließlich dann verwendet, wenn man sich an jemanden wendet, um ihn höflich anzusprechen. Das Demonstrativpronomen (dieser, diese, dieses, diese) wird im Ungarischen durch eine zusammengesetzte Form ausgedrückt: Demonstrativ + bestimmter Artikel: dieses Buch = *ez a könyv*; diese Bücher = *ezek a könyvek*; dieses Land = *ez az ország*; diese Länder = *ezek az országok*.

10 – Rendben van. Nem lövök.
11 Nagy úr a bankból hazamegy. A rendőrség már várja. (5) (6)

GYAKORLAT

1 Ezek az ablakok szépek. **2** A csekk a pénztárban van. **3** Petike ma délelőtt hazamegy. **4** Ha nem tanul, sétálni megy. **5** A szálloda az étterem mellett van. **6** A család nem Franciaországból jön.

EGÉSZÍTSE KI

1 *Diese Schecks sind nicht gefälscht.*
 Ezek . csekkek ... hamisak.

2 *Die Küche ist links.*
 A ...... balra ....

3 *Der Lehrer gibt Geld.*
 A tanár ..... ad.

4 *Es ist nicht Peter, der aus der Stadt kommt.*
 Nem Péter ... a ....

5 *Wie geht es Ihnen, mein Herr?*
 .... van, Ur .. ?

6 *Ich habe eine Million Forint zu Hause.*
 Egy millió .... van ....

huszonhat 26

10 – Einverstanden (in Ordnung ist). Ich schieße nicht.
11 Von der Bank aus geht Herr Nagy nach Hause (nach Hause geht). Die Polizei wartet schon [auf ihn].

ANMERKUNGEN
5 Lesen Sie noch einmal unsere Anmerkung **2** der siebten Lektion. Sie werden dort auf zwei Suffixe stoßen (*ba/-be* und *-ban/-ben*, die mit "in, zu", usw. zu übersetzen sind, je nachdem, ob eine Bewegung stattfindet oder nicht. Was die Bewegung anbetrifft, die von innen nach außen geht, so drückt sie sich im Ungarischen durch das Suffix *-ból/ből* aus: Ich komme aus Paris = *Párizsból jövök*; Er kommt aus dem Restaurant = *az étteremből jön*. In unserer Anmerkung **3** der vierten Lektion sind Sie auf die Wörter *hova (hová)* und *hol* gestoßen, die für "wo" stehen, immer davon abhängig, ob eine Bewegung stattfindet oder nicht. Wenn die Bewegung von einem Ort ausgeht (von wo), verwendet das Ungarische das Fragewort: *honnan?*
6 Die Verbform *várja* werden Sie später verstehen lernen.

ÜBUNG : 1 Diese Fenster sind schon. **2** Der Scheck ist an der Kasse. **3** Peterchen kommt heute Morgen zurück. **4** Wenn er nicht lernt, geht er spazieren. **5** Das Hotel ist neben dem Restaurant. **6** Die Familie kommt nicht aus Frankreich.

DIE FEHLENDEN WÖRTER: 1 - a - nem - **2** - konyha - van. **3** - - pénzt - **4** - - jön - városból. **5** Hogy - - am **6** - - forintom - otthon.

LEKTION 8

KILENCEDIK LECKE

Késő van (1)

1. Reggel nyolc óra van. (1)
2. Kissné munkába megy.
3. A Kossuth téren felszáll a villamosra. (2)
4. A villamoson leül és újságot olvas.
5. A bank mellett leszáll a villamosról. (3) (4)
6. Aztán gyalog sétál ötszáz métert.
7. Egy nagy ház előtt megáll. Ez a munkahelye. (3)
8. Felmegy liften a harmadik emeletre. (2)
9. Kissné ideges, mert már kilenc óra van. (1)
10. – Jó reggelt kívánok Kissné. Miért csak most jön?
11. – Beteg a gyerekünk, igazgató úr. Holnap pontosan jövök. (5)

ANMERKUNGEN

1 Lesen Sie die Anmerkung **2** der zweiten Lektion und den Absatz **f** der siebten Lektion. Sie werden dort noch einmal sehen, dass *van*, das im Allgemeinen fehlt, wenn es dem "ist" entspricht (Frau Kiss ist nervös = *Kissné ideges*), in manchen Redewendungen auftaucht. Hier erklärt das Vorhandensein eines Zeithinweises das Auftauchen von *van* in den Sätzen *késő van, nyolc óra van*.

NEUNTE LEKTION

Es ist spät (spät ist)

1. Es ist acht Uhr morgens (morgens acht Uhr ist).
2. Frau Kiss geht zur Arbeit (zur Arbeit geht).
3. Am Kossuth Platz nimmt sie die Straßenbahn (steigt auf die Straßenbahn).
4. In der Straßenbahn (auf der Straßenbahn) setzt sie sich und liest Zeitung (Zeitung liest).
5. Nahe bei der Bank steigt sie aus der Straßenbahn aus.
6. Dann geht sie fünfhundert Meter zu Fuß.
7. Vor einem großen Haus bleibt sie stehen. Hier (das) ist ihr Arbeitsplatz.
8. Sie fährt mit dem Aufzug (auf dem Aufzug) in den dritten Stock (auf den dritten Stock).
9. Frau Kiss ist nervös, weil es schon neun Uhr ist.
10. – Guten Tag (guten Morgen ich wünsche), Frau Kiss. Warum kommen Sie erst jetzt?
11. – Unser Kind ist krank (krank unser Kind), Herr Direktor (Direktor Herr). Morgen werde ich pünktlich sein (morgen genau ich komme).

---

2 Das Suffix *-ra/-re* drückt die Bewegung aus, die in Richtung einer Fläche geht, und entspricht (zum Teil) dem deutschen "auf".
3 *Mellett, előtt* sind Postpositionen (siehe Anmerkung **2** der achten Lektion).
4 Das Suffix *-ról/-ről* drückt die von einer Fläche ausgehende Bewegung aus und entspricht zum Teil der deutschen Präposition "von". Sie bemerken, dass das Ungarische den Raum etwas anders aufteilt, als dies andere Sprachen tun; die Bewegungen werden mit größerer Präzision beschrieben...
5 Wir haben die Possessiv-Suffixe im Singular gesehen (Anmerkung **5** der sechsten Lektion): *-m, -d, -a/-e.* Im Plural: *-unk/-ünk* (unser); *-tok/-tek/-tök* (euer); *-uk/ük* (ihr). *Gyerekünk* (unser Kind); *gyereketek* (euer Kind); *gyerekük* (ihr Kind).

GYAKORLAT
1 A villamoson nem olvasok újságot. 2 A tanárunk beteg. 3 Te is felmész az emeletre? 4 Párizsban hét óra van, Budapesten is. 5 A munkahelyem az étterem mellett van. 6 Ha nem ideges, magyarul tanul.

EGÉSZÍTSE KI

1 *Wir bleiben vor der Bank stehen.*
 .... a bank ....

2 *Es ist schon fünf Uhr.*
 Már öt ....

3 *Heute sind die Lehrer nervös.*
 .. a tanárok ....

4 *Ich gehe in den vierten Stock.*
 .... a negyedik ....

5 *Die Kinder steigen aus dem Bus.*
 A .... leszállnak .. autóbusz .... .

TIZEDIK LECKE

A fogorvosnál (1)

1 A magyartanár fogorvoshoz megy. (2)
2 A fogorvosnál sokan várnak.

ANMERKUNGEN
1 Mit *-nál/-nél*, das "bei" aber auch "nahe an" bedeuten kann, fahren wir mit dem Lernen der Ortsbestimmungssuffixe (die die eingenommene Position im Raum bezeichnen) fort.

harminc 30

ÜBUNG : 1 In der Straßenbahn lese ich keine Zeitung. **2** Unser Lehrer ist krank. **3** Gehst du auch einen Stock höher? **4** In Paris ist es sieben Uhr, in Budapest auch. **5** Mein Arbeitsplatz ist neben dem Restaurant. **6** Wenn er nicht nervös ist, lernt er Ungarisch.

6 *Ich setze mich, weil ich Zeit habe.*
  . . . . . , mert van . . . . .

DIE FEHLENDEN WÖRTER:
1 Megállunk - - előtt. **2** - - óra van. **3** Ma - - idegesek. **4** Felmegyek - - emeletre. **5** gyerekek - az -ról. **6** Leülök - - időm.

ZEHNTE LEKTION

Beim Zahnarzt

1   Der Ungarischlehrer geht zum Zahnarzt
    (zum Zahnarzt geht).
2   Beim Zahnarzt warten viele (viele warten).

2 *-hoz/-hez/-höz* bezeichnen eine Bewegung der Annäherung (bei, zu) und sind somit gegensätzlich zu *-nál/-nél*, die eine stationäre Position ohne Bewegung angeben.

3   Leül. Nagyon fáj a foga, de várni kell. **(3) (4)**
4   Végre bemegy az orvos szobájába. **(5)**
5 – Mi fáj? Hol fáj? Balra? Jobbra?
6 – Bal oldalon is fáj, jobb oldalon is fáj. Nagyon beteg vagyok.
7 – Nem kell félni. Adok egy injekciót. Minden rendben van? **(5)**
8 – Már nem fáj a fogam. Köszönöm. Mennyit fizetek? **(3)**
9 – Ötszáz forintot kérek. Viszontlátásra holnap délután ötkor. **(6)**
10 A tanár a fogorvostól egy cukrászdába megy. **(7)**
11 Nagyon éhes és enni akar valamit.

GYAKORLAT

1 Nem fáj a fogad? 2 Nem kell félni a liftben. 3 A betegek az orvosnál vannak. 4 A fogorvos injekciót ad. 5 Viszontlátásra holnap. 6 Kovácséktól Péterhez mentek?

harminckettő 32

3 Er setzt sich. Er hat sehr starke Zahnschmerzen (sehr macht Schmerzen sein Zahn), aber man muss warten (warten muss).
4 Endlich tritt er in das Behandlungszimmer (Zimmer) des Arztes.
5 – Was tut Ihnen weh (was macht Schmerzen)? Wo tut es Ihnen weh (wo macht weh)? Links? Rechts?
6 – Auf der linken Seite (auch) tut es weh, auf der rechten Seite auch (es tut weh). Ich bin sehr krank (sehr krank bin).
7 – Man braucht keine Angst zu haben. Ich gebe [Ihnen] eine Spritze. [Ist] alles in Ordnung?
8 – Ich habe keine Zahnschmerzen mehr (schon nicht tut weh mein Zahn). Danke. Wie viel schulde ich Ihnen (wie viel ich zahle)?
9 – 500 Forint (verlange ich). Auf Wiedersehen, [bis] morgen Nachmittag um 5 Uhr.
10 Vom Zahnarzt aus geht der Lehrer in eine Konditorei.
11 Er ist sehr hungrig und will etwas essen (essen will).

ANMERKUNGEN
3 Im Ungarischen wird die Idee, dass man irgendwo Schmerzen hat, durch eine andere Konstruktion ausgedrückt: auf das Verb *fáj*, das bedeutet "Schmerzen haben" folgt das Nomen, das den schmerzenden Körperteil bezeichnet, und das selbst wiederum mit einem Possessiv-Suffix ausgerüstet ist: ich habe Kopfschmerzen: *fáj a fejem*; du hast Kopfschmerzen: *fáj a fejed*, usw. Wir hoffen, dass Sie von dieser originellen Konstruktion ...keine Kopfschmerzen bekommen.
4 *Kell* = man muss. Wie im Deutschen steht das darauffolgende Verb im Infinitiv: *olvasni kell* = man muss lesen, usw.
5 Sie haben sicher die einzelnen Elemente erkannt, aus denen sich das Wort *szobájába* zusammensetzt: *szoba* = das Zimmer / *szobája* = sein Zimmer / *szobájába* = in (Richtung seines Zimmers)
6 *-kor* (keine Vokalharmonie, seine Form ist unveränderlich) bezeichnet einen festen Zeitpunkt: *ötkor* = um fünf (Uhr); *négykor* = um vier (Uhr); *karácsonykor* = an Weihnachten; *mikor?* = wann?
7 *-tól/-től* bezeichnen die Bewegung von einem Ausgangspunkt, der keine Fläche ist (zum Beispiel "Ich gehe von der Gartenmauer bis zum Brunnen" = *a kertfaltól a kútig megyek.*) Siehe die weiter oben stehenden Anmerkungen **1** und **2**.

LEKTION 10

EGÉSZÍTSE KI

1 *Wir sind sehr krank.*
Nagyon .... vagyunk.

2 *Der Zahnarzt geht in die Konditorei.*
A .... a cukrászdá .. megy.

3 *Hier muss man Ungarisch sprechen.*
Itt .... kell ....

4 *Wie viel schulde ich Ihnen?*
.... fizetek?

TIZENEGYEDIK LECKE

Ma vizsgázunk (1)

1 – Nem féltek a mai vizsgától? (2) (3)
2 – De félünk, mert nagyon szigorú a tanár.
3 – Hány órakor van a vizsgátok? (4)
4 – Délután négy órakor. (5)
5 – Mi öt órakor vizsgázunk, de nem fizikából, hanem matematikából. (2)

ANMERKUNGEN
1 Aus *vizsga* (Prüfung) wird das Verb *vizsgázik* gebildet (eine/die Prüfung[en] ablegen).
2 *Féltek* ist die zweite Person Plural des Verbs *fél* (Angst haben). Gehen Sie zur Anmerkung **1 c** der siebten Lektion zurück. Angst haben vor... = *félni... -tól/-től*.
3 *-i* ist ein Suffix, das dazu dient, Adjektive aus Adverbien und Substantiven zu bilden: *ma - mai* "heute - heutig"; *Magyarország - magyarországi* (mit einem kleinen *m*, da es sich um ein Adjektiv handelt, "Ungarn - von Ungarn".

harmincnégy 34

5 Mein Mann hat keinen Hunger.
  A ...... nem .....

6 Sie möchten nicht im Hotel essen.
  Nem .... enni a ....

ÜBUNG: 1 Hast du keine Zahnschmerzen? **2** Man braucht (muss) im Aufzug keine Angst zu haben. **3** Die Kranken sind beim Arzt. **4** Der Zahnarzt gibt eine Spritze. **5** Auf Wiedersehen bis morgen. **6** Gehen Sie von den Kovács aus zu Peter?

DIE FEHLENDEN WÖRTER:
1 - betegek - **2** - fogorvos - -ba - **3** - magyarul - beszélni. **4** Mennyit - **5** - férjem - éhes. **6** - akarnak - - szállodában

ELFTE LEKTION

Heute legen wir Prüfungen ab (Prüfungen ablegen)

1 – Habt ihr Angst vor der Prüfung heute?
2 – [Doch], wir haben Angst, denn der Lehrer ist sehr streng (sehr streng der Lehrer).
3 – Um wie viel Uhr ist eure Prüfung?
4 – Nachmittags um vier Uhr.
5 – Wir legen unsere Prüfung um fünf Uhr (um fünf Uhr Prüfung legen wir ab) ab, aber nicht in Physik, sondern in Mathematik.

4 Die Anwendungsweise von *van* wird in der Anmerkung **2** der zweiten Lektion besprochen. Es taucht hier auf, weil in diesem Satz eine Zeitangabe ist. Übrigens, *-tok/-tek/-tök* ist das Possessiv-Suffix der zweiten Person Plural: "*eure* Prüfung".
5 Siehe die Anmerkung **6** der zehnten Lektion.

6 – Jó napot, uraim. Ki akar vizsgázni fizikából? Tessék bejönni és leülni. **(2)**
7 – Tanár úr, nagyon ideges vagyok és fáj a fejem.
8 – Nem baj, fiam. A vizsgáktól mindenki fél.
9 – De én nem tudok semmit. Hazamegyek. Viszontlátásra.
10 – Ki akar még vizsgázni fizikából?

GYAKORLAT

1 A tanárok nem vizsgáznak ma. **2** Ki akar leülni? **3** A vizsga nem nehéz. **4** A rendőr semmitől nem fél. **5** Tessék bejönni a szobába. **6** Reggel hazamegyünk?

EGÉSZÍTSE KI

1 *Wer will seine Prüfung in Mathematik ablegen?*
   Ki .... matematikából?

2 *Herr Professor, ich habe keine Kopfschmerzen.*
   Tanár .., nem ... a ......

3 *Haben Sie auch Angst vor dem Arzt?*
   Önök is ...... az ..... tól?

4 *Am Nachmittag will ich nicht spazieren gehen.*
   .... nem akarok ....

5 *Um wie viel Uhr geht deine Frau auf die Bank?*
   Hány ...... megy a .... a bankba?

6 *Wir legen keine Prüfungen ab, weil wir Professoren sind.*
   Mi nem ...., mert mi .... vagyunk.

harminchat 36

6 – Guten Tag, meine Herren. Wer will [seine Prüfung] in Physik ablegen? Kommen Sie bitte herein und setzen Sie sich.

7 – Herr Professor, ich bin sehr nervös und habe Kopfschmerzen.

8 – Das macht nichts (kein Unglück, mein Sohn). Alle haben Angst vor Prüfungen.

9 – Aber ich weiß doch nichts. Ich gehe nach Hause. Auf Wiedersehen.

10 – Wer möchte noch [seine] Physikprüfung ablegen?

ÜBUNG: 1 Die Professoren legen heute keine Prüfung ab. **2** Wer will sich setzen? **3** Die Prüfung ist nicht schwer. **4** Der Polizist hat gar keine Angst. **5** Treten Sie bitte in das Zimmer ein. **6** Gehen wir am Morgen nach Hause ?

DIE FEHLENDEN WÖRTER:
1 - akar vizsgázni - **2** - úr - fáj - fejem. **3** - - félnek - orvos- **4** Délután - - sétálni. **5** - órakor - - feleséged - - **6** - - vizsgázunk - - tanárok -

LEKTION 11

TIZENKETTEDIK LECKE

Városnézés Budapesten

1 – Kedves turisták, a Dunánál vagyunk.
2   Ez a híd az Erzsébet-híd. A Duna két partján Pesten is, Budán is kék autóbuszok és sárga villamosok járnak. (1)
3   Most felmegyünk a Várba. Ott vannak a nagy múzeumok.
4   Ez a Mátyás templom. Nagyon régi. Az ablakok különösen szépek. (2)
5   Most megint lemegyünk a folyóhoz.
6   Jobbra, ez az épület a Parlament. A kupolája neogótikus. (1)
7   Balra fent, az a Hilton szálloda és a Kaszinó. (2)
8 – Elnézést kérek, miért vannak modern épületek egy régi városrészben?
9 – Mert itt is emberek élnek és dolgoznak.
     A magyar fővárosban nemcsak műemlékek vannak.
10 – Hányan laknak Budapesten? (3)

ANMERKUNGEN

1 Auf das Demonstrativpronomen (dieser, diese, dieses) folgt der bestimmte Artikel: diese Brücke = *ez a híd*. Das Fehlen des Artikels bedeutet, dass das darauffolgende Nomen unbestimmt ist (eine Brücke) und die Rolle des "Prädikats", d.h. einer Aussage in Bezug auf das Demonstrativpronomen spielt : *ez híd* (dies ist eine Brücke).
2 *Az* wird verwendet, um entfernte und *ez*, um nahe Objekte zu benennen. *Ez Európa* (dies ist Europa). *Az Amerika* (jenes ist Amerika).

ZWÖLFTE LEKTKION

Stadtrundfahrt in Budapest
(Stadt-Anschauen in Budapest)

1 – Liebe Touristen, wir sind am Ufer der Donau (die Donau nahe wir sind).
2 Diese Brücke ist die Elisabeth-Brücke. Auf den beiden Ufern der Donau, sowohl in Pest als auch in Buda (auf Pest auch, auf Buda auch) fahren (gehen) blaue Autobusse und gelbe Straßenbahnen.
3 Jetzt fahren wir zum Schloss hinauf. Dort befinden sich (sind) die großen Museen.
4 Das ist die Mathias-Kirche. [Sie ist] sehr alt. Die Fenster [sind] besonders schön.
5 Jetzt fahren wir wieder ans Flussufer hinunter.
6 Dieses Gebäude rechts ist das Parlament (rechts, dieses das Gebäude das Parlament). Seine Kuppel ist neugotisch.
7 Oben links ist das Hotel Hilton und das Casino (links, oben dieses das Hilton Hotel).
8 – Verzeihung (ich bitte Verzeihung), warum gibt es moderne Häuser in einem alten Viertel (Stadtteil)?
9 – Weil hier auch Menschen leben und arbeiten. In der ungarischen Hauptstadt gibt es nicht nur Denkmäler.
10 – Wie viele [Menschen] wohnen in Budapest?

---

3 "Wie viel?" wird übersetzt durch *hány?* Die Form *hányan?* wird dann gebraucht, wenn das Wort nicht von dem Nomen gefolgt wird, auf das es sich bezieht (wenn es nicht "Adjektiv", sondern "Pronomen" ist). "Wie viele Häuser" heißt also *hány ház?*, "viele" = *sok*, aber als Antwort auf die Frage "Wie viele sind es?": *hányan vannak?*, wird "viele" zu *sokan* (siehe zehnte Lektion, Satz 2).

11 – Budapestnek kétmillió lakosa van. Magyarországnak tízmillió. **(4)**
12 – Hölgyeim és uraim, a városnézésnek vége. **(5)**

GYAKORLAT

1 Jobbra, az nem a Kaszinó. **2** A francia fővárosban nincsenek (siehe sechste Lektion, Anmerkung **4**) villamosok. **3** Hányan dolgoznak az étteremben? **4** Ti is lementek a Dunához? **5** Elnézést kérek, hol van a szálloda? **6** Ez a könyv különösen érdekes.

EGÉSZÍTSE KI

1 *Dieses Gebäude rechts ist die Bank.*
 .. az ...... jobbra a ..... .

2 *Die Hauptstadt hat zehn Millionen Einwohner.*
 A .... nak tíz millió ....

3 *Ist es weit bis zur Kirche?*
 A .... van?

4 *Die Denkmäler sind oben.*
 A .... fent ....

5 *Entschuldigen Sie, wohin fährt dieser Bus?*
 .... kérek, hova megy .... autóbusz?

6 *Der Polizist steigt in den dritten Stock.*
 rendőr .... a .... emelet ...

negyven 40

11 – Budapest hat zwei Millionen Einwohner
(dem Budapest zwei Millionen Einwohner es gibt).
Ungarn hat zehn Millionen (zu Ungarn zehn Millionen).
12 – Meine Damen und Herren, die Rundfahrt ist beendet
(dem Stadt-Blick sein Ende).

ANMERKUNGEN
4 Wir haben gesehen, dass das deutsche Verb "haben" durch die Konstruktion *van + Nomen + Possessiv-Suffix* (*van időm* = ich habe Zeit; wörtlich : es gibt meine Zeit) übersetzt wird. Wenn der Besitzer nicht durch ein Personalpronomen bezeichnet wird (ich, du, er usw.), sondern durch einen Namen, wird an diesen das Suffix *-nak/-nek* angehängt. *Kissnének van gyereke* (Frau Kiss hat [ein] Kind).
5 Das *i* in *hölgyeim* und *uraim* bezeichnet den Plural des Besitzes. Wir kommen darauf zurück.

ÜBUNG : 1 Rechts, das ist nicht das Kasino. **2** In der französischen Hauptstadt gibt es keine Straßenbahnen. **3** Wie viele [Personen] arbeiten in dem Restaurant? **4** Geht ihr auch zur Donau hinunter? **5** Entschuldigen Sie, wo ist das Hotel? **6** Dieses Buch ist besonders interessant.

DIE FEHLENDEN WÖRTER:
1 Ez - épület - - bank. **2** - főváros - - - lakosa van. **3** - templom messze - **4** műemlékek - vannak. **5** Elnézést - - - ez az - **6** A - felmegy - harmadik-re.

TIZENHARMADIK LECKE

Magánügy

1 – Mit csinál Virág József reggeltől estig? **(1)**
2 – Reggel hétkor felkel. Mosakszik, felöltözik, reggelizik és újságot olvas. **(2)**
3   Aztán lemegy az utcára. Felszáll az autóbuszra és leszáll a gyár előtt.
4   Nyolctól ötig dolgozik a gyárban egy gép mellett. **(1) (2)**
5   Délben, pontosan tizenkét órakor ebédel, majd iszik egy kávét a büfében. **(2)**
6   Délután már nagyon fáradt és ideges.
7   Este nyolckor hazamegy, vacsorázik, tévét néz, levetkőzik, lefekszik. **(2) (3)**
8   Éjjel otthon alszik.
9 – De mit csinál Virág József délután öttől este nyolcig? **(4)**
10 – Ez magánügy.

ANMERKUNGEN

1 Siehe Anmerkung **7** der zehnten Lektion. Der deutschen Konstruktion "von ... bis" (von München bis Bonn, von fünf bis sieben, usw.) entspricht im Ungarischen die Konstruktion *-tól/-től ... -ig*. *-ig* ist eine unveränderliche Form: dieses Suffix folgt nicht der Vokalharmonie.

GYAKORLAT

1 Ez az ember nem mosakszik. **2** A kávé különösen jó. **3** A tanár levetkőzik az orvosnál. **4** Nincs büfé a gyárban. **5** Háromtól hatig a templomban vagyok. **6** Gyerekek, ki akar tévét nézni?

DREIZEHNTE LEKTION

Privatsache

1 – Was macht Joseph Virág von morgens bis abends?
2 – Um sieben Uhr morgens steht er auf. Er wäscht sich, er zieht sich an, er frühstückt und liest Zeitung.
3   Dann geht er auf die Straße. Er steigt in den Bus und steigt vor der Fabrik aus (Fabrik davor).
4   Von acht [Uhr] bis fünf [Uhr] arbeitet er in der Fabrik an (nahe bei) einer Maschine.
5   Mittags, Punkt zwölf Uhr, isst er zu Mittag; dann trinkt er einen Kaffee im Imbiss.
6   Am Nachmittag ist er bereits sehr müde und nervös.
7   Um acht Uhr abends kommt er nach Hause, isst zu Abend, sieht fern, zieht sich aus und geht schlafen.
8   [In der] Nacht schläft er zu Hause.
9 – Aber was tut Joseph Virág von fünf Uhr nachmittags bis acht Uhr abends?
10 – Das ist Privatsache.

2 Eine große Anzahl von ungarischen Verben bekommt das Suffix -ik in der dritten Person Singular Präsens Indikativ. Ihre Konjugation weicht von der der anderen Verben leicht ab. Wir werden darauf in der nächsten Lektion (Wiederholung und Anmerkungen) zurückkommen. Erschrecken Sie nicht, es sind minimale Abweichungen, die leicht zu behalten sind.
3 Die umgangssprachliche Abkürzung des Wortes *televízió* (Fernsehen) ist *tévé* (TV). Das Verb néz in *tévét néz* befindet sich ebenfalls in *városnézés*, Titel unserer zwölften Lektion. Das Wort zerfällt in folgende Teile: *város* = Stadt, *néz* = schauen, und *-és* = ein Suffix, das das Verb zu einem Nomen macht.
4 Im Ungarischen nennt man zuerst den Nachnamen einer Person, dann den Vornamen.

ÜBUNG: 1 Dieser Mann wäscht sich nicht. **2** Der Kaffee ist besonders gut. **3** Der Lehrer zieht sich beim Arzt aus. **4** In der Fabrik gibt es keinen Imbiss. **5** Von drei bis sechs bin ich in der Kirche. **6** Kinder, wer möchte fernsehen?

43 negyvenhárom

EGÉSZÍTSE KI

1 *Die Familie schläft nicht.*
A . . . . . . nem . . . .

2 *Hier sprechen viele (Personen) Ungarisch.*
Itt . . . . . beszélnek . . . .

3 *Die Ehemänner sind sehr müde.*
. férjek . . . . . . fáradt . . .

4 *Peterchen will nicht von neun bis zehn Uhr arbeiten.*
Petike nem . . . . dolgozni kilenc . . . tiz . . .

5 *Die Arbeit ist keine Privatsache.*
A . . . . . nem . . . .

TIZENNEGYEDIK LECKE

WIEDERHOLUNG UND ANMERKUNGEN

Wie Sie wissen, gehört das Ungarische nicht zu der gleichen Familie wie die meisten europäischen Sprachen. Seine Grammatik kann Ihnen folglich fremdartig vorkommen. Sie werden sich schnell an die spezifisch ungarischen Redewendungen gewöhnen, und es wird nicht lange dauern, bis Sie auf Ungarisch "denken". Bis es soweit ist, nachstehend ein bisschen Theorie; abstrakt vielleicht, aber notwendig. Es geht um einige Angaben, die den Assimilierungsprozess beschleunigen sollen.

1 Das Verb
Davon war bereits in unserer ersten Lektion zur Wiederholung (siebte Lektion) die Rede, aber es bleibt noch viel dazu zu sagen.

6 *Meine Frau isst nicht zu Mittag und nicht zu Abend.*

A feleségem nem ...... és nem ....

DIE FEHLENDEN WÖRTER:
1 - család - alszik. **2** - sokan - magyarul. **3** A - nagyon -ak. **4** - - akar - -től ig. **5** - munka - magánügy. **6** - - - ebédel - - vacsorázik.

VIERZEHNTE LEKTION

a Sie sind den Wörtern *felszáll, leül, leszáll, megáll, felmegy* (neunte Lektion), *bemegy* (zehnte Lektion), *bejön* (elfte Lektion), *lemegy* (zwölfte Lektion), *felkel, felöltözik, levetkőzik, lefekszik* (dreizehnte Lektion) begegnet. Dies sind zusammengesetzte Verben. Der erste Teil der Zusammensetzung (*le, be, fel, meg*) ist ein "Verbalpräfix", der zweite ist das eigentliche Verb. Im Allgemeinen verändert das Verbalpräfix den Sinn des Verbs: *megy* = gehen, fahren; *felmegy* = hinaufsteigen; *lemegy* = herabsteigen. Die Rolle der Präpositionen im Deutschen ist mit der des Verbalpräfixes im Ungarischen durchaus vergleichbar; hier sind sich die beiden Sprachen wirklich ähnlich.

Le, be und *fel* zeigen die Richtungen: nach unten, nach innen, nach oben. Sie werden Ihnen sehr häufig begegnen, denn Sie werden ständig gebraucht. Was speziell *meg* anbetrifft, so ist es das häufigste Verbalpräfix in der ungarischen Sprache, und sein Anwendungsbereich ist ziemlich vielfältig; im Allgemeinen verstärkt es die Idee, dass etwas zu *Ende geführt wird*. (Aus diesem Grund wird es auch "Perfektiv" genannt). Begnügen Sie sich im Moment damit, es nur zu registrieren. Die verschiedenen Übersetzungen, die wir Ihnen nach und nach dazu geben, werden es Ihnen ermöglichen, seinen Sinn zu erfassen.

b Die Verben auf -*ik*. In der Anmerkung **2** der dreizehnten Lektion haben wir Sie schon auf die Existenz einer zweiten Konjugation aufmerksam gemacht, die der Verben, die in der dritten Person Singular Präsens Indikativ ein -*ik* bekommen. Der Unterschied zur anderen Konjugation (die von *beszél*, siehe **1c** der siebten Lektion) betrifft nur den Singular. Hier einige Beispiele:

reggelizem ich frühstücke
reggelizel du frühstückst
reggelizik er/sie/es frühstückt
reggelizünk wir frühstücken
reggeliztek ihr frühstückt
reggeliznek sie frühstücken

vacsorázom ich esse zu Abend
vacsorázol du isst zu Abend
vacsorázik er/sie/es isst zu Abend
vacsorázunk wir essen zu Abend
vacsoráztok ihr esst zu Abend
vacsoráznak sie essen zu Abend

2 Die Suffixe

Wir verweisen Sie auf den **zweiten** Absatz unserer siebten Lektion. Seither haben Sie Ihren Vorrat an Suffixen bereichert. Wenn Sie sie systematisieren, werden Sie unweigerlich bemerken, dass sie drei "Richtungen" aufzeigen und auf die Fragen "wo?", "woher?" und "wohin?" antworten. Hier sehen Sie sie geordnet:

WOHIN?	**WO?**	**WOHER?**
-ba/-be	*-ban/-ben*	*-ból/-ből*
-ra/-re	*-n*	*-ról/-ről*
-hoz/-hez/-höz	*-nál/-nél*	*-tól/-től*

Haben Sie den Unterschied verstanden zwischen *házból*: "aus dem Haus" (vom Inneren des Hauses ausgehend), und *házról*: "von auf dem Haus" (von der Oberfläche des Hauses ausgehend)? Sicher, diese Übersetzungen sind nur Annäherungen. Die Übung wird es Ihnen ermöglichen, alle Nuancen dieser Suffixe zu erfassen.

3 Das Possessiv

Was versprochen ist, muss gehalten werden: in der Anmerkung **5** der sechsten Lektion haben wir angekündigt, auf das Possessiv zurückzukommen. Hier die genaue Übersetzung der Serien: "mein Buch", "dein Buch"...; "mein Haus", "dein Haus" ...

könyv-em: mein Buch
könyv-ed: dein Buch
könyv-e: sein/ihr Buch
könyv-ünk: unser Buch
könyv-etek: euer Buch
könyv-ük: ihr Buch

ház-am: mein Haus
ház-ad: dein Haus
ház-a: sein/ihr Haus
ház-unk: unser Haus
ház-atok: euer Haus
ház-uk: ihr Haus

> *Sie haben bei Ihrem Ungarischstudium schon große Fortschritte gemacht! Lernen Sie weiterhin entspannt und in kurzen Lerneinheiten, und wiederholen Sie auch hin und wieder bereits durchgearbeiteten Stoff.*

TIZENÖTÖDIK LECKE

Ma semmit nem találok

1 – Drágám, nem tudod, hol van a szemüvegem? **(1)**
2 – Nem tudom. Talán valahol az újságok mellett van. **(1)**
3 – Persze. Köszönöm. Milyen okos vagy!... **(2)**
4   Drágám, nem tudod, hol van a mai újság? **(1)**
5 – Biztosan az ágy alatt van. **(3)**
6 – Nincs sem az ágy alatt, sem az ágy mögött. **(4)**
7 – Nem értem, ma semmit nem találsz? **(1)**
8 – Én sem értem, hogy miért keresek ma mindent. **(1) (4)**
9 – Ott van az újság is és a szemüveg is a polcon, az ágy felett. Nem látod? **(4)**
10 – Persze, hogy nem látom. Szemüveg nélkül nem látok. **(1)**

ANMERKUNGEN
1 Wir haben Sie darauf vorbereitet (Absatz **1 c** der siebten Lektion): es gibt mehrere Konjugationen. Die ungarischen Verben können zwei Formen annehmen, abhängig davon, ob der Satz ein "bestimmtes" Objekt (im Allgemeinen nach dem bestimmten Artikel stehend: *a, az*) enthält, oder ein "unbestimmtes". In der vorliegenden Lektion zum Beispiel steht das Verb *látni* gleichzeitig in den Formen *látok* und *látom*; die erste Form befindet sich in einem Satz ohne Objekt und die zweite in einem Satz mit einem implizit vorhandenen, bestimmten Objekt. (Ich sehe die Brille nicht).

GYAKORLAT

1 Nem látom az ágyat. **2** Ott van a szemüveg is és az újság is. **3** Persze, hogy jól vagyok. **4** Drágám, hova megyünk ma délelőtt? **5** A polcon nincs semmi. **6** Biztosan van pénzed.

FÜNFZEHNTE LEKTION

Heute finde ich nichts

1 – Liebling, weißt du (es) nicht, wo meine Brille ist?
2 – Ich weiß es nicht. Vielleicht irgendwo neben den Zeitungen.
3 – Natürlich. Danke. Wie intelligent du bist!...
4   Liebling, weißt du (es) nicht, wo die Zeitung von heute ist?
5 – Sie ist sicher unterm Bett (sicher unter dem Bett ist).
6 – Sie ist weder unter dem Bett, noch hinter dem Bett.
7 – Ich verstehe das nicht, heute findest du nichts.
8 – Ich verstehe (das) selbst auch nicht, warum ich heute alles suche.
9 – Die Zeitung und die Brille sind dort hinten (dort hinten ist die Zeitung auch und die Brille auch), auf dem Regal über dem Bett. Siehst du das nicht?
10 – Natürlich sehe ich das nicht. Ohne Brille sehe ich nicht[s].

Das Deutsche reagiert ebenfalls auf die Anwesenheit des bestimmten Objekts: der Unterschied zwischen *látok* und *látom* entspricht dem zwischen "ich sehe" und "ich sehe es". Der Unterschied zwischen diesen beiden Konjugationen wird noch deutlicher sichtbar in folgendem Beispiel: *látok egy házat* = ich sehe ein Haus, aber: *látom a házat* = ich sehe das Haus. Natürlich kommen wir auf diese Frage in der einundzwanzigsten Lektion zurück.
2 *Milyen* wird hier mit "wie" übersetzt (normalerweise entspricht es: was für ein)..
3 Es ist Ihnen sicher aufgefallen, dass das Suffix *-n*, angehängt an ein Adjektiv, dieses in ein Adverb verwandelt.
4 *Is ... is* entspricht "sowohl ... als auch", "gleichzeitig" usw. Siehe Satz 2 der zwölften Lektion.
Sem ... sem ist die Verneinung von *is ... is* ("weder ... noch").

ÜBUNG: 1 Ich sehe das Bett nicht. **2** Die Brille und die Zeitung sind dort hinten. **3** Natürlich geht es mir gut. **4** Liebling, wohin gehen wir heute Vormittag? **5** Es ist nichts auf dem Regal. **6** Du hast sicher Geld.

EGÉSZÍTSE KI

1 *Siehst du ohne Brille?*
..... szemüveg ......?

2 *Wo ist die Zeitung von heute?*
Hol ... a ... újság?

3 *Sie finden nichts im Zimmer.*
Nem .... semmit a ....

4 *[Hier] ist keine Bank, weder links noch rechts.*
..... bank ... balra, sem ....

5 *Wie intelligent [sie] ist!*
...... okos!

TIZENHATODIK LECKE

Diszkóban

1 – Milyen jó ez a zene! És milyen jó hangja van az énekesnek!
2 – A zenekar is kitűnő. Kár, hogy senki nem akar táncolni velem. **(1)**
3 – Ezek a fiúk félnek a szép lányoktól.

ANMERKUNGEN

1 Das Suffix -val/-vel bedeutet "mit". Wenn das Wort, an das es angehängt wird, mit einem Konsonanten aufhört, wird das -v von -val/-vel "assimiliert" und verdoppelt ihn: -mások = "die anderen" (*mások* + *val*), *másokkal* = "mit anderen". *Péter* + *vel* = *Péterrel* (mit Peter), usw. Viele ungarische Suffixe können zusammen mit Personal-

6 *Ich weiß nicht, wer die Prüfung ablegen will.*
Nem ..... ki .... vizsgázni.

DIE FEHLENDEN WÖRTER:
1 Látsz - nélkül **2** - van - mai - **3** - találnak - - szobában. **4** Nincs - sem - - jobbra. **5** Milyen - **6** - tudom - akar.

SECHZEHNTE LEKTION

In der Disco

1 – Die Musik [hier] ist gut (wie gut diese die Musik)! Und wie gut die Stimme des Sängers ist!
2 – Die Band ist auch ausgezeichnet. Schade, dass niemand mit mir tanzen will.
3 – Diese Jungen haben Angst vor hübschen Mädchen.

pronomen auftreten, was eine originelle Kombination ergibt: *vel-ünk* = mit uns (mit unser); *vel-e* = mit ihm, mit ihr. Wie Sie in diesem Fall sehen, wird das deutsche Personalpronomen im Ungarischen durch das Possessiv-Suffix "dargestellt". Sie werden zu diesem Thema natürlich noch mehr Informationen bekommen. Zum jetzigen Zeitpunkt genügt es, dass Sie sich an diese Formen gewöhnen, die wir später "possessivierte Suffixe" nennen werden.

4 – Tudod, Zsuzsi, nekem az a magas barna fiú tetszik. **(2)**
5 – Neked is? És ez az alacsony szőke? **(2)**
6 – Nem jól táncol és rosszul öltözik. Vele nem akarok megismerkedni. **(3)**
7 A magas barna fiú közeledik.
8 – Szervusztok, lányok. Miért nem táncoltok?
9 – Mert a fiúk másokkal szórakoznak és nem velünk. **(1)**
10 – De nekem ti tetszetek. Mi a nevetek? **(2)**
11 – Én Zsuzsi vagyok, ő Ági.

GYAKORLAT
1 Ez a zene tetszik nekem. 2 Ki táncol jól? 3 A fővárosban sokan szórakoznak. 4 Egy szőke lánnyal vagyok a múzeumban. 5 A turisták rosszul öltöznek. 6 Most megismerkedünk az igazgatóval.

EGÉSZÍTSE KI

1 *Dieser Junge gefällt mir.*
Ez a .... nekem.

2 *Auch die Kinder tanzen gut.*
A gyerekek ..... táncol.... .

3 *Unser Zahnarzt ist ausgezeichnet.*
A .... unk ....

4 *Mit wem essen Sie zu Mittag?*
..... ebédel... ?

5 *Wie heißt du?*
.. a ..... ?

6 *Wie gut der ungarische Sänger singt!*
...... jól ...... a magyar ......!

ötvenkettő 52

4 – Weißt du Susi, mir gefällt dieser große, dunkelhaarige Junge (mir dieser der hohe dunkle Junge gefällt).
5 – Dir auch? Und dieser kleine Blonde?
6 – Er tanzt nicht gut, und er ist schlecht angezogen. Ich will ihn nicht kennenlernen (mit ihm nicht will Bekanntschaft machen).
7 Der große, dunkelhaarige Junge kommt näher.
8 – Hallo, Mädchen! Warum tanzt ihr nicht?
9 – Weil die Jungen sich mit anderen amüsieren und nicht mit uns.
10 – Aber mir gefällt ihr zwei. Wie heißt ihr?
11 – Ich bin Susi und das ist Agnes.

ANMERKUNGEN
2 *-nak/-nek* (entspricht der Präposition "zu" als attributiver Zusatz) wird zu *nek-em, nek-ed* (siehe Anmerkung **1**).
3 Die Verwandlung eines Adjektivs in ein Adverb (siehe Anmerkung **3** der fünfzehnten Lektion) kann auch durch das Suffix *-l* stattfinden (*jó - jól; rossz - rosszul*).

ÜBUNG: 1 Diese Musik gefällt mir. **2** Wer tanzt gut? **3** Viele [Leute] amüsieren sich in der Hauptstadt. **4** Ich bin mit einer Blonden im Museum. **5** Die Touristen sind schlecht angezogen. **6** Jetzt werden wir den Direktor kennenlernen.

DIE FEHLENDEN WÖRTER:
1 - - fiú tetszik - **2** - - is jól -nak. **3** - fogorvos - kitűnő. **4** Kivel -nek (tek).
5 Mi - neved **6** Milyen - énekel - - énekes.

TIZENHETEDIK LECKE

Ibolya egy romantikus estéje

1. Este van. A Dunaparton sétálunk Tiborral. **(1)**
2. Lemegy a nap, feljönnek a csillagok, süt a hold.
3. Nézzük a folyó vizét. Minden csendes. **(2)**
4. – Szeretsz, Tibor? Még mindig szeretsz? **(3)**
5. – Szeretlek, Ibolya. Persze, hogy szeretlek. **(4)**
6. – Én is nagyon szeretlek. Gyere, megcsókollak. **(4) (5)**
7. Tovább sétálunk. Egy kávéház előtt megállunk. Szól a zene. **(6)**
8. A zenekar a Holdfényszonátát játssza. (2)
9. Milyen boldogok vagyunk és milyen szép az élet!
10. – Gyerünk, Tibor. Késő van. Hazamegyünk.

ANMERKUNGEN

1 Siehe Anmerkung **1** der sechzehnten Lektion.
2 Lesen Sie noch einmal die Anmerkung **1** der fünfzehnten Lektion. Die ungarische Konjugation hält noch einige Überraschungen für Sie bereit. Sicher ist Ihnen aufgefallen, dass das Objekt in diesem Satz "bestimmt" ist, da ihm der bestimmte Artikel vorangestellt ist. Das erklärt, dass die Form des Verbs *nézzük* statt *nézünk* (siehe siebte Lektion) ist: es wird nach den Regeln der sogenannten "bestimmten" Konjugation gebeugt. Die andere Konjugation, deren Formen wir Ihnen in unserer siebten Lektion aufgezeigt haben, nennt sich "unbestimmte"..
3 Der ungarische Fragesatz erlaubt zwei "Melodien", abhängig davon, ob man eine Antwort mit "ja" oder mit "nein", oder eine vollständigere Antwort erwartet. Im letzteren Fall enthält der Fragesatz unbedingt ein akzentuiertes Fragewort wie *hol? hova? mit? miért?* (wo? wohin? was? warum?) usw. Ez a *Holdfényszo**ná**ta?* (Der Akzent liegt auf der vorletzten Silbe). "Ist das die Mondscheinsonate?", aber **kit** *szeretsz?* "wen liebst du?" (der Akzent liegt auf dem Fragewort).

SIEBZEHNTE LEKTION

Ein romantischer Abend von Violette

1   Es ist Abend (Abend ist). Tibor und ich gehen am Ufer der Donau (auf Donau Ufer) spazieren.
2   Die Sonne geht unter (unter geht die Sonne), die Sterne kommen heraus, der Mond scheint.
3   Wir schauen auf das Wasser des Flusses. Alles ist still (alles still).
4 – Liebst du mich Tibor? Liebst du mich immer noch (noch immer)?
5 – Ich liebe dich Violette. Natürlich liebe ich dich.
6 – Ich liebe dich auch sehr. Komm her, lass dich küssen.
7   Wir gehen weiter spazieren (weiter wir gehen spazieren). Vor einem Café bleiben wir stehen. Musik ertönt (die Musik spricht).
8   Das Orchester spielt die Mondscheinsonate.
9   Wie glücklich wir sind! Und wie schön das Leben ist!
10 – Komm (kommen wir)! Es ist spät. Wir gehen nach Hause (nach Hause wir gehen).

---

4 Wenn das Subjekt in der ersten Person Singular steht (ich) und das Objekt in der zweiten Person (Singular oder Plural - du, ihr), nimmt der Stamm das Suffix *-lak/-lek* an, das zerfällt in *-l* (zweite Person-Objekt), *-a/-e* (einem sogenannten "Bindungs"-Vokal) und *-k* (erste Person Singular, in der unbestimmten Konjugationsform). Üben Sie, indem Sie alle Verben, die Sie kennen, in diese Kurzform bringen: *nézek* (ich schaue), *nézlek* (ich schaue dich an), usw.

5 Das Verb *jönni* bildet den Imperativ mit dem Stamm *gyer-*: komm!: *gyere!*, lasst uns kommen!: *gyerünk!*, kommt!: *gyertek!* In der dritten Person Plural jedoch erscheint wieder der Stamm *jön*: sie sollen kommen!: *jöjjenek!* Diese Art von Unregelmäßigkeiten gibt es in allen Sprachen häufig: denken Sie an das Verb "fahren": "ich fahre", aber "du fährst".

6 *Szól* (sagt, spricht) wird in einigen Ausdrücken verwendet, wie *szól a telefon* = "das Telefon läutet"; *szól a rádió* = "das Radio ist an"; *szól a zene* = "Musik ertönt", usw.

GYAKORLAT
1 Nincs késő, nem megyünk haza. **2** Csendes este van.
3 Még mindig sétálunk. **4** Hol talállak hat órakor?
5 Nézem a csillagokat. **6** A Dunaparton várlak.

EGÉSZÍTSE KI

1 *Heute sehe ich dich nicht.*
Ma ... lát ... .

2 *Der Mond scheint.*
Süt a ..... .

3 *Das Telefon läutet.*
.... a telefon.

4 *Lasst uns spazieren gehen.*
.... sétálni.

5 *Wir gehen zum Fluß hinunter.*
.. megyünk a folyó .... .

TIZENNYOLCADIK LECKE

Fogadás Budapesten

1   A szállodában nagy fogadás kezdődik.
2   Fekete autók érkeznek a bejárat elé. Elegáns urak és hölgyek közelednek. **(1)**
3   Az asztalok tele vannak étellel, itallal. **(2)**

ANMERKUNGEN
1 Siehe Anmerkung 2 der vierzehnten Lektion. Was wir dort in Bezug auf die Suffixe gesagt haben, die sich je nach Bewegungsrichtung und nach stattfindendem oder nicht stattfindendem Ortswechsel ändern, gilt ebenfalls für die Postpositionen: *elé* = "nach vorne".

ÜBUNG: 1 Es ist nicht spät, wir gehen nicht nach Hause. **2** Es ist ein ruhiger Abend. **3** Wir gehen noch immer spazieren. **4** Wo finde ich dich um sechs Uhr? **5** Ich betrachte die Sterne. **6** Ich warte auf dich am Ufer der Donau.

6 *Ich liebe dich nicht, aber ich küsse dich.*
  Nem ...... lek, de meg ....

DIE FEHLENDEN WÖRTER:
1 - nem -lak. **2** - - hold. **3** Szól - - **4** Gyerünk - **5** Le - - - hoz. **6** - szeret - - - csókollak.

ACHTZEHNTE LEKTION

Ein Empfang in Budapest

1 Ein großer Empfang beginnt im Hotel.
2 Schwarze Autos halten vor dem Eingang (kommen an). Elegante Herren und Damen steigen aus (kommen näher).
3 Die Tische sind voll mit Speisen [und] Getränken.

2 *Van* steht bei Adjektiven, die einen Zustand ausdrücken: *tele* = "voll", *zárva* = "geschlossen", *nyitva* = "offen", usw. Diese Adjektive verändern sich nicht: *tele* bedeutet gleichzeitig "voll" im Singular und Plural.

4 A pincérek pezsgőt hoznak. Hozzák a kaviárt is. **(3)**
5 A magyar miniszter kezet fog egy külföldi vendéggel.
6 – Kerekes Gábor vagyok. Önt hogy hívják?
7 – Engem Don Fernandeznek hívnak. Örülök, hogy találkozunk. **(4)**
8 – Miniszter úr, gyönyörű ez a város. Ugye boldogok itt az emberek?
9 – Kedves Fernandez úr, köszönöm a bókot. Jól ismerem az önök országát. Az is csodálatos. **(5)**
10 A fogadásnak vége van. Az asztalok üresek. A vendégek a kijárat felé indulnak.
11 A magyar politikus és a spanyol vendég újra kezet fog.

ANMERKUNGEN
3 Das Verb *hoz* (bringen) steht zuerst in der unbestimmten Konjugation (*hoznak*), eine Form, die Sie bereits perfekt beherrschen, und anschließend in der bestimmten Form (*hozzák*).

GYAKORLAT

1 A vizsga hétkor kezdődik. 2 A hölgyek kezet fognak. 3 Örülök, hogy hoztok kaviárt is. 4 Jól ismerem a spanyol minisztereket. 5 Ez a lány csodálatos szemüveg nélkül is. 6 A férj és a felesége a kijárat felé indulnak.

EGÉSZÍTSE KI
1 *Der Junge heißt Johann.*
   A fiút János . . . hív . . . .

2 *Elegante Herren lernen sich auf dem Empfang kennen.*
   Elegáns . . . . találkoznak a . . . . on.

3 *Die Wagen sind voll.*
   Az . . . . . tele . . . .

ötvennyolc 58

4   Die Kellner bringen Sekt. Es wird auch Kaviar gebracht.
5   Der ungarische Minister schüttelt einem ausländischen Gast die Hand.
6 – Ich bin Gábor Kerekes. [Und Sie], wie heißen Sie?
7 – Ich heiße Don Fernandez. Ich freue mich, Sie kennenzulernen (dass wir uns begegnen).
8 – Herr Minister, diese Stadt ist herrlich. Die Leute hier müssen doch glücklich sein?
9 – Lieber Herr Fernandez, vielen Dank für das Kompliment (danke das Kompliment). Ich kenne Ihr Land gut. Es ist ebenfalls wunderbar.
10 Der Empfang ist zu Ende (es ist Ende des Empfangs). Die Tische sind leer. Die Gäste gehen (gehen weg) zum Ausgang.
11 Der ungarische Politiker und der spanische Gast schütteln sich erneut die Hände.

4 Das Akkusativpronomen hat, wie im Deutschen, eine besondere Form: "mich" = *engem*, "Sie" (Höflichkeitsform) = *önt*, usw. Wir kommen darauf in unserer nächsten Wiederholungslektion zurück.
5 Die Formen der bestimmten Konjugation können ein Objekt in der dritten Person andeuten: *ismerem* (ich kenne ihn oder ich kenne sie).

ÜBUNG: 1 Die Prüfung beginnt um sieben Uhr. **2** Die Damen schütteln sich die Hand. **3** Ich bin froh, dass ihr auch Kaviar mitbringt. **4** Ich kenne die spanischen Minister gut. **5** Dieses Mädchen ist wunderbar, selbst ohne Brille. **6** Der Mann und seine Frau gehen zum Ausgang.

LEKTION 18

4 *Wer hält vor dem Hoteleingang?*
　.. érkezik a .... bejárata ...?

5 *Ich mag den ungarischen Sekt nicht.*
　Nem .... a magyar ....

TIZENKILENCEDIK LECKE

Új lakásba költözünk

1　A Veres család új háromszobás lakásba költözik. **(1)**
2　Ma még semmi nincs a helyén, nagy rendetlenség van.
3　A szülők felhozzák a könyvespolcot az utcáról, beviszik a lakásba, leteszik a konyhába, az asztal alá. **(2)**
4　A zongorát kihozzák a fürdőszobából és leteszik a kályha mögé. **(2)**
5　A képeket leveszik a falról és kiviszik az előszobába, az ajtó mellé. **(2)**
6 – A fényképeket az ágyunk fölé tesszük, mondja a mama. **(2) (3)**

ANMERKUNGEN

1 *Háromszobás*. Sie haben es sicher geschafft, dieses komplexe Wort zu zerlegen: *három* (drei) und *szoba* (Zimmer, Raum). *-s*: ein Suffix, das zur Adjektivbildung dient.
2 Siehe Anmerkung 2 der vierzehnten Lektion. Die "Dreiteilung" der Richtungen, die dort besprochen wurde, betrifft nicht nur die Suffixe, sondern auch die Postpositionen: *alá, fölé, mögé, mellé, közé* antworten auf die Frage "wohin?", *alól* und *mellől* dagegen antworten auf die Frage "woher?", im Gegensatz zu den Postpositionen *alatt, mögött, mellett, között*, die auf die Frage "wo" antworten.

6 *Die Gäste wollen nicht näher kommen.*
  A . . . . nem akarnak . . . .

DIE FEHLENDEN WÖRTER:
1 - - -nak -ják. 2 - urak - - fogadás - 3 - autók - vannak. 4 Ki - - szálloda - elé 5 - szeretem - - pezsgőt. 6 - vendégek - - közeledni.

NEUNZEHNTE LEKTION

Wir ziehen in eine neue Wohnung ein

1 Die Familie Veres zieht in eine neue Dreizimmer-Wohnung.
2 Heute ist noch nichts an seinem Platz, es herrscht große Unordnung (große Unordnung es gibt).
3 Die Eltern holen das Bücherregal von der Straße herauf, tragen [es] in die Wohnung [und] stellen [es] in der Küche unter dem Tisch ab.
4 Sie holen das Klavier aus dem Badezimmer und stellen [es] hinter den Ofen.
5 Sie nehmen die Bilder von der Wand ab und stellen [sie] raus in den Flur, neben die Tür.
6 – (Wir) hängen die Fotos über unser Bett, sagt die Mutter.

---

3 *Mondja, mondják* sind Formen der bestimmten Konjugation. Diese muss beim Verb "sagen" angewendet werden, wenn es bei einem Zitat steht.
4 Damit Sie sich an die ungarischen Verben, die mit einem Präfix versehen sind, gewöhnen, sind nachstehend einige sehr häufige Kombinationen von Verben und Präfixen aufgeführt: *feltesz:* darauflegen - *felvesz:* anziehen (ein Kleidungstück), aufheben - *felhoz:* hochbringen - *felvisz:* hinauftragen - *letesz:* abstellen, ablegen -*levesz:* abnehmen - *lehoz:* hinunterbringen - *levisz:* hinuntertragen - *kitesz:* ausstellen - *kihoz:* herausholen - *kivisz:* hinausbringen - *betesz:* hineinstellen, hineinlegen - *bevesz:* einnehmen, hereinnehmen - *behoz:* hineinbringen -*bevisz:* hineintragen. Wie Sie sehen, handelt es sich um einfache und logische Kombinationen.

7 – A szőnyegeket kihozzuk a hálószobából az ablak alól és betesszük a nappali szobába, a szekrény alá, mondja a papa. **(2) (3)**

8 – A játékokat behozzuk a konyhából a gyerekszobába, és letesszük a tévé és a rádió közé, mondják a gyerekek. **(2) (3)**

9 A kisfiú a telefont az íróasztal mellé teszi, de a kislány az íróasztal mellől az előszobába viszi a tükör alá. **(2)**

10 Az apa leviszi a régi foteleket a pincébe és az anya felhozza az új székeket liften a lakásba. **(4)**

GYAKORLAT

1 Régi lakásba költözünk. **2** Felhozod a foteleket az utcáról. **3** A fényképeket levesszük a fürdőszoba faláról. **4** A telefont a nappali szobába a szekrény mellé teszi. **5** Kihozod a szőnyegeket az ágy alól? **6** A szülők leteszik a zongorát a kályha és a rádió közé.

EGÉSZÍTSE KI

1 *Der kleine Junge nimmt die Bilder von der Wand ab.*
   A ...... leveszi a .... a falról.

2 *Die Eltern tragen das Regal auf die Straße hinunter.*
   A szülők .... a könyvespolcot ....

3 *Heute herrscht große Unordnung in unserer Wohnung.*
   .. nagy .... van a ....

4 *Wir stellen das Telefon auf den Schreibtisch.*
   .... a telefont az ....

5 *Bringst du das Spielzeug in den Keller hinunter?*
   Leviszed a .... a .... ?

hatvankettő 62

7 – (Wir) holen die Teppiche aus dem Schlafzimmer unter dem Fenster hervor und legen [sie] in das Wohnzimmer (in das Zimmer des Tages) unter den Schrank, sagt der Vater.

8 – Wir tragen (nach innen) das Spielzeug aus der Küche in das Kinderzimmer und legen es zwischen Fernseher und Radio hin (nach unten), sagen die Kinder.

9   Der kleine Junge stellt das Telefon neben den Schreibtisch, aber das kleine Mädchen trägt [es] vom (von neben) Schreibtisch in den Flur, unter den Spiegel.

10   Der Vater trägt die alten Sessel in den Keller hinunter, und die Mutter holt im Aufzug die neuen Stühle in die Wohnung hoch.

ÜBUNG: 1 Wir ziehen in [eine] alte Wohnung ein. **2** Du holst die Sessel von der Straße herauf. **3** Wir nehmen die Fotos von der Badezimmerwand ab. **4** Er stellt das Telefon in das Wohnzimmer neben den Schrank. **5** Holst du die Teppiche unter dem Bett hervor? **6** Die Eltern stellen das Klavier zwischen den Ofen und das Radio.

6 *Der Stuhl ist neben dem Schrank.*
   A .... a .... mellett ....

DIE FEHLENDEN WÖRTER:
1 - kisfiú - - képeket - - **2** - - leviszik - - az utcára. **3** Ma - rendetlenség - - lakásunkban. **4** Letesszük - - - íróasztalra. **5** - - játékokat - pincébe **6** - - szék - szekrény - van.

LECKIÓ 19

HUSZADIK LECKE

Uzsonna a nagymamánál

1 A nagymama vidéken él egy kis faluban.
2 Kedves öreg néni, minden szomszéd szereti őt. **(1) (2)**
3 Két gyereke és öt unokája van. Minden hét végén meglátogatják. **(3)**
4 Szombat van. Délután négykor megérkeznek autóval a fiatalok.
5 – Szervusz, nagymama! kiáltják neki boldogan az unokák. **(4)**
6 – Szervusztok, gyerekek. Örülök, hogy látlak titeket, válaszolja nekik a néni. **(4)**
7 – Mikor uzsonnázunk **(5)**? kérdezi az egyik unoka. Csinálsz nekünk csokoládétortát? kérdezi egy másik. **(4)**
8 – Gyerekek, nem látjátok, hogy milyen fáradt a nagymama? mondják a szülők. **(4)**
9 Az uzsonna ma is nagyon finom. A hatalmas torta gyorsan eltűnik.
10 – Nagyi, mi úgy szeretünk téged. A jövő héten is eljövünk. **(2)**

ANMERKUNGEN

1 *Néni* (Tante) sagt man zu allen älteren Frauen ; ebenso nennt man *bácsi* (Onkel) alle, die einen Rang oder eine höhere Position innehaben. Für die ungarischen Kinder heißen alle *bácsi* oder *néni* ... Ganz Ungarn ist eine große Familie!

GYAKORLAT

1 Minden szomszéd szereti a tortámat. 2 Örülök, hogy meglátogatjátok a nagypapát. 3 Nem látjátok, hogy most ebédelek? 4 A néni egy hatalmas házban él. 5 Ma nem négykor uzsonnázom, hanem ötkor. 6 Csinálsz nekem is tortát?

ZWANZIGSTE LEKTION

Kaffee und Kuchen bei Großmutter

1 Großmutter lebt auf dem Land in einem kleinen Dorf.
2 Sie ist eine nette alte Dame, alle Nachbarn (jeder Nachbar) haben sie gern.
3 Sie hat zwei Kinder und fünf Enkelkinder. Sie kommen sie an jedem Wochenende besuchen.
4 Es ist Samstag. Um vier Uhr nachmittags kommen die jungen Leute mit dem Auto an.
5 – Hallo, Großmutter! rufen ihr die Enkelkinder fröhlich zu.
6 – Hallo, Kinder! Ich freue mich, euch zu sehen (dass ich euch sehe), antwortet die alte Dame (Tante).
7 – Wann gibt es Kuchen? fragt eines der Enkelkinder. Machst du uns einen Schokoladenkuchen? fragt ein anderes.
8 – Kinder, seht ihr nicht, wie müde Großmutter ist? sagen die Eltern.
9 Auch heute ist der Kuchen wieder sehr fein. Der riesige Kuchen verschwindet schnell.
10 – Oma, wir haben dich so lieb! Wir kommen auch nächste Woche wieder.

---

2 *Öt*: siehe noch einmal Anmerkung **4**, Lektion 18. *Téged, őt, titeket* bedeuten respektive "dich, ihn/sie, euch", Formen des Akkusativpronomens. Wie bereits gesagt, kommen wir auf diese Frage in unserer nächsten Lektion zurück.
3 *Két gyereke és öt unokája van*: lesen Sie zu diesem Satz noch einmal den Absatz **f** der siebten Lektion.
4 Sie haben in Lektion 19, Anmerkung 3, erfahren, dass das Verb, das ein Zitat in der direkten Rede begleitet, sich in der bestimmten Konjugation befindet. *Válaszolja* (er/sie antwortet); *kérdezi* (er/sie fragt), usw.
5 Im Deutschen gibt es kein spezielles Wort, das einen besonders für Kinder angerichteten Imbiss am Nachmittag bezeichnet. Da dies im Ungarischen aber existiert, haben wir es hier mit "Kaffee und Kuchen" übersetzt.

EGÉSZÍTSE KI

1 *Die jungen Leute kommen mit dem Auto.*
   A . . . . jönnek.

2 *Wir freuen uns, euch zu sehen.*
   . . . ., hogy . . . . . . önöket.

3 *Hallo Oma, geht es dir gut?*
   . . . . nagyi, ...?

4 *Auch heute ist das Abendessen wieder ausgezeichnet.*
   A . . . . ma is . . . .

5 *Ich besuche meinen Enkelsohn jeden Tag.*
   . . . . . . nap . . . . az . . . .

6 *Mögen die Kinder Schokoladenkuchen?*
   . . . . a gyerekek a . . . . ?

HUSZONEGYEDIK LECKE

WIEDERHOLUNG UND ANMERKUNGEN

1 Die bestimmte Konjugation

a Jetzt ist der richtige Moment zu wiederholen, was Sie in den Anmerkungen **1** der fünfzehnten Lektion, **2** der siebzehnten Lektion, **3** der achtzehnten, **3** der neunzehnten und **3** der zwanzigsten Lektion gelesen haben.

Die meisten Verben nehmen die Formen der bestimmten Konjugation an, aber es gibt auch welche, die, da sie sinngemäß kein Objekt haben können (zum Beispiel: *lenni* (sein), *menni* (gehen), *jönni* (kommen) usw.), niemals dieser Konjugation folgen. Die Formen der bestimmten Konjugation sind einfach:

ÜBUNG: 1 Alle Nachbarn mögen meinen Kuchen. **2** Ich freue mich, dass ihr Großvater besucht. **3** Seht ihr nicht, dass ich gerade zu Mittag esse (ich zu Mittag esse jetzt). **4** Die Dame lebt in einem riesigen Haus. **5** Heute nehme ich Kaffee und Kuchen nicht um 4, sondern um 5 Uhr. **6** Machst du auch für mich einen Kuchen?

DIE FEHLENDEN WÖRTER:
1 - fiatalok autóval -. **2** Örülünk - látjuk - **3** Szervusz - jól vagy **4** - vacsora - - finom. **5** Minden - meglátogatom - unokámat. **6** Szeretik - - - csokoládétortát.

EINUNDZWANZIGSTE LEKTION

lát-**om**: ich sehe ihn (sie, es)   *ismer*-**em**: ich kenne ihn (sie, es)
lát-**od**: du siehst ihn   *ismer*-**ed**: du kennst ihn
lát-**ja**: er, sie, es sieht ihn   *ismer*-**i**: er, sie, es kennt ihn
lát-**juk**: wir sehen ihn   *ismer*-**jük**: wir kennen ihn
lát-**játok**: ihr seht ihn   *ismer*-**itek**: ihr kennt ihn
lát-**ják**: sie sehen ihn   *ismer*-**ik**: sie kennen ihn

Natürlich sind Ausnahmen unvermeidlich. Verben, deren Stamm mit -*s*, -*sz* und -*z* aufhört, "assimilieren" das -*j* der "bestimmten" Endungen: -*ja*, -*juk*/ -*jük*, -*játok*, -*ják*. Zum Beispiel: das Verb *néz*, dessen erste Person Plural *nézzük* ist und nicht *néz-jük*.

b Diese Formen werden nur angewandt, wenn das Objekt in der dritten Person Singular oder Plural steht.

Bis jetzt wissen wir nur, dass die bestimmte Konjugation jedes Mal dann stehen muss, wenn das Objekt "bestimmt" ist. Was man unter "bestimmt" versteht, ist von der einen zur anderen Sprache allerdings oft unterschiedlich. Deshalb "bestimmen" im Ungarischen die Zahlwörter nicht das Substantiv, das sie begleiten: *három könyvet olvas* (und nicht: *olvassa*).
Dagegen erfordern,

– **der bestimmte Artikel**: *a (a házat); az (az orvost)*. Zum Beispiel: *látom a házat* "ich sehe das Haus"; *ismerem az orvost* "ich kenne den Arzt";

– **das Demonstrativpronomen**: *ez (ezt az újságot), az (azt a gyereket), ezek, azok*. Zum Beispiel: *olvasod ezt az újságot* "du liest diese Zeitung"; *szereted azt a gyereket* "du liebst dieses Kind";

– **das possessive Suffix**: *(-m, -d, usw. zum Beispiel szobámat, feleségedet* usw.). Zum Beispiel: *kérem a szobámat* "ich verlange mein Zimmer"; *keresed a feleségedet* "du suchst deine Frau", usw.;

– **Eigennamen**, wie *Pétert, Magyarországot* immer die bestimmte Konjugation.
(Zum Beispiel: *látja Pétert* "er sieht Peter"; *ismeri Magyarországot* "er kennt Ungarn".)
Wir werden noch andere Einschränkungen dieser Art entdecken; für den Augenblick beschränken wir uns darauf, Ihnen die Häufigsten aufzuzeigen.

c Wir haben gesehen (Anmerkung **4** der siebzehnten Lektion), dass die Form *-lak / -lek* verwendet wird, wenn das Subjekt in der ersten Person Singular und das Objekt in der zweiten Person Singular steht. Wenn das Subjekt sich in einer anderen Person ausdrückt, müssen die Formen der unbestimmten Konjugation angewandt werden. Also: *szeretlek (téged, titeket)*:

"ich liebe dich, ich liebe Sie" (wir wünschen Ihnen, dass Sie diese Sätze oft hören oder sagen können); dagegen *szeretünk* (erste Person Plural): "wir lieben dich".

2 Akkusativpronomen

Wie angekündigt (Anmerkung **4** der achtzehnten Lektion und Anmerkung **2** der zwanzigsten Lektion) kommen wir auf diese Frage zurück. Hier also das vollständige Schema der Formen des Akkusativpronomens:

engem: mich
téged: dich
őt: ihn/es/sie
önt: Sie (Höflichkeitsform)

minket: uns
titeket: euch
őket: sie
önöket: Sie (Höflichkeitsform)

3 Possessivierte Suffixe

Wiederholen Sie die Anmerkungen 1 und 2 der sechzehnten Lektion. Wie wir es schon früher gemacht haben, beginnen wir auch jetzt mit der kompletten Aufstellung der possessivierten Formen der Suffixe *-val/-vel* und *-nak/-nek*:

velem: mit mir
veled: mit dir
vele: mit ihm/ihr/ihm
önnel: mit Ihnen
velünk: mit uns
veletek: mit euch
velük: mit ihnen
önökkel: mit Ihnen

nekem: mir
neked: dir
neki: ihm/ihr/ihm
önnek: Ihnen
nekünk: uns
nektek: euch
nekik: ihnen
önöknek: Ihnen

Wir werden Sie im gegebenen Fall auch weiterhin auf diese originelle Wortbildung aufmerksam machen.

HUSZONKETTEDIK LECKE

Veszekedés a gyerekszobában

1 A kislányok ma nem akarnak iskolába menni és otthon játszanak.
2 – Az én babám nagyon szép: fekete haja és kék szeme van. **(1) (2)**
3 – Az enyém okos, szőke haja és barna szeme van, de a tied csúnya és buta. **(2) (3)**
4 – A te babád beteg, telefonálni kell az orvosnak. **(1)**
5 – Dehogy beteg, nagyon jól ebédelt. A tied nem eszik semmit. **(3) (4)**
6 – Adok egy pofont neked, nem szeretlek.
7 (Az egyik kislány megveri a másikat, aki sírni kezd. Bejönnek a szülők.)
8 – Mi van veled, Marika? Miért sírsz? Hát nem tudtok szépen játszani?
9 – Azt mondta Julika, hogy a babám beteg. **(1) (4) (5)**
10 – Gyerekek, nem értem, hogy miért veszekedtek. Ezek drága amerikai babák. Jenő bácsi küldte őket Floridából. **(4) (6)**

ANMERKUNGEN

1 Um den Besitz stärker auszudrücken ("meine Puppe **und nicht deine**", usw.), setzt das Ungarische das Personalpronomen (*én, te,* usw.) vor das Possessivsuffix (*-m, -d,* usw.).
2 Im Ungarischen sind die Nomen, die die paarigen Körperteile bezeichnen, wie die Arme, Hände, Augen, Ohren, Beine im Singular. Das sollte Sie nicht verunsichern: sagt man im Deutschen nicht auch: "er lebt auf großem Fuß", "er hat einen langen Arm", usw.?
3 *Enyém, tied* (meiner, deiner) sind Possessivpronomen.

ZWEIUNDZWANZIGSTE LEKTION

Streit im Kinderzimmer

1 Heute wollen die kleinen Mädchen nicht in die Schule gehen, (und) sie spielen zu Hause.
2 – Meine Puppe ist sehr schön und nicht deine: sie hat schwarzes Haar und blaue Augen (schwarz Haar-ihr und blau Auge-ihr ist).
3 – Meine ist intelligent, sie hat blondes Haar und braune Augen, aber deine [ist] hässlich und blöd.
4 – Deine Puppe [ist krank], du musst den Arzt anrufen.
5 – Aber nein, sie ist nicht krank, sie hat sehr gut zu Mittag gegessen. Deine isst nichts.
6 – Ich [hau' dir eine runter] (gebe dir eine Ohrfeige), ich mag dich nicht.
7 (Eines der kleinen Mädchen schlägt das andere, das zu weinen beginnt. Die Eltern kommen herein.)
8 – Was hast du (was ist mit dir) Marika? Warum weinst du? Könnt ihr denn nicht schön spielen?
9 – Julia (das) hat [mir] gesagt, dass meine Puppe krank ist.
10 – Kinder, ich verstehe nicht, warum ihr euch streitet. Dies sind teure amerikanische Puppen, Onkel Eugen hat sie aus Florida geschickt.

---

4 Im Ungarischen gibt es nur eine Vergangenheitsform: sie wird mit dem Suffix -t gebildet. Wir zeigen Ihnen alle Formen dieser Vergangenheit in unserer nächsten Wiederholungslektion.
5 Im Ungarischen wird der Nebensatz oft durch ein "Bezugswort" eingeleitet. Dieses kann, wie hier, ein Demonstrativpronomen sein (*azt*). Es wird natürlich nicht ins Deutsche übersetzt. Das erscheint Ihnen vielleicht nicht sehr ökonomisch gedacht, aber die Zusammengehörigkeit der einzelnen Satzelemente wird dadurch klarer.
6 Abgesehen von Onkel Eugen leben ungefähr fünf Millionen Ungarn im Ausland. Die ungarische Kolonie ist vor allem in den Vereinigten Staaten besonders groß.

GYAKORLAT

1 A beteg megveri az orvost. **2** Telefonálni kell a szülőknek. **3** Nem tudod, hogy miért veszekedünk? **4** Nem akarok Julikának pofont adni. **5** Nem szeretem Floridát, mert nagyon messze van. **6** Gyerekek, akartok iskolába menni?

EGÉSZÍTSE KI

1 *Ich habe mit meiner Puppe zu Mittag gegessen.*
   A . . . . ebédeltem.

2 *Eines der Kinder ist intelligent, das andere ist dumm.*
   Az egyik . . . . , a másik . . . . .

3 *Onkel Eugen ist auf dem Foto nicht blond.*
   Jenő . . . . . nem . . . . . a . . . .

4 *Wer hat das kleine Mädchen zum Arzt geschickt?*
   . . küldte . . . . az . . . .?

5 *Ein Minister weint in einem schwarzen Auto.*
   . . . . sír egy . . . . . . autóban.

HUSZONHARMADIK LECKE

Ki gazdag?

1 – Tudod, mi nagyon gazdagok vagyunk.
2 Van nekünk házunk, nyaralónk, autónk és nagyon sok pénzünk. **(1)**

ANMERKUNGEN:1 Siehe Anmerkungen **4** und **5** der sechsten Lektion, die Anmerkung **4** der zwölften und den Absatz **3** der einundzwanzigsten Lektion. Während wir im Deutschen den Besitz durch das Verb "haben" ausdrücken, nehmen wir im Ungarischen die Kombination "es gibt", "es

ÜBUNG: 1 Der Kranke schlägt den Arzt. **2** Man muss die Eltern anrufen. **3** Weißt du nicht, warum wir uns streiten? **4** Ich will Julia keine Ohrfeige geben. **5** Ich mag Florida nicht, weil es sehr weit weg ist. **6** Kinder, wollt ihr in die Schule gehen?

6 *Die Kinder weinen, weil die Großmutter keinen Schokoladenkuchen gebacken hat.*

A gyerekek ......, ... a nagymama ... csinált ....

DIE FEHLENDEN WÖRTER:

1 -babámmal - **2** - - gyerek okos - - buta. **3** - bácsi - szőke - fényképen. **4** Ki - kislányt -orvoshoz **5** Egy miniszter - - fekete - **6** - sírnak mert - - nem - csokoládétortát.

DREIUNDZWANZIGSTE LEKTION

Wer [ist] reich?

1 – Weißt du, wir sind sehr reich.
2 Wir haben [ein] Haus, [ein] Landhaus, [ein] Auto und (sehr) viel Geld.

gibt nicht" + ein possessiviertes Substantiv zu Hilfe, und, um die Idee des Besitzanspruchs zu verstärken, nehmen wir das possessivierte Suffix *nekem, neked,* usw. Ein Beispiel: *van házam* (ich habe ein Haus); *nekem van házam* (ich habe ein Haus, ich bin es, der ein Haus hat).

3 Minden évben külföldre utazunk.
4 Egyik évben a tengerparton pihenünk, a másik évben a hegyekben.
5 De ti szegények vagytok, nektek nincs semmitek, - mondja az egyik gyerek. (1)
6 – Na és? - feleli a másik. Az én anyukám mindig szép volt és most is gyönyörű. (2)
7 Az én apukám nagyon sokat tanult és mindent tud. (2)
8 Nekünk nincs szükségünk pénzre, mi igy is jól élünk. (1) (3)
9 Mi nem utazunk más országba, de sokat mesélnek nekünk. (4) (5)
10 Mi is szépek és okosak akarunk lenni.

GYAKORLAT

1 A gazdagok a tengerparton pihennek. 2 Nem volt szükséged pénzre? 3 Gyönyörű a nyaralótok. 4 Jenő bácsi külföldön tanult. 5 A hegyekben nem vagyok ideges. 6 Nekünk nincs autónk és nem is akarunk.

EGÉSZÍTSE KI

1 *Meine Mutter hat mir einen Scheck geschickt.*
 . . . . küldött . . . . . egy . . . .

2 *Wer braucht einen Zahnarzt?*
 Kinek . . . . egy . . . . ?

3 *Jedes Jahr fahre ich nach Hause (zu mir).*
 Minden . . . .

4 *Ich habe nicht viel studiert, aber ich habe keine Angst vor der Prüfung.*
 Nem . . . . . tanultam, de . . . . a vizsgától.

hetvennégy 74

3 [Wir] fahren (gehen auf Reisen) jedes Jahr (in jedem Jahr) ins Ausland.
4 In einem Jahr erholen wir uns am Meer, in einem anderen Jahr in den Bergen.
5 Aber ihr, [ihr] seid arm, ihr habt nichts, sagt eines der Kinder.
6 – Na und (na gut na)? - antwortet das andere. Meine Mutter ist immer schön gewesen und [sie] ist immer noch wunderbar.
7 Mein Vater hat (sehr) viel studiert und weiß alles.
8 Wir brauchen kein Geld, wir leben auch so (auf diese Weise auch) gut.
9 Wir reisen nicht in andere Länder (anderes Land), aber man erzählt uns viel.
10 Wir möchten auch schön und intelligent sein.

ANMERKUNGEN

2 *Volt* ist die Vergangenheitsform von *van*. Sie haben sicher das *-t* in *volt* und *tanult* bemerkt, das die Vergangenheitsform ausdrückt.
3 Merken Sie sich gut den Ausdruck *van szüksége* + ...*-ra/-re*: er braucht.
4 In diesem Satz bedeutet *nekünk* "zu uns", siehe Anmerkung 2 der sechzehnten Lektion.
5 *Mesélnek*: sie erzählen, man erzählt. Die dritte Person Plural eines Verbs dient auch dazu, das unbestimmte Subjekt "man" auszudrücken.

ÜBUNG: 1 Die Reichen erholen sich am Meer. **2** Brauchtest du nicht Geld? **3** Euer Landhaus ist prächtig. **4** Onkel Eugen hat im Ausland studiert. **5** In den Bergen bin ich nicht nervös. **6** Wir haben kein Auto und wir wollen [auch] keins.

5 *Die Familie reist ins Ausland.*
A család .... utazik.

6 *Wir haben nichts.*
...... nincs ....

HUSZONEGYEDIK LECKE

Egy este az Operában

1 – Na, milyen volt az előadás? Tetszett neked az új opera? **(1)**
2 – Nagyon szép volt az este, sok barátnőmmel találkoztam. **(2) (3)**
3 Ott volt Gizi. Tegnap kapott egy új kabátot a férjétől.
4 Láttam Olgát is, a fekete ruhája nagyon elegáns.
5 Gergelyék későn érkeztek és most is nagyon rosszul öltöznek.
6 A kis Joli a külföldi barátjával jött. Elég szimpatikus a pasas.
7 Nekem egész este fájt a lábam, mert a piros cipőm nagyon szűk. **(4)**
8 A zenekarban csinos férfiak játszottak, az egyik teljesen kopasz.
9 – Na de, drágám, az operáról nem akarsz beszélni?
10 – Tudod jól, hogy soha nem szerettem az operát.

ANMERKUNGEN

1 *Milyen* bedeutet gleichzeitig: "wie ...!" (*milyen szép a város* "wie schön die Stadt ist!"), "wie?" (*milyen a város?* "wie ist die Stadt?") und "welcher?"/"welche Art?" (*milyen városban lakik?* "in welcher [Art von] Stadt leben sie?".
2 Nach *sok* ebenso wie nach den Zahlwörtern steht der Singular.

DIE FEHLENDEN WÖRTER:
1 Az anyukám - nekem - csekket. 2 - van szüksége - fogorvosra.
3 - évben hazamegyek. 4 - sokat - - nem félek - - 5 - - külföldre -
6 Nekünk - semmink.

VIERUNDZWANZIGSTE LEKTION

Ein Abend in der Oper

1 – Na, wie war die Aufführung? Hat dir die neue Oper gefallen?
2 – Der Abend war sehr schön, ich habe viele von meinen Freundinnen getroffen.
3 Gisela war da. Gestern hat sie einen neuen Mantel von ihrem Mann bekommen.
4 Ich habe auch Olga geschen. Ihr schwarzes Kleid ist sehr elegant.
5 Die Gergely's sind zu spät gekommen, und [sie] sind immer noch (jetzt auch) so (sehr) schlecht angezogen.
6 Die kleine Yolanda ist mit ihrem ausländischen Freund gekommen. Der Typ ist relativ sympathisch.
7 Mir taten den ganzen Abend die Füße weh (mir weh am Fuß), weil meine roten Schuhe (mein roter Schuh) [drücken] (sehr eng ist).
8 Im Orchester spielten hübsche Männer, einer von ihnen [war] völlig kahl.
9 – Na, aber [sag' mal] Liebling, willst du nichts von der Oper erzählen?
10 – Du weißt (gut) [doch genau], dass ich die Oper [noch] nie mochte.

---

3 Das Verb *találkozik* (treffen) wird mit dem Suffix *-val/-vel* gebildet.
4 Das Verb *fáj* bedeutet "Schmerzen haben". Sein Subjekt bekommt das Suffix *-nak/-nek* und der attributive Zusatz ("in den Beinen" usw.) das entsprechende possessive Suffix.

GYAKORLAT

1 A barátom teljesen kopasz. **2** Na de drágám, mindig későn érkezel! **3** Ilonának soha nem fáj a feje. **4** Szűk az új kabátod. **5** Láttad a mai újságot? **6** Tudom jól, hogy este fáradt.

EGÉSZÍTSE KI

1 *Die neue Aufführung hat dir gefallen.*
Az .... tetszett ......

2 *Heute Morgen möchte ich nicht von meinem Vater sprechen.*
.... nem ...... beszélni az ....

3 *Brauchst du ein elegantes Kleid?*
... szükséged ... elegáns ......?

4 *Jedes Jahr habe ich Schmerzen in den Beinen.*
...... évben ... a ......

5 *Gestern hat man mir viel erzählt.*
Tegnap .... nekem.

HUSZONÖTÖDIK LECKE

Ki látta a balesetet?

1 Baleset történt ma délután fél négykor Budapesten, a Rákóczi úton. **(1)**

ANMERKUNGEN
1 Sie kennen bereits den Ausdruck für die Uhrzeit: *egy órakor* (um ein Uhr), usw. Im Leben findet allerdings nicht immer alles zur vollen

ÜBUNG: 1 Mein Freund ist völlig kahlköpfig. **2** Aber sieh mal, mein Liebling, du kommst immer zu spät. **3** Helene hat nie Kopfschmerzen. **4** Dein neuer Mantel ist eng. **5** Hast du die Zeitung von heute gesehen? **6** Ich weiß ganz genau, dass er am Abend müde ist.

6 *Der Mann von Yolanda ist sehr sympathisch.*

Joli . . . . szimpatikus.

DIE FEHLENDEN WÖRTER:
1 - új előadás - neked. **2** Ma reggel - akarok - - apukámról. **3** Van - egy - ruhára **4** Minden - fáj - lábam. **5** - sokat meséltek **6** - férje nagyon -

FÜNFUNDZWANZIGSTE LEKTION

Wer hat den Unfall gesehen?

1 Heute Nachmittag um halb vier ist in Budapest auf der Rákóczi-Straße [ein] Unfall passiert.

Stunde statt. "Um halb vier Uhr" wird wörtlich ausgedrückt: "halb-vier". Wie Sie sehen, nennt das Ungarische die kommende Stunde und nicht die vergangene.

2 Az emberek, akik a környéken sétáltak, rögtön rendőrt hívtak. **(2)**
3 – Ki látta a balesetet? kérdezi a rendőr a járókelőktől. **(3)**
4 Egy magas férfi odamegy a rendőrhöz és elmeséli, hogy mit látott. **(3) (4)**
5 – A zöld kocsi kijött a garázsból, befordult jobbra és megállt a lámpánál.
6 Utána gyorsan elindult és elütötte a szegény bácsit.
7 A rendőr a zöld kocsi vezetőjéhez fordul és megkérdezi tőle, hogy mi történt. **(3)**
8 – Nem a garázsból jöttem ki, hanem balról érkeztem. **(5)**
9 Nem fordultam be jobbra, hanem egyenesen mentem tovább és semmit nem láttam. **(4) (5)**
10 Nem én ütöttem el a bácsit, hanem egy szürke autó, amelyik rögtön továbbment. **(4) (5) (6)**

ANMERKUNGEN
2 Das Fehlen des bestimmten Artikels im Ausdruck *rendőrt hívtak* dürfte Sie eigentlich nicht überraschen, wenn Sie sich daran erinnern, dass es das gleiche Phänomen im Deutschen in Redewendungen gibt wie "Schluss machen", "Hilfe holen".
3 *Kérdezi a járókelőktől. Odamegy a rendőrhőz. A kocsi vezetőjéhez fordul.* Wie Sie sehen, "regiert" das Verb das Suffix *-tól/ -től* im ersten und das Suffix *-hoz/-hez/-höz* im zweiten und im dritten Fall.
4 *Odamegy, elmeséli, elütötte, továbbmentem* sind zusammengesetzte Verben, deren jeweilige Verbalpräfixe *oda-, el-, tovább-* sind.
5 Sie haben sicher schon gemerkt, dass der Gebrauch der Verbalpräfixe nicht immer problemlos ist. In diesen Sätzen finden Sie sie *nach* ihren Verben und von diesen getrennt. Im Grunde werden diese "Verbalpräfixe" manchmal zu "Postverben". Das hängt von der Betonung ab (des Satzelements, das hervorgehoben werden soll), aber wir kommen darauf noch zurück.
Dies entspricht im Deutschen den trennbaren Verben; z.B. "ankommen": er kommt ..... an.

2 Die Leute, die in der Nähe spazieren gingen, haben sofort [einen] Polizisten gerufen.

3 – Wer hat den Unfall gesehen? fragt der Polizist die Passanten.

4 Ein großer Mann (ein hoher Mann) geht zum (dorthin geht) Polizisten und erzählt, was er gesehen hat (dass was hat gesehen).

5 – Das grüne Auto ist aus der Garage herausgefahren, rechts abgebogen und hat an der Ampel (an der Lampe) angehalten.

6 Danach ist es schnell losgefahren und hat den armen Herrn (Onkel) überfahren.

7 Der Polizist wendet sich an (zum) den Fahrer des grünen Autos und fragt ihn, was passiert ist.

8 – Ich bin nicht aus der Garage herausgefahren, sondern ich bin von links gekommen.

9 Ich bin nicht nach rechts abgebogen, sondern ich bin geradeaus weitergefahren (bin gegangen weiter), und ich habe nichts gesehen.

10 Nicht ich habe den Herrn (Onkel) überfahren, sondern ein graues Auto, das sofort weitergefahren ist.

6 *Amelyik*: Relativpronomen, das sich auf Objekte und nicht, wie *aki*, auf Personen bezieht.

GYAKORLAT

1 Nem a kocsi fordult be jobbra. **2** Megálltunk a lámpánál. **3** Én ütöttem el a nénit. **4** A magas férfi továbbment. **5** A rendőr semmit nem látott. **6** Valahol történt egy baleset.

EGÉSZÍTSE KI

1 *Das graue Auto hat den Polizisten überfahren.*
A ………… elütötte a ………

2 *Ich habe den Unfall auch gesehen.*
…. láttam a ……….

3 *Um halb sieben fahren wir los.*
………. elindulunk.

4 *Die Passanten sind vor der Garage stehen geblieben.*
A ……… megálltak a …… előtt.

HUSZONHATODIK LECKE

Adjon enni a macskáknak! (1)

1 A szomszédom kedves, szerény ember. Nemrég elutazott vidékre, rokonokhoz.
2 Elutazás előtt bejött hozzám és a következőket mondta nekem: **(2)**
3 – Vigyázzon a lakásomra, amíg vidéken vagyok. **(1)**

ANMERKUNGEN

1 Im Ungarischen wird der Imperativ mithilfe eines *j* und den Personalsuffixen gebildet: *beszélek* "ich spreche"; *beszéljek* "dass ich spreche!" In manchen Fällen (wir kommen in unserer Wiederholungslektion darauf zurück) verbindet sich dieses *j* mit dem Schlusskonsonanten des Wortstamms: *öntözze* = *öntöz* + *je*.

ÜBUNG: 1 Das ist nicht das Auto, das rechts eingebogen ist. **2** Wir haben an der Ampel gehalten. **3** Ich war es, der die Dame überfahren hat. **4** Der große Mann ist weitergegangen. **5** Der Polizist hat nichts gesehen. **6** Irgendwo ist ein Unfall passiert.

5 *Du biegst schnell nach links ab.*
.... befordulsz ....

6 *Meine Freundin erzählt [von] der Oper, die ihr gefallen hat.*
A barátnőm .... az operát .... neki ....

DIE FEHLENDEN WÖRTER:
1 - szürke autó - - rendőrt. **2** Én is - - balesetet. **3** Fél hétkor - **4** - járókelők - - garázs - **5** Gyorsan - balra. **6** - - elmeséli - - amelyik - tetszett.

SECHSUNDZWANZIGSTE LEKTION

Geben Sie den Katzen [zu] fressen!

1 Mein Nachbar [ist] [ein] netter und bescheidener Mann. Vor nicht langer Zeit ist er zu Verwandten auf's Land (auf das Land zu Verwandten) gefahren (ist auf Reisen gegangen).

2 Vor der Abfahrt ist er zu mir gekommen (ist zu mir hereingekommen) und hat mir Folgendes gesagt:

3 – Achten Sie auf meine Wohnung, solange ich auf dem Land bin.

2 Im Ungarischen werden Sie eine sehr hohe Anzahl von abgeleiteten Wörtern finden. Alle Verben können sich mithilfe des Suffixes *-ás/-és*, das an den Wortstamm angehängt wird, in Substantive verwandeln: *elutazik - elutazás*.

4 Telefonáljon nekem, ha baj van. **(1)**
5 A leveleket és az újságokat hagyja az előszobában! **(1)**
6 Minden nap kétszer öntözze a virágokat. **(1) (3)**
7 Ha valaki jön, mondja meg neki, hogy vasárnap érkezem. **(1)**
8 Pénteken jön a takarítónő, adja neki oda a kulcsot! **(1) (4)**
9 Ne felejtsen el szombaton bevásárolni. Friss legyen a kenyér! **(1) (4)**
10 És kérem önt, hogy adjon enni mind a tíz macskámnak.

GYAKORLAT

1 Ez a találkozás érdekes volt. **2** Amíg vidéken dolgozom, vigyázzon a házamra. **3** Kérem, ne öntözze a virágokat. **4** Tudod, hogy a takarítónőd a tengerparton pihen? **5** Hol van a nyaralónk kulcsa? **6** A macska a babával játszik.

EGÉSZÍTSE KI

1 *Von Freitag bis Sonntag war ich krank.*
 ...... től ....ig ..... voltam.

2 *Geben Sie mir ein schwarzes Kleid.*
 Adjon ..... egy ....

3 *Ich habe Katzen noch nie geliebt.*
 Soha .... a ....

4 *Ich habe meinem Freund Folgendes gesagt.*
 A .... mondtam a ....

nyolcvannégy 84

4 Rufen Sie mich an, wenn etwas passiert (wenn etwas los ist).
5 Lassen Sie die Briefe und die Zeitungen im Flur.
6 Gießen Sie die Blumen zweimal am Tag (alle Tage).
7 Wenn jemand kommt, sagen Sie ihm, dass ich am Sonntag zurückkomme.
8 Die Putzfrau kommt am Freitag, geben Sie ihr den Schlüssel.
9 Vergessen Sie am Samstag nicht einzukaufen. Das Brot muss frisch sein!
10 Und ich bitte Sie, all meinen zehn Katzen [zu] fressen (essen) zu geben!

ANMERKUNGEN
3 Nach *minden* wird der Singular verwendet (siehe auch unsere dreiundzwanzigste Lektion).
4 Zur Trennung des Verbalpräfixes *oda-, el-*, siehe Anmerkung **5** der fünfundzwanzigsten Lektion.

ÜBUNG: 1 Diese Begegnung war interessant. **2** Während ich auf dem Land arbeite, achten Sie auf mein Haus. **3** Ich bitte Sie, die Blumen nicht zu gießen. **4** Weißt du, dass sich deine Putzfrau am Meer erholt? **5** Wo ist der Schlüssel von unserem Landhaus? **6** Die Katze spielt mit der Puppe.

A MACSKA A BABÁVAL JÁTSZIK

5 *Mein Vater hat blondes Haar.*
A . . . . szőke . . . . van.

6 *Vor der Abfahrt hat er dem Nachbar eine Ohrfeige gegeben.*
Elutazás ..... adott egy ...... a
....

HUSZONHETEDIK LECKE

Ismételjünk!

1 Az előző leckékben sok új és nehéz szót tanultunk.
2 Ez a lecke legyen könnyű! Ismételjünk egy kicsit. (1)
3 Mit küldött Jenő bácsi Floridából?
4 Babát. De lehet, hogy a babákban dollár is volt.
5 Ön okos vagy szép?
6 Aki Assimilből tanul, nem lehet buta.
7 Szereti ön az operát?
8 Reméljük, hogy önnek a zene fontos és nem a ruhák.
9 Kié volt a tíz macska? (2)
10 A kedves szomszédé, aki elutazott a rokonokhoz. (2)

GYAKORLAT

1 Az előző szó nehéz volt. 2 A kislány megverte a babát. 3 Legyen ötkor az Opera előtt! 4 A külföldiek Assimilből tanulnak. 5 A kopasz férfi elütötte a rendőrt. 6 A macska nem a bácsié, hanem az enyém.

EGÉSZÍTSE KI
1 *Ich mag keine Ohrfeigen.*
Nem .... a ....

DIE FEHLENDEN WÖRTER:
1 Péntek - vasárnap- beteg - 2 - nekem - feket ruhát. 3 - nem szerettem - macskákat. 4 -következőket - - barátomnak. 5 - papámnak - haja - 6 - előtt - - pofont - szomszédnak.

SIEBENUNDZWANZIGSTE LEKTION

Wir wiederholen!

1 In den vorhergehenden Lektionen haben wir viele neue und schwierige Wörter gelernt.
2 Diese Lektion [soll] leicht sein! Lassen sie uns ein bisschen wiederholen!
3 Was hat Onkel Eugen aus Florida geschickt?
4 Puppe[n]. Aber vielleicht (möglich) (dass) waren auch Dollar[s] in den Puppen.
5 Sind Sie intelligent oder schön?
6 Wer mit (in) Assimil lernt, kann nicht dumm sein.
7 Lieben Sie die Oper?
8 Wir hoffen, dass für Sie die Musik wichtig ist und nicht die Kleider.
9 Wem gehörten die zehn Katzen?
10 Dem netten Nachbarn, der zu seinen Verwandten gefahren ist.

ANMERKUNGEN
1 In der vierten Lektion haben Sie *kis* "klein" gelernt. *Kicsi*, eine Variante dieses Wortes wird vor allem als Attribut verwendet. *Ez egy kis ház* (das ist ein kleines Haus), aber *A ház kicsi* (das Haus ist klein). *Egy kicsit* (ein wenig) steht im Akkusativ! (vgl.: *sokat* "viel" in der dreiundzwanzigsten Lektion).
2 In den Wörtern *kié* und *szomszédé* ist das *-é* am Ende ein Possessivsuffix, das meistens dem deutschen "dieser, diese" entspricht. *A bácsié* "dieser/diese des Onkels", *a rokonoké* "dieser/diese der Verwandten".

ÜBUNG: 1 Das vorhergehende Wort war schwierig. **2** Das kleine Mädchen hat die Puppe geschlagen. **3** Seien Sie um 5 Uhr vor der Oper! **4** Die Ausländer lernen mit Assimil. **5** Der glatzköpfige Mann hat den Polizisten überfahren. **6** Die Katze gehört nicht dem Herrn, sondern sie gehört mir.

2 *Warum haben sich die kleinen Mädchen gestritten?*
..... veszekedtek a ....?

3 *Wem gehört dieses schöne Landhaus?*
... ez a ... .?

4 *Wir sind arm, wir haben nichts.*
Mi .... vagyunk, ... nincs ....

5 *Brauchen sie auch Geld?*
Nekik is ... szükségük ......?

6 *Für Sie ist die Oper nicht interessant.*
.... nem .... fontos.

HUSZONNYOLCADIK LECKE

WIEDERHOLUNG UND ANMERKUNGEN

1 Sie kommen mit Riesenschritten vorwärts, aber es ist nützlich und wichtig, manchmal einen Blick zurück zu werfen, Ihre wertvollen Kenntnisse zu vervollständigen und zu systematisieren. Sie haben gerade (26. Lektion) die Namen der drei letzten Tage der Woche gelernt: *péntek* (Freitag), *szombat* (Samstag) und *vasárnap* (Sonntag). Hier sind die fehlenden Tage: *hétfő* (Montag), *kedd* (Dienstag), *szerda* (Mittwoch), *csütörtök* (Donnerstag).

2 Sie sehen zu Beginn jedes Kapitels Zahlwörter: *huszonnyolcadik* (achtundzwanzigste), davon wird *huszonnyolc* (achtundzwanzig) abgeleitet, *-dik* mit dem vorausgehenden Bindungsvokal, dient dazu, mit den Grundzahlen die "Ordnungs"-zahlen zu bilden.

DIE FEHLENDEN WÖRTER:
1 - szeretem - pofonokat. 2 Miért - - kislányok 3 Kié - - szép nyaraló
4 - szegények - nekünk - semmink. 5 - - van - pénzre 6 Önöknek - az
opera -

ACHTUNDZWANZIGSTE LEKTION

Sie kennen bereits *egy* (eins); hier also die weiteren
Grundzahlwörter: *kettő* (*két*, wenn ein anderes Wort folgt,
zum Beispiel: *két ember* "zwei Männer"), *három, négy, öt,
hat, hét, nyolc, kilenc, tíz.* Sie erhalten die weiteren Zahlen
durch eine einfache Extraktion der Nomen aus den
Ordnungszahlen, die über jedem Kapitel stehen. "Hundert" ist
száz und "tausend" *ezer*.

Was *kétszer* (zweimal) anbetrifft, ein Wort, das Sie in der
sechsundzwanzigsten Lektion kennengelernt haben, sollten
Sie wissen, dass das Suffix *-szer*, "mal", der Regel der
Vokalharmonie folgend (siehe Absatz 3 der siebten Lektion),
zwei weitere Varianten hat: *-szor* (*háromszor* "dreimal"),
-ször (*ötször* "fünfmal").

3 Die Vergangenheit wird mit Hilfe eines *-t* gebildet, das
direkt an den Stamm des Verbs angehängt wird (zum Beispiel
vár-t-am, szeret-t-em).

Unbestimmte Konjugation

vártam:	ich habe gewartet
vártál:	du hast gewartet
várt:	er/sie/es hat gewartet
vártunk:	wir haben gewartet
vártatok:	ihr habt gewartet
vártak:	sie haben gewartet
kértem:	ich habe gefragt
kértél:	du hast gefragt
kért:	er/sie/es hat gefragt
kértünk:	wir haben gefragt
kértetek:	ihr habt gefragt
kértek:	sie haben gefragt

Bestimmte Konjugation

vártam:	ich habe auf ihn (sie, es) gewartet
vártad:	du hast auf ihn gewartet
várta:	er/sie/es hat auf ihn gewartet
vártuk:	wir haben auf ihn gewartet
vártátok:	ihr habt auf ihn gewartet
várták:	sie haben auf ihn gewartet
kértem:	ich habe ihn gefragt
kérted:	du hast ihn gefragt
kérte:	er/sie/es hat ihn gefragt
kértük:	wir haben ihn gefragt
kértétek:	ihr habt ihn gefragt
kérték:	sie haben ihn gefragt

In manchen Fällen wird aus dem einfachen -t ein doppeltes- tt ("Zwillings" -t). Zum Beispiel: *tetszett* (er gefiel); *játszott* (er spielte).

Sie sehen, dass die Personalsuffixe nicht immer die gleichen sind wie im Präsens, und dass sie sich auch von der unbestimmten zur bestimmten Konjugation hin leicht verändern.

Es gibt natürlich auch einige Unregelmäßigkeiten; nachstehend ein Beispiel: die Vergangenheit von *lenni* (sein) wird mit dem Wortstamm *volt* gebildet:

voltam:	ich bin gewesen
voltál:	du bist gewesen
volt:	er/sie/es ist gewesen
voltunk:	wir sind gewesen
voltatok:	ihr seid gewesen
voltak:	sie sind gewesen

4 Nachstehend die vollständige Konjugation des Imperativs (siehe ebenfalls die Anmerkung **1** der sechsundzwanzigsten Lektion). In der zweiten Person Singular sind in der Konjugation zwei gleichwertige Varianten möglich: *tanulj, tanuljál, tanuld, tanuljad,* usw.

Unbestimmte Konjugation

tanuljak:	dass ich lerne
tanulj/ál:	dass du lernst
tanuljon:	dass er/sie/es lernt
tanuljunk:	dass wir lernen
tanuljatok:	dass ihr lernt
tanuljanak:	dass sie lernen

beszéljek:	dass ich spreche
beszélj/él:	dass du sprichst
beszéljen:	dass er/sie/es spricht
beszéljünk:	dass wir sprechen
beszéljetek:	dass ihr sprecht
beszéljenek:	dass sie sprechen

Bestimmte Konjugation

tanuljam:	dass ich es lerne
tanuld/jad:	dass du es lernst
tanulja:	dass er/sie/es es lernt
tanuljuk:	dass wir es lernen
tanuljátok:	dass ihr es lernt
tanulják:	dass sie es lernen
beszéljem:	dass ich es sage
beszéld/jed:	dass du es sagst
beszélje:	dass er/sie/es es sagt
beszéljük:	dass wir es sagen
beszéljétek:	dass ihr es sagt
beszéljék:	dass sie es sagen

HUSZONKILENCEDIK LECKE

A hentesnél

1 – Kezét csókolom, Ilonka. Hogy van a család? **(1)**
2 – Jó napot, Misi? Jött borjúhús? **(1) (2)**
3 – Sajnos, nem kaptunk még, de tudok mást ajánlani.

ANMERKUNGEN
1 Wenn man in Ungarn lebt, ist es unbedingt notwendig, gut die verschiedenen Begrüßungsformen zu kennen, von denen sich einige ziemlich von dem, was man anderswo hören kann, unterscheiden. So ist zum Beispiel *kezét csókolom* (ich küsse Ihre Hand) praktisch unumgänglich, wenn ein Mann eine Frau höflich anspricht. *Asszonyom* wird in den Situationen, in denen man "gnädige Frau" verwendet, gebraucht; was *jó napot* betrifft, so ist seine Verwendung begrenzter als in anderen Sprachen.

Wir haben gesagt (26. Lektion), dass in manchen Fällen das Imperativzeichen -*j* mit dem Konsonanten verschmolzen wird. Hier einige Beispiele: *vigyázzak* = **vigyáz + jak*; *vigyázz, vigyázzál* = **vigyáz + j, vigyáz + jál* (pass auf!).

Hier die Imperativformen des Verbs *lenni*:

legyek:	dass ich sei
légy/legyél:	dass du seist
legyen:	dass er/sie/es sei
legyünk:	dass wir seien
legyetek:	dass ihr seid
legyenek:	dass sie seien

NEUNUNDZWANZIGSTE LEKTION

Beim Fleischer

1 – Guten Tag (Ich küsse Ihre Hand), Helene. Wie geht [es] der Familie?
2 – Guten Tag, Micha. Haben Sie Kalbfleisch bekommen (ist gekommen Kalbfleisch)?
3 – Leider haben wir es noch nicht bekommen, aber ich kann (weiß) etwas anderes empfehlen.

---

2 Die früher chronische Schwierigkeit, in den Fleischereien Kalbfleisch zu bekommen, hatte die ungarischen Satirezeitschriften mehr als einmal inspiriert.

4 – Este vendégek jönnek hozzám és valami finomat szeretnék főzni borjúból. **(3)**
 5 – Van csirke, marha, sertés, de sajnos nincs se borjú, se máj.
 6 – Kár. De mondja, ha érkezne később borjúhús, adna nekem egy kilót? **(3)**
 7 – Asszonyom, megpróbálom, de nem ígérek semmit. **(1)**
 8 – Nagyon kérem, Misi, segítsen nekem, hálás lennék önnek. **(3)**
 9 – Rendben van, várom önt ma este zárás előtt. **(4)**
 10   Ilonka visszament a henteshez: kapott húst, Misi pedig borravalót.

GYAKORLAT

1 A hentes várja a borjúhúst. **2** Asszonyom, nem tudok semmit ajánlani. **3** Az apámnak nincs haja. **4** Ha megverne, adnék önnek egy pofont. **5** Kérem, segítsen egy kicsit nekem. **6** Zárás előtt nem játszik a zenekar.

EGÉSZÍTSE KI

1 *Ich bin der Familie dankbar.*
 ..... vagyok ....

2 *Die Gäste mögen weder Rind noch Schwein.*
 . vendégek nem .... se a ......, se a ....

3 *Falls die Putzfrau kommen sollte, geben Sie ihr [ein] Trinkgeld.*
 Ha .... jönne, adjon neki ....

4 *Ich habe dem Nachbarn nichts versprochen.*
 ... ígértem ...... a ....

4 – Heute Abend habe ich Gäste (Gäste kommen zu mir), und ich möchte etwas Feines [mit] Kalbfleisch kochen.
5 – Es gibt Hühnchen, Rind, Schwein, aber leider gibt es weder Kalb noch Leber.
6 – Schade. Aber sagen Sie [mir], falls später Kalbfleisch ankommen sollte, würden Sie mir ein Kilo davon geben?
7 – Gnädige Frau (meine Frau), ich versuche [es], aber ich verspreche nichts.
8 – Ich bitte Sie, Micha,[aber] helfen Sie mir, ich werde mich erkenntlich zeigen (ich wäre Ihnen dankbar).
9 – In Ordnung. Ich erwarte Sie heute Abend vor Ladenschluss.
10 Helene ist zum Fleischer zurückgegangen, sie hat [ihr] Fleisch bekommen [und] Micha sein Trinkgeld.

ANMERKUNGEN
3 *Szeretnék, érkezne, adna, lennék* sind Verben im Konjunktiv II. Wir vertiefen dieses Thema in unserer Wiederholunglektion.
4 Zur Bildung des Wortes *zárás*, siehe Anmerkung **2** der sechsundzwanzigsten Lektion.

A HENTES VARJA A BORJUHUST

ÜBUNG: 1 Der Fleischer wartet auf Kalbfleisch. **2** Gnädige Frau, ich kann Ihnen nichts anbieten. **3** Mein Vater hat keine Haare. **4** Wenn Sie [mich] schlagen würden, würde ich Ihnen eine Ohrfeige geben. **5** Ich bitte Sie, helfen Sie mir ein bisschen. **6** [Kurz] vor der Schließung spielt das Orchester nicht.

5 *Ich würde gerne die Einkäufe [heute] Nachmittag machen.*
.... bevásárolni.

6 *Schade, dass du nicht kochen kannst.*
..., hogy nem ....

HARMINCADIK LECKE

Legyünk udvariasak!

1 Az előző leckében a hentes "kezét csókolom" -ot mond Ilonkának.
2 Ilonka pedig azt feleli neki: "jó napot". **(1)**
3 A barátok, kollégák azt szokták egymásnak mondani, hogy: szervusz. **(1) (2)**
4 De ha udvariasak akarunk lenni, a nevet is hozzátesszük.
5 Például: "Kezét csókolom, Ilonka", vagy "Jó napot, Misi".
6 "Kezét csókolom"-ot csak nőknek szoktak mondani, de a gyerekek férfiaknak is mondják ezt. **(2)**
7 Ha tanárral beszélünk, tegyük hozzá: "tanár úr!". **(3)**
8 Ha orvossal, "doktor úr!", ha újságíróval: "szerkesztő úr!".

ANMERKUNGEN
1 Zum Gebrauch des Bezugswortes *azt*, siehe Anmerkung **5** der zweiundzwanzigsten Lektion. Sie kennen jetzt bereits einige Feinheiten der ungarischen Grammatik, Sie müssen nur noch lernen, Sie anzuwenden!

DIE FEHLENDEN WÖRTER:
1 Hálás - a családnak. **2** A - - szeretik - - marhát - - sertést. **3** - a takarítónő - - - borravalót. **4** Nem - semmit - szomszédnak. **5** Szeretnék délután - **6** Kár - - tudsz főzni.

DREIßIGSTE LEKTION

Lasst uns höflich sein!

1 In der vorhergehenden Lektion sagt der Schlachter zu Helene: "Ich küsse Ihre Hand".
2 Helene ihrerseits antwortet ihm (das antwortet ihm): "Guten Tag".
3 Freunde, Kollegen sagen sich gewöhnlich (dass) "Tschüs!".
4 Aber wenn wir höflich sein wollen, fügen wir auch den Namen hinzu.
5 Zum Beispiel: "Ich küsse Ihre Hand, Helene" oder "Guten Tag, Micha".
6 Gewöhnlich wird "ich küsse Ihre Hand" ausschließlich zu Frauen gesagt ("ich küsse Ihre Hand" nur zu Frauen gewöhnlich sagt man), aber Kinder sagen es ebenfalls zu Männern.
7 Wenn wir mit [einem] Professor sprechen, fügen wir "Herr Professor" hinzu.
8 Wenn [wir] mit [einem] Arzt [sprechen], [fügen wir] "Herr Doktor" [hinzu]; wenn [wir] mit [einem] Journalisten [sprechen], [fügen wir]: "Herr Redakteur" [hinzu].

2 "Etwas gewöhnt sein" wird im Allgemeinen durch ein Verb übersetzt, das man eigenartigerweise nur in der Vergangenheitsform verwendet, obwohl sein Sinn doch gerade die Gegenwart betrifft: *szoktam* (ich bin gewöhnt zu ...), *szoktál* (du bist gewöhnt zu ...), usw.

9 1945 (ezerkilencszáznegyvenöt) előtt volt "nagyságos úr!", "méltóságos úr!", "nagyságos asszony!" és "méltóságos asszony!" is. **(4)**

10 De ezek a kifejezések kimentek a divatból.

GYAKORLAT

1 Az újságíró udvarias akar lenni. **2** A nőknek azt szoktam mondani, hogy főzzenek. **3** Az előző kifejezést nem jól értettem. **4** Vannak orvosok, akik nagyságos urak. **5** A hentes májat tesz a borjúhoz. **6** Ez a szék kiment a divatból.

EGÉSZÍTSE KI

1 *Der Journalist ist ins Ausland gefahren.*

Az .... utazott.

2 *Wenn du mit [einem] Professor sprichst, sei höflich.*

Ha .... beszélsz, ... udvarias.

3 *Bist du es gewöhnt mit [einer] Brille zu lesen?*

Szemüveggel ....?

4 *Der Arzt und die Putzfrau sind nicht immer höflich zueinander.*

Az ..... és a .... nem mindig

...........egymással.

5 *Wie oft gießen wir gewöhnlich die Blumen?*

Hányszor .... öntözni a ....?

6 *Gestern habe ich vergessen, den Kollegen Guten Tag zu sagen.*

...... elfelejtettem jó napotot .... a

....

9 Vor 1945 gab es auch: "Hochwürden", "Gnädiger Herr", "Ihre Hoheit", "Gnädige Frau".
10 Aber diese Ausdrücke sind aus der Mode gekommen.

ANMERKUNGEN
3 Zur Trennung des Verbalpräfixes (hier *hozzá-*) siehe Anmerkung **5** der fünfundzwanzigsten Lektion.
4 Außer *jó napot* hört man auch: *jó reggelt* (Guten Morgen), *jó estét* (Guten Abend) und *jó éjszakát* (Gute Nacht).

ÜBUNG: 1 Der Journalist will höflich sein. **2** Zu Frauen sage ich gewöhnlich, dass sie kochen sollen. **3** Ich habe den vorhergehenden Ausdruck nicht gut verstanden. **4** Es gibt Ärzte, die "Euer Ehrwürden" sind. **5** Der Schlachter fügt Leber zum Kalbfleisch hinzu. **6** Dieser Stuhl ist aus der Mode gekommen.

DIE FEHLENDEN WÖRTER:
1 - újságíró külföldre - **2** - tanárral - légy (legyél) - **3** - szokott olvasni **4** - orvos - -takarítónő - - udvariasak - **5** szoktuk - - virágokat **6** Tegnap - - mondani - kollégáknak.

HARMINCEGYEDIK LECKE

Fa leszek ...

1 Fa leszek, ha fának vagy virága. **(1)**
2 Ha harmat vagy: én virág leszek. **(1)**
3 Harmat leszek, ha te napsugár vagy, **(1) (2)**
4 Csak hogy lényeink egyesüljenek. **(3)**
5 Ha, leányka, te vagy a mennyország: **(2)**
6 Akkor én csillaggá változom. **(4)**
7 Ha, leányka, te vagy a pokol: hogy
8 Egyesüljünk, én elkárhozom.
9 Ezt a szép verset Petőfi Sándor, a nagy magyar költő írta 1845-ben (ezernyolcszáznegyvenötben).
10 A rádióban és a televízióban ma is gyakran lehet hallani. **(5)**

ANMERKUNGEN
1 Im Ungarischen ist das Verb "sein" das einzige, das im Futur konjugiert werden kann: *leszek* (ich werde sein), *leszel* (du wirst sein), usw.
2 *Napsugár* und *mennyország* sind zusammengesetzte Wörter (*nap + sugár*; *menny + ország*). Diese Art des Zusammenfügens, ohne Markierung (Präposition) zwischen den beiden Begriffen ist im Ungarischen geläufig. Wie im Deutschen: Sonnenstrahl, Mondschein.
3 Das *-i* in *lényeink* kennzeichnet den Plural des "Besitztums"; wir kommen darauf zurück.
4 Wie wir es in der Anmerkung 3 der fünfundzwanzigsten Lektion erwähnt haben, "regieren" im Ungarischen bestimmte Verben bestimmte Suffixe. Somit folgt auf das Verb *változik* immer *-vá/-vé*, dessen *-v* mit dem Schlusskonsonanten des Nomens verschmilzt. *Csillag + vá = csillaggá.*

GYAKORLAT

1 A két bank egyesült. **2** A mennyország messze van. **3** A költő csillaggá változik. **4** A pokolban nincs nap. **5** Reggel a virágnak harmata van. **6** Ha nem írsz, akkor szomorú leszek.

száz 100

EINUNDDREIßIGSTE LEKTION

Ich werde ein Baum sein ....

1 Ich werde [ein] Baum sein, wenn du die Blüte des Baumes bist.
2 Wenn du Tau bist, werde ich Blüte sein.
3 Ich werde Tau sein, wenn du [ein] Sonnenstrahl bist.
4 Wenn sich nur unsere Wesen vereinen.
5 Junges Mädchen, wenn du das Paradies (Land des Himmels) bist:
6 So werde ich mich in einen Stern verwandeln (verändern).
7 Junges Mädchen, wenn du die Hölle bist, (damit wir
8 eins werden), werde ich mich verdammen.
9 Dieses schöne Gedicht wurde (es hat geschrieben) [von] Sándor Petőfi, dem großen ungarischen Dichter 1845 geschrieben.
10 Heute noch (auch) kann man es oft im Radio und im Fernsehen hören.

5 Gedichte eignen sich gut zum Auswendiglernen. Versuchen Sie es ruhig mit diesem Gedicht von Petőfi.

A KÖLTŐ CSILLAGGÁ VÁLTOZIK

LEKTION 31

EGÉSZÍTSE KI

1 *Bei den Nachbarn kann man oft Streit hören.*
A .... gyakran lehet ....t.

2 *Es gibt viele Bäume vor dem Landhaus.*
Sok ..... a .... előtt.

3 *Das kleine Mädchen hat eine schöne Puppe bekommen.*
A .... kapott egy ....

4 *Heute sprechen wir über die großen ungarischen Dichter.*
.. nagy .... ről beszélünk.

5 *Ich habe Papa im Fernsehen gesehen.*
...... a ..... a ....

HARMINCKETTEDIK LECKE

Nem mentek holnap moziba?

1 – Anya, apa, holnap mi lesz a programotok?
2 – Miért kérdezed? Már megint szükséged lenne a lakásra? **(1) (2)**
3 – Kitaláltátok. Meghívtam a barátaimat az egyetemről és bulit szeretnénk itt rendezni. **(2)**
4 – Szó sem lehet róla. Múltkor is nagyon nagy volt a rendetlenség és a lakás rettenetesen piszkos volt.

ANMERKUNGEN
1 *Szükség*: Notwendigkeit. *Szüksége van valamire*: er braucht etwas.
2 *Lenne* und *szeretnék* sind Formen des Konjunktiv II.
3 Siehe Anmerkung 1 der einunddreißigsten Lektion. Dort haben wir Ihnen gesagt, dass das Ungarische eigentlich keine richtige Futurkonjugation kennt, außer für das Verb sein (*lenni*). Es gibt indessen ein sogenanntes "umschreibendes" Futur - die Kombination eines

ÜBUNG: 1 Die beiden Banken haben sich vereinigt. **2** Das Paradies (Himmel) ist weit weg. **3** Der Dichter verwandelt sich in einen Stern. **4** In der Hölle scheint keine Sonne. **5** Am Morgen hat die Blume Tau. **6** Wenn du [mir] nicht schreibst, [so] werde ich traurig sein.

6 Beim Schlachter kann man sich nicht hinsetzen.
   A .... nem ....

DIE FEHLENDEN WÖRTER:
1 - szomszédoknál - - hallani veszekedés- 2 - fa van - nyaraló - 3 - leányka - - szép babát 4 Ma - magyar költők - - 5 Láttam - papát - televízióban. 6 - hentesnél - lehet leülni.

ZWEIUNDDREISSIGSTE LEKTION

Geht ihr morgen nicht ins Kino?

1 – Mama, Papa, wie sieht euer Programm für morgen aus (morgen was wird euer Programm)?

2 – Warum fragst du? Brauchst du schon wieder die Wohnung?

3 – Ihr habt [es] erraten. Ich habe meine Freunde von der Universität eingeladen und wir würden gerne hier eine Party machen (organisieren).

4 – Das kommt nicht in Frage. Das letzte Mal war die Unordnung sehr groß und die Wohnung war schrecklich schmutzig.

Hilfsverbs *fog* (*fogok, fogsz,* usw.) mit dem Infinitiv des Verbs: *takarítani fog* (er/sie/es wird putzen), *maradni fogunk* (wir werden bleiben), usw. Sie werden eine vollständige Aufstellung des ungarischen Futurs in unserer fünfunddreißigsten Lektion (Wiederholung und Anmerkungen) finden.

LEKTION 32

5 – Ne izguljatok, sok lány lesz és mindenki fog takarítani és mosogatni. **(3)**
6 – Ne folytasd, nincs programunk és itthon fogunk maradni, te pedig, ha akarsz, elmész a barátaidhoz. **(3) (4) (5)**
7 – A barátaimnak sincs lakása és nem fogunk egész este az utcán mászkálni. **(3) (4)**
8 – A lakás nem csak a tiéd, hanem az egész családé és mi nem fogunk miattad moziba menni. **(3)**
9 – Rettenetesek vagytok, hát ti nem voltatok soha fiatalok?
10 – A mi időnkben a fiatalok még rendesek voltak és nem beszéltek így az öregekkel.

GYAKORLAT

1 Nem hívok meg piszkos embereket a bulira. **2** Zárás előtt nagy a rendetlenség az étteremben. **3** Ha akarsz, elmész, ha akarsz, itthon maradsz. **4** Hálás lennék, ha ma a férjem mosogatna. **5** Ne izgulj, a macskák kaptak enni. **6** Kiss úrnak sincs programja.

EGÉSZÍTSE KI

1 *Es werden viele Jungen in der Diskothek sein.*
   ... fiú .... a diszkóban.

2 *Wir haben die Bekanntschaft von netten Leuten gemacht.*
   Megismerkedtünk ....

3 *Zu unserer Zeit gab es keine Autos in den Straßen.*
   A .... nem .... autó az ....

4 *Wer könnte [eine] Wohnung brauchen?*
   .... szüksége lakásra?

száznégy 104

5 – Regt euch nicht auf, es werden viele Mädchen da sein, und [wir] alle werden aufräumen und abspülen.
6 – Spar dir die Mühe (mach nicht weiter), wir haben kein Programm und wir werden zu Hause bleiben. Und du gehst, wenn du willst, zu deinen Freunden.
7 – Meine Freunde haben auch keine Wohnung, und wir werden nicht den ganzen Abend auf der Straße herumlungern.
8 – Die Wohnung gehört nicht nur dir, sondern sie gehört der ganzen Familie und wir, wir werden nicht wegen dir ins Kino gehen.
9 – Ihr seid schrecklich, wart ihr denn nie jung?
10 – Zu (in) unserer Zeit waren die Jugendlichen noch gut erzogen (ordentlich) und sprachen nicht in diesem Ton (so) mit den Alten.

ANMERKUNGEN
4 Zu *barátaidhoz, barátaimnak*, siehe Anmerkung 3 der einunddreißigsten Lektion.
5 Sie kennen bereits *otthon* (Lektion 3); Sie erraten, dass *itthon* eine Variante davon ist, die wörtlich "hier, zu Hause" bedeutet. Erinnern Sie sich an die Lokaladverbien *itt* (hier) und *ott* (dort, dort hinten) der ersten Lektion.

ÜBUNG: 1 Ich lade keine schmutzigen Leute auf die Party ein. **2** Vor der Schließung ist die Unordnung im Restaurant groß. **3** Wenn du willst, gehst du [weg], wenn du willst, bleibst du zu Hause. **4** Ich wäre dankbar, wenn mein Mann heute Geschirr spülen würde. **5** Rege dich nicht auf, die Katzen haben zu fressen bekommen. **6** Herr Kiss hat auch kein Programm.

LEKTION 32

5 *Ich werde an der Universität studieren.*
   Az .... tanulni.

6 *Die Eltern des jungen Mädchens haben eine Party organisiert.*
   A .... szülei ..... rendeztek.

HARMINCHARMADIK LECKE

Hogyan "gyártunk" szavakat? (1)

1 A magyar nyelvben sok hosszú és bonyolult szó van, míg
2 más nyelvekben a szavak gyakran egyszerűek és rövidek. **(1)**
3 Nézzük például a "rendetlenség" szót a harminckettedik leckében.
4 A "rend"-ből származik; ezt már a nyolcadik leckében megtanultuk.
5 Ehhez a szóhoz tettünk hozzá néhány betűt; így született először a "rendetlen", majd ezután a "rendetlenség". **(3)**
6 A "-tlen" és a "-ség" jelentését is meg fogjuk magyarázni egy másik leckében. **(2) (4)**
7 Érdekes kifejezése a magyar nyelvnek a "zenekar". Két részből áll: zene és kar.

ANMERKUNGEN
1 Wir wissen bereits, dass das *-k* des Plurals ebenso an Adjektive wie an Substantive angehängt werden kann. Dieses Vorgehen kann übrigens auch Veränderungen mit sich bringen: eine Änderung des Wortstamms (*szó/szavak*) oder das Auftauchen eines Bindungsvokals (*egyszerű/egyszerűek, férfi/férfiak*).

DIE FEHLENDEN WÖRTER:
1 Sok - lesz - 2 - rendes emberekkel. 3 - mi időnkben - volt - - utcákon.
4 Kinek lenne - 5 - egyetemen fogok - 6 - kislány (leányka) - bulit -

DREIUNDDREIßIGSTE LEKTION

Wie bilden ("fabrizieren") wir Wörter?

1 In der ungarischen Sprache gibt es viele lange und komplizierte Wörter, wogegen
2 in anderen Sprachen die Wörter oft einfach und kurz sind.
3 Betrachten wir zum Beispiel das Wort "Unordnung" in der zweiunddreißigsten Lektion.
4 Es wird von dem Wort "rend" abgeleitet; wir haben es schon in der achten Lektion gelernt.
5 An dieses Wort haben wir einige Buchstaben angefügt; somit ist zuerst "rendetlen" [unordentlich] entstanden, [und] danach "rendetlenség".
6 Wir werden in einer anderen Lektion den Sinn von "-tlen" und von "-ség" erklären.
7 "Zenekar" ist ein interessanter Ausdruck der ungarischen Sprache. Er setzt sich aus zwei Teilen zusammen: "zene" und "kar".

2 Hier haben Sie die Gelegenheit, die Verben zu wiederholen, indem Sie mit *meg-*: *megáll, megcsókol, megérkezik, megismerkedik, megkérdez, megpróbál, megver* beginnen. Wir erinnern Sie daran, dass in all diesen Verben *meg-* die Funktion eines Perfekts hat.
3 Noch eine Erinnerung: Das Verbalpräfix löst sich vom Verb und wird zum "Postverb"! Das sollte Sie nicht mehr verwundern! (Es ist vergleichbar mit den deutschen, trennbaren Präpositionen).

8 Persze vigyázzunk: "kar" itt nem azt a testrészt jelenti, amelyik a kéz fölött van,
9 hanem embereket, akik együtt dolgoznak: énekkar, bölcsészkar.
10 Szerencsére vannak olyan magyar szavak, amelyeket Ön szótár nélkül is megért: **(1) (2)**
11 technika, energia, parfüm, futball, garázs, kabaré, stb.

GYAKORlAT

1 Dolgozzunk együtt! **2** Megtanultad a betűket? **3** A takarítónő nem szereti a rendetlenséget. **4** Az üzletben gyakran nincs borjúhús. **5** A bölcsészkaron szavakat gyártanak. **6** Ez a gyakorlat egy kicsit hosszú volt.

EGÉSZÍTSE KI

1 *Die ungarische Sprache [besitzt] (hat) viele Wörter.*
   A .... nek ... szava van.

2 *Der Arm ist oberhalb der Hand.*
   A ... a .... van.

3 *Wir sprechen mit einfachen Worten.*
   Egyszerű ....

4 *Ich lerne Ungarisch mit deiner Hilfe.*
   A .... tanulok ....

5 *Wir werden ins Ausland gehen.*
   El ...... utazni ....

6 *Woher kommt der Mensch?*
   Honnan .... az .....?

száznyolc 108

  8 Sicher, [wir] müssen aufpassen: "kar" bedeutet hier nicht [Arm], der Teil des Körpers, der oberhalb der Hand ist,
  9 sondern Leute, die zusammen arbeiten: Chor, philosophische Fakultät.
10 Glücklicherweise gibt es (solche) ungarische(n) Wörter, die Sie auch ohne Wörterbuch verstehen:
11 Technik, Energie, Parfüm, Fußball, Garage, Kabarett usw.

ANMERKUNGEN
4 Das Hilfsverb des Futurs *fog* setzt sich oft zwischen das Verbalpräfix und das Verb: *meg fogjuk magyarázni* (wir werden es erklären), *be fogsz menni* (du wirst eintreten), *le fogjátok tenni* (ihr werdet ihn absetzen).

ÜBUNG: 1 Lasst uns zusammen arbeiten! **2** Hast du die Buchstaben gelernt? **3** Die Putzfrau mag keine Unordnung. **4** Oft gibt es kein Kalbfleisch im Geschäft. **5** An der philosophischen Fakultät bildet man Wörter. **6** Diese Übung ist ein bisschen lang gewesen.

DIE FEHLENDEN WÖRTER:
1 - magyar nyelv - sok — 2 - kar - kéz fölött - 3 - szavakkal beszélünk.
4 - segítségeddel -magyarul. 5 - fogunk - külföldre. 6 - származik - ember

LEKTION 33

HARMINCNEGYEDIK LECKE

Önéletrajz (1)

1 Kovács Józsefnek hívnak, magyar állampolgár vagyok. **(1) (2)**
2 1930-ban születtem Budapesten. **(3)**
3 A szüleim, Kovács Gáspár és Vörös Ilona meghaltak.
4 1948-ban érettségiztem és azóta dolgozom.
5 Munkás vagyok egy gyárban a fővárostól öt kilométerre.
6 1952-ben megnősültem, feleségemet Kovács Józsefnének hívják. **(2)**
7 Három gyerekünk van. Juci, a feleségem, nevelte őket; mert én éjjel-nappal dolgoztam.
8 Tavaly született az első unokánk, véletlenül van nálam egy fénykép róla. **(4)**
9 Jövőre nyugdíjba megyek. Sokat fogunk pihenni és szórakozni Jucival.
10 El lehet mondani egy ember életét kilenc mondatban? **(5)**

ANMERKUNGEN
1 Wieder zwei zusammengesetzte Wörter: *önéletrajz* = *ön*, "auto-" (entspricht dem deutschen "selbst"), *élet* (Leben) und *rajz* (Zeichnung); *állampolgár* = *állam* (Staat) und *polgár* (Bürger).
2 Siehe Absatz 3 der einundzwanzigsten Lektion. "Ich heiße Hans, Franz": (*engem*) *Jánosnak, Ferencnek hívnak*. "Du heißt ...": (*téged*) - ...-*nak/nek hívnak*. "Er heißt ...": (*őt*) ...*nak/nek hívják*(!). "Wie heißt du?": (*téged*) *hogy hívnak*? "Wie heißen Sie": (*önt*) *hogy hívják*? Wie Sie sehen, wird in der dritten Person die bestimmte Konjugation verwendet. Das Verb *hív* regiert hier das Suffix -*nak/-nek*. Beachten Sie ebenfalls den fakultativen Charakter des Personalpronomens, das hier im Satz Objekt ist.

VIERUNDDREIßIGSTE LEKTION

Autobiografie

1 Ich heiße (sie nennen mich) Joseph Kovács, ich bin ungarischer Staatsbürger.
2 Ich wurde 1930 in Budapest geboren.
3 Meine Eltern, Gaspard Kovács und Helene Vörös sind tot.
4 Ich habe 1948 das Abitur gemacht und seitdem arbeite ich.
5 Ich bin Arbeiter in einer Fabrik, fünf Kilometer von der Hauptstadt entfernt.
6 Ich habe 1952 geheiratet, meine Gattin heißt Frau Joseph Kovács.
7 Wir haben drei Kinder. Judith, meine Frau, hat sie erzogen, weil ich Tag und Nacht gearbeitet habe.
8 Unser erstes Enkelkind wurde letztes Jahr geboren; zufällig habe ich ein Foto von ihm bei mir.
9 Nächstes Jahr gehe ich in Rente. Wir werden uns gut (viel) erholen, Judith und ich. Wir werden uns amüsieren.
10 Kann man das Leben eines Menschen in neun Sätzen erzählen (sagen)?

---

3 Städte- und Ländernamen werden im Allgemeinen mit dem Suffix -*ban*/-*ben* konstruiert (In New York: *New Yorkban*, In Kanada: *Kanadában*). Magyarország, Budapest und einige ungarische Städte erhalten indessen das Suffix -*on*/-*en*/-*ön*: *Magyarországon* (Anmerkung 4 der zweiten Lektion), *Budapesten*, usw.
4 Zu *nálam, róla* lesen Sie den Absatz 3 der einundzwanzigsten Lektion und die Anmerkungen 1, 2 der sechzehnten Lektion. Es sind also possessivierte Suffixe. *Nálam* vom Suffix -*nál*/-*nél* bedeutet hier "bei sich". *Róla* ergibt sich natürlich aus -*ról*/-*ről*.
5 Hier ist ein weiteres Beispiel für die Trennung des Verbalpräfixes: *el lehet mondani*. (Zu *lehet* lesen Sie bitte die siebenundzwanzigste Lektion)

GYAKORLAT

1 Nem nősültem meg, de vannak gyerekeim. **2** Az unokái nem Budapesten születtek. **3** Te mikor mész nyugdíjba? **4** Az ember élete nagyon rövid. **5** Nem minden magyar állampolgár érettségizik. **6** Tavaly a fővárosban szórakoztunk.

EGÉSZÍTSE KI

1 *Der Ehemann hat die Kinder großgezogen.*

. . férj . . . . a . . . .

2 *Zufällig haben wir uns zwei Kilometer vor der Stadt getroffen.*

. . . . találkoztunk a . . . . két . . . .

3 *Nächstes Jahr werde ich Enkelkinder haben.*

. . . . . . lesznek . . . .

4 *Seit dem Abitur hast du nicht gearbeitet.*

. . érettségi óta . . . .

5 *Nach dem Unfall starb der Polizist.*

A . . . . után a rendőr . . . .

6 *Hast du Geld bei dir?*

Van . . . . ?

száztizenkettő 112

ÜBUNG: **1** Ich habe nicht geheiratet, aber ich habe Kinder. **2** Seine Enkelkinder sind nicht in Budapest geboren. **3** Wann gehst du in Pension? **4** Das Menschenleben ist sehr kurz. **5** Nicht alle ungarischen Staatsbürger machen das Abitur. **6** Letztes Jahr hatten wir viel Spaß in der Hauptstadt.

DIE FEHLENDEN WÖRTER:
1 A - nevelte - gyerekeket. **2** Véletlenül - - várostól - kilométerre.
3 Jövőre - unokáim. **4** Az - - nem dolgoztál. **5** - baleset - - - meghalt.
6 - nálad pénz.

Mit dieser Lektion haben sie eine wichtige Etappe hinter sich gebracht. Wir haben bereits über die Fähigkeit der ungarischen Sprache, neue Wörter zu bilden, gesprochen. In den kommenden Lektionen und im Rahmen der Übungen werden wir Ihnen manchmal Wörter anbieten, die so nicht im Text der Lektion stehen, die Sie aber leicht erraten werden, dank der Kenntnisse, die Sie über die Bildung von Wörtern haben. Natürlich geben wir Ihnen immer die entsprechende Übersetzung an.

LEKTION 34

HARMINCÖTÖDIK LECKE

WIEDERHOLUNG UND ANMERKUNGEN

1 Der Konjunktiv II im Präsens

Die Formen sind einfach (siehe Anmerkung **3** der neunundzwanzigsten und Anmerkung **2** der zweiunddreißigsten Lektion). Sie lauten:

Unbestimmte Konjugation

szeretnék:	ich würde lieben
szeretnél:	du würdest lieben
szeretne:	er/sie/es würde lieben
szeretnénk:	wir würden lieben
szeretnétek:	ihr würdet lieben
szeretnének:	sie würden lieben
akarnék:	ich würde wollen
akarnál:	du würdest wollen
akarna:	er/sie/es würde wollen
akarnánk:	wir würden wollen
akarnátok:	ihr würdet wollen
akarnának:	sie würden wollen

Bestimmte Konjugation

szeretném:	ich würde es lieben
szeretnéd:	du würdest es lieben
szeretné:	er/sie/es würde es lieben
szeretnénk:	wir würden es lieben
szeretnétek:	ihr würdet es lieben
szeretnék:	sie würden es lieben
akarnám:	ich würde es wollen
akarnád:	du würdest es wollen
akarná:	er/sie/es würde es wollen
akarnánk:	wir würden es wollen
akarnátok:	ihr würdet es wollen
akarnák:	sie würden es wollen

FÜNFUNDDREIßIGSTE LEKTION

Merken Sie sich gut, dass bei der unbestimmten Konjugation in der ersten Person Singular das Suffix des Konditionals nicht den Regeln der Vokalharmonie folgt: es ist, unabhängig vom Klang des Verbstamms, *-nék*; *akarnék* und nicht (wie man annehmen könnte) **akarnák*.

Natürlich gibt es einige Ausnahmen. Das Verb *lenni* zeigt zwei (gleichwertige) Formen: *lennék* und *volnék* (*lennél, volnál*, usw.). *Megy* ergibt *mennék*; *tesz tennék, visz vinnék*, usw. Siehe dazu das Konjugationsschema unseres Grammatikanhangs.

2 Das Futur
(Siehe Anmerkung **1** der einunddreißigsten, Anmerkung **3** der zweiunddreißigsten und Anmerkung **4** der dreiunddreißigsten Lektion.)

Nachstehend, wie angekündigt, die komplette Konjugation des ungarischen Futurs. Nur das Verb "sein" (*lenni*) besitzt eine wirkliche Futur-Konjugation:

leszek: ich werde
leszel: du wirst
lesz: er/sie/es wird
leszünk: wir werden
lesztek: ihr werdet
lesznek: sie werden

Für alle anderen Verben wird die "periphrastische" Konjugation verwendet: Infinitiv + *fog*.

Unbestimmte Konjugation

írni fogok: ich werde schreiben
írni fogsz: du wirst schreiben
írni fog: er/sie/es wird schreiben
írni fogunk: wir werden schreiben
írni fogtok: ihr werdet schreiben
írni fognak: sie werden schreiben

Bestimmte Konjugation

írni fogom:	ich werde es schreiben
írni fogod:	du wirst es schreiben
írni fogja:	er/sie/es wird es schreiben
írni fogjuk:	wir werden es schreiben
írni fogjátok:	ihr werdet es schreiben
írni fogják:	sie werden es schreiben

In allen Fällen wird nur das Hilfsverb *fog* (das vor oder nach dem Verb steht) konjugiert; die Verbform bleibt unverändert (im Infinitiv).

Wir weisen auch darauf hin, dass jede Präsensform zum Futur werden kann, indem sie sich mit dem Adverb *majd* verbindet. *Majd jövök*: ich werde kommen, *majd beszélünk*: wir werden sprechen, usw.

3 "Besitzverhältnisse"

Einige von den Formen, die Besitz ausdrücken, wurden bereits in den vergangenen Lektionen vorgestellt, falls es sich als notwendig erwies (Anmerkungen 1 und 3 der zweiundzwanzigsten, Anmerkung 1 der dreiundzwanzigsten, Anmerkung 2 der siebenundzwanzigsten und Anmerkung 3 der einunddreißigsten Lektion).

Nachstehend etwas systematischere Schemata:

a Die Betonung liegt auf dem Besitzer

az én házam:	mein Haus
a te házad:	dein Haus
az ő háza:	sein/ihr Haus
a mi házunk:	unser Haus
a ti házatok:	euer Haus
az ő házuk:	ihr Haus

Wie Sie es bei der dritten Person Plural bemerkt haben, steht das zum Possessiv-Suffix gehörende Personalpronomen im Singular: *ő* und nicht *ők*.

b Possessivpronomen

(Es gibt nur ein Wortgeschlecht im Ungarischen!)

enyém: mein, meine
tied: dein, deine
övé: sein, seine
ihr, ihre
mienk: unser, unsere
tietek: euer, eure
övék: ihr, ihre

c Das Possessiv-Suffix -é

Abgesehen von der Rolle, die diese Endung nach einem Substantiv stehend spielt: *a bácsié* (der/die des Onkels), kann sie auch an das Fragepronomen gehängt werden *ki? mi?*: und wird mit "wem?", "wozu?" übersetzt. *Kié ez a ház?*: Wem gehört dieses Haus?. *Péteré*: (dem) Peter.

d Der Plural des "Besitztums"

Er ist immer durch die Endung *-i* gekennzeichnet (hätten Sie vielleicht das *-k*, das Suffix des Plurals der Nomen genommen?).

házaim: meine Häuser
házaid: deine Häuser
házai: seine Häuser
házaink: unsere Häuser
házaitok: eure Häuser
házaik: ihre Häuser

Im Allgemeinen bekommen die Wörter, die mit einem Konsonanten enden, wie in diesem Beispiel, das *-i* des Plurals in der dritten Person Singular des "Besitztums" angehängt (*háza*: sein Haus). Wörter, die mit einem Vokal enden, setzen das *-i* direkt daran (*autó-i-m, autó-i-d*, usw.).

Wird Ihnen von diesen Schemata schwindlig? Machen Sie sich keine Sorgen, mit etwas Übung werden Sie all diese Formen lernen.

HARMINCADIK LECKE

Tornaórán

1 Ha egész nap dolgoztunk, ültünk vagy álltunk és fáradtak vagyunk,
2 este szeretnénk egy kicsit mozogni: sétálni, sportolni, tornázni. Gyerünk! Tornázzunk egyet!
3 A tornatanár hangosan számol: Egy! Kettő! Három! Lassabban! Gyorsabban! (1)
4 Mi pedig együtt emeljük kezünket, lábunkat, vállunkat. (2)
5 Jobbra vagy balra hajlítjuk térdünket, karunkat. (2)
6 A nyakunkat és fejünket ide-oda forgatjuk.
7 Minden izomra külön gyakorlat van. Mindegyik jó nehéz. Izzadunk.
8 Másnap nem érezzük jobban magunkat, (1) (3) (4)
9 fáradtabbak vagyunk, mint előző nap. Mindenünk fáj. (1) (3)
10 De az ilyen fáradtságra mindenkinek szüksége van! (5)

ANMERKUNGEN

1 *Gyorsabban* ist der Komparativ von *gyorsan* (rasch, schnell) - "rascher", "schneller". Das Suffix *-bb* dient dazu, den Komparativ der Adjektive und der Adverbien zu bilden. Mit Ihrer Scharfsinnigkeit haben Sie es schon geschafft, *jobban* zu identifizieren - (von *jól*) und *fáradtabbak* - (von *fáradtak*).

GYAKORLAT

1 Számoljunk hangosan! 2 Egész nap jól éreztem magamat. 3 Ne ülj le a tornaórán! 4 Másnap nem tudtam forgatni a fejemet. 5 Lakásra minden családnak szüksége van. 6 Pénteken lassabban dolgoztunk.

SECHSUNDDREIßIGSTE LEKTION

In der Gymnastikstunde

1 Wenn wir [den] ganzen Tag gearbeitet, gesessen
   oder gestanden haben und am Abend
2 müde sind, würden wir uns gerne ein bisschen bewegen:
   spazieren gehen, Sport treiben, Gymnastik machen.
   Also los ("gymnastiken" wir einen)!
3 Der Gymnastiklehrer zählt laut: Eins! Zwei! Drei!
   Langsamer! Schneller!
4 Und was uns angeht, wir heben alle zusammen [die]
   (unsere) Hände, die Beine, die Schultern,
5 rechts oder links beugen wir [die] (das unsere) Knie,
   die Arme.
6 Wir drehen den Hals und den Kopf hin und her
   (nach hier und nach dort).
7 Es gibt spezielle Übungen für jeden Muskel. Jede [ist]
   ziemlich schwierig. Wir schwitzen.
8 Am nächsten Tag fühlen wir uns nicht besser,
9 wir sind noch müder als am Vortag. Wir haben überall
   Schmerzen (unser alles tut weh).
10 Aber alle brauchen [genau] so eine Müdigkeit!

---

2 Wir erinnern Sie daran (siehe Anmerkung **2** der zweiundzwanzigsten Lektion), dass die paarweise vorhandenen Körperteile im Allgemeinen im Singular aufgeführt werden, was nicht heißen soll, dass alle Ungarn einarmig, einbeinig oder einäugig sind!
3 *Másnap, előző nap* werden mit *nap* (Tag, Sonne) gebildet und bedeuten respektive "der nächste Tag", "der Vortag". Natürlich zu unterscheiden von *tegnap* (gestern) und von *holnap* (morgen).
4 Manche von den deutschen reflexiven Verben werden im Ungarischen mithilfe des Reflexivpronomens übersetzt (hier: *magunkat* "uns"). Wir geben Ihnen das komplette Schema dieser Formen in der nächsten Wiederholungslektion an.
5 Siehe Anmerkung **3** der dreiundzwanzigsten Lektion.

EGÉSZÍTSE KI

1 *Ich habe Schmerzen in den Knien.*
... a ....

2 *Am Meer kann man Sport treiben.*
A .... lehet ....

3 *Heute Abend werden wir uns bewegen.*
.... fogunk.

4 *Der Gymnastiklehrer ist kein ungarischer Staatsbürger.*
A .... nem magyar ....

5 *Was tragen die Arbeiter auf den Schultern?*
Mit .... a munkások a .... ?

6 *Der Zahnarzt dreht den Kopf des Patienten.*
A .... beteg ..... forgatja.

HARMINCHETEDIK LECKE

Hurrá, utazunk!

1 – Mondd Jenő, hány órakor indul a vonat?
2 – Kilenckor és már hét óra van. Siess, Lujza!
3 – Hogy állsz a csomagokkal? Mindent betettél a bőröndökbe? **(1)**
4 – Minden megvan. Szólj a gyerekeknek, hogy indulunk.
5 – Jenőkém, melyik cipőt vegyem fel? A fehéret, a feketét, vagy a szürkét? **(2)**

ANMERKUNGEN
1 *Hogy állsz?* wörtlich "wie bist du stehend?", was bedeuten soll "wie weit bist du?". Wie die meisten sehr häufig vorkommenden Verben hat auch *áll* mehrere Bedeutungen.

ÜBUNG: **1** Lasst uns laut zählen! **2** Den ganzen Tag fühlte ich mich wohl. **3** Setze dich nicht während der Gymnastikstunde! **4** Am nächsten Tag konnte ich den Kopf nicht mehr bewegen. **5** Jede Familie braucht [eine] Wohnung. **6** Am Freitag haben wir langsamer gearbeitet.

DIE FEHLENDEN WÖRTER:
1 Fáj - térdem. 2 - tengerparton - sportolni. 3 Ma este mozogni - 4 - tornatanár —állampolgár. 5 visznek - - - vállunkon 6 - fogorvos a - fejét -

SIEBENUNDDREIßIGSTE LEKTION

Hurra! Wir fahren los!

1 – Sag [mal], Eugen, um wie viel Uhr fährt der Zug ab?
2 – Um neun [Uhr], und es ist schon sieben. Beeile dich, Luise.
3 – Wie weit bist du (stehst du) mit deinem Gepäck? Hast du alles in die Koffer gepackt?
4 – Alles ist drin. Sag den Kindern, dass wir fahren.
5 – Mein lieber Eugen, welche Schuhe soll ich anziehen? Die weißen, die schwarzen oder die grauen?

2 *Melyik?* Fragepronomen, entspricht entweder: "welche/r/s", oder: "was für eine/einen".

6 – A legszebbet, csak gyorsan! Hívtál taxit? **(3)**
7 – Melyik telefonszámon kell kocsit rendelni? **(2)**
8 – Hívd a 222-222-t vagy a 666-666-ot és ne felejts el nagy autót kérni!
9 – Szívem, melyik kalapot vegyem fel? A sárgát, a zöldet, vagy a kéket? **(2)**
10 – A legnagyobbat és a legszebbet, csak ne késsük le újra a vonatot miattad. **(3) (4)**

GYAKORLAT

1 Melyik vonattal utazunk Budapestre? **2** Szólj a taxisofőrnek, hogy menjen egy kicsit lassabban. **3** Betetted a kalapokat a bőröndbe? **4** Az én feleségem a legszebb a faluban. **5** Mondd, kislány, szereted a csokoládétortát? **6** Miattam fogjuk lekésni az előadást.

EGÉSZÍTSE KI

1 *Rufen Sie folgende Nummer an.*
..... a ....

2 *Welches Buch gefällt dir?*
.... tetszik ..... ?

3 *Das schönste Land ist das Paradies.*
A .... ország a ....

4 *Kinder, wie weit seid ihr mit euren Hausaufgaben?*
Gyerekek .... a leckétekkel?

5 *Ein ausländischer Wagen fährt vor uns.*
Egy .... kocsi .... elöttünk.

6 *Ich habe einen eleganten Hut für meine Freundin bestellt.*
Elegáns .... a barátnőmnek.

6 – Die schönsten, [aber] mach schnell! Hast du [ein] Taxi gerufen?
7 – Unter welcher Telefonnummer muss man [ein] Taxi (Wagen) bestellen?
8 – Ruf die 222-222 oder die 666-666 an und vergiss nicht, um einen großen Wagen zu bitten!
9 – Liebling (mein Herz), welchen Hut soll ich aufsetzen? Den gelben, den grünen oder den blauen?
10 – Den größten und den schönsten, solange wir nicht wieder wegen dir den Zug versäumen!

ANMERKUNGEN
3 Der Superlativ der Adjektive und Adverbien ist einfach: Es reicht, vor den Komparativ das Präfix *leg-* zu setzen: *nagy, nagyobb, legnagyobb* (groß, größer, der größte).
4 Siehe Anmerkungen 1, 2 der sechzehnten und Absatz 3 der einundzwanzigsten Lektion. *Miattad* (deinetwegen) von *miatt* (wegen ...) ist eine "possessivierte Postposition", gebildet nach dem Prinzip der possessivierten Suffixe (siehe zweiunddreißigste Lektion, Satz 8).

ÜBUNG : **1** Welchen Zug nehmen wir (mit welchem Zug reisen wir) nach Budapest? **2** Sag dem Taxichauffeur, dass er etwas langsamer fahren soll. **3** Hast du die Hüte in den Koffer getan? **4** Meine Frau ist die Schönste im Dorf. **5** Sag, kleines Mädchen, magst du Schokoladenkuchen? **6** Wegen mir kommen wir zu spät zur Vorstellung.

DIE FEHLENDEN WÖRTER:
1 Hívja - következő telefonszámot. **2** Melyik könyv - neked **3** - legszebb - -mennyország. **4** - hogy álltok - - **5** - külföldi - megy - **6** - kalapot rendeltem - -.

HARMINCNYOLCADIK LECKE

Pesti viccek (1)

1 – Kedves olvasó, egy pesti eszpresszóban ülünk és vicceket mesélünk egymásnak. Ne felejtsen el nevetni! **(1)**
2   Két kisgyerek beszélget:
3 – Az én papám a legjobb és a legokosabb bácsi, szól az egyik.
4 – Nekem mondod? Tavaly még nálunk volt papa.

5   Egy kisfiú és egy kislány találkozik.
6 – Ha én nagy leszek, olyan sok pénzt fogok keresni, mint a papám.
7 – Ha én nagy leszek, olyan sok pénzt fogok költeni, mint a mamám.

8 – Képzeld, ma délelőtt kihúzták a fogamat. **(2)**
9 – Na és fáj még?
10 – Nem tudom, a fogorvosnál maradt.

GYAKORLAT

1 Pistike sok pénzt költ. **2** Szeretsz viccet mesélni? **3** Tavaly még fogorvos volt a papám. **4** Sok olvasó szereti a magyar könyveket. **5** Mennyi pénzt keres a pincér az eszpresszóban? **6** A bácsinak kihúzták a fogait.

EGÉSZÍTSE KI

1 *Die Großmutter sitzt den ganzen Tag im Café.*
A .... egész nap .. az.

2 *Wegen der lustigen Geschichten haben sie den Zug versäumt.*
A ...... miatt .... a ....

ACHTUNDDREISSIGSTE LEKTION

Witze aus Budapest

1 Lieber Leser, wir sitzen in einem Café in Budapest und erzählen uns Witze. Vergessen Sie nicht zu lachen!
2 Zwei (kleine) Kinder unterhalten sich:
3 – Mein Papa ist der beste und intelligenteste Mann (Onkel), sagt das eine.
4 – Das sagst du mir? Letztes Jahr war er [doch] noch Papa bei uns.

5 Ein kleiner Junge und ein kleines Mädchen treffen sich.
6 – Wenn ich groß bin, verdiene (suche) ich genauso viel Geld wie mein Papa.
7 – Wenn ich groß bin, gebe ich genauso viel Geld aus wie meine Mama.

8 – Stell dir vor, heute Morgen wurde mir [ein] (mein) Zahn gezogen.
9 – Ach ja, tut er [dir] noch weh?
10 – Ich weiß es nicht, er ist beim Zahnarzt geblieben.

ANMERKUNGEN
1 *Pest* ist das linke Ufer von Budapest, wird aber manchmal zur Bezeichnung der gesamten ungarischen Hauptstadt verwendet, besonders wenn es um die Mentalität ihrer Einwohner geht.
2 Wir erinnern Sie daran, dass im Ungarischen das nicht determinierte Subjekt (man) durch das Verb in der dritten Person Plural ausgedrückt wird.

ÜBUNG: **1** Stefan gibt viel Geld aus. **2** Erzählst du gerne Witze? **3** Letztes Jahr war mein Papa noch Zahnarzt. **4** Viele Leser mögen ungarische Bücher. **5** Wie viel Geld verdient der Kellner im Café? **6** Man hat die Zähne des Herrn (Onkel) gezogen.

3 *Am nächsten Tag habe ich viel Geld verdient.*
...... sok pénzt ....

4 *Nach der Gymnastikstunde lacht niemand.*
A tornaóra .... senki nem......

5 *Letztes Jahr habe ich meinen weißen Hut nicht aufgesetzt.*
...... nem vettem ... a fehér ....

Sie merken sicher, dass Sie schon enorme Fortschritte gemacht haben! Machen Sie sich keine Sorgen, wenn noch nicht alles 100%ig klar ist. Beschäftigen Sie sich weiter täglich ein wenig mit Ihrer neuen Fremdsprache, und Ihnen wird auffallen, dass sich Ihre Kenntnisse durch die ständige Wiederholung stetig festigen werden.

HARMINCKILENCEDIK LECKE

Emlékek

1 – Mit szólsz ehhez a szép időhöz? Végre nem esik sem az eső, sem a hó. **(1) (2)**

2 – Hát igen, jólesik a séta ebben a tavaszi napsütésben. **(1)**

ANMERKUNGEN

1 Die Demonstrativpronomen *ez a..., az a..., ezek a...*, bekommen die gleichen Suffixe und die gleichen Postpositionen wie das Substantiv, das sie begleiten. Bei den Suffixen im Singular wird das End -*z* des Demonstrativpronomens von dem ersten Konsonanten assimiliert: *ebben a házban* (in diesem Haus), und nicht *ezben a házban; abban uz utcában* (in dieser Straße da), und nicht *azban az utcában.* Im Plural gibt es keine Assimilation: *ezekben a házakban* (in diesen Häusern); *azokban az utcákban* (in diesen Straßen da), usw.

6 *Am Morgen war ich bei euch.*
. . . . voltam.

DIE FEHLENDEN WÖRTER:
1 - nagymama - - ül - eszpresszóban. **2** - viccek - lekésték - vonatot.
3 másnap - - kerestem. **4** - - után - - nevet. **5** Tavaly - - fel - - kalapomat.
6 Délelőtt nálatok -

NEUNUNDDREIßIGSTE LEKTION

Erinnerungen

1 – Was sagst du zu diesem schönen Wetter? Endlich fällt weder Regen noch Schnee.
2 – Ja, ja, das tut gut, bei diesem Frühlingssonnenschein (frühlingshaftes Brennen der Sonne) spazieren zu gehen (der Spaziergang fällt gut).

Die Postpositionen werden selbst auch "verdoppelt", aber beim Schreiben werden sie vom Demonstrativpronomen getrennt: *ez előtt a ház előtt* (vor diesem Haus; wörtlich: vor diesem Haus vor); *az alatt a fa alatt* (unter diesem Baum); *ezek előtt a házak előtt* (vor diesen Häusern); *azok alatt a fák alatt* (unter diesen Bäumen dort). Jedes Mal, wenn die Postposition mit einem Konsonanten beginnt, fällt das *-z* des Demonstrativpronomens im Singular weg: *e mellett az üzlet mellett* (neben diesem Geschäft) und nicht **ez mellett az üzlet mellett*; *a mögött a ház mögött* (hinter diesem Haus) und nicht **az mögött a ház mögött*.

3 – Emlékszel? Ebben az utcában ismerkedtünk meg negyven évvel ezelőtt. **(1)**
4 – Rosszul emlékszel, nem itt találkoztunk először, hanem ott, azon a téren. **(1)**
5 – Lehet, hogy igazad van, de régóta nem sétáltunk ezen a környéken. **(1) (3)**
6 – Ez előtt az üzlet előtt mondtad először, hogy tetszem neked. **(1)**
7 – Szerintem e között a két fa között csókoltalak meg másodszor. **(1) (4)**
8 – Az alatt a híd alatt kérted meg a kezemet. **(1)**
9 – Jólesik nekem, hogy emlékszel ezekre a régi dolgokra. **(1)**
10 – Látod, van mit mesélni az unokáinknak.

ANMERKUNGEN
2 *Sem ... sem* (oder *se ... se*: "weder ... noch")
3 *Igaza van*: er/sie/es hat recht.
4 *Szerintem* ist die possessivierte Form (erste Person Singular) von *szerint*.

GYAKORLAT

1 Mit szólsz az unokáimhoz? **2** Végre tetszem neked! **3** Ezen a környéken nincsenek üzletek. **4** Az alatt a híd alatt találkozunk. **5** Régóta nem esett az eső ebben a városban. **6** A között a két garázs között történt a baleset.

EGÉSZÍTSE KI

1 *Ich mag diese Gäste nicht.*
...... a vendégeket nem ....

2 *In diesem Restaurant hier werde ich zu Mittag essen.*
..... az .... fogok ....

3 – Erinnerst du dich? In dieser Straße haben wir uns vor 40 Jahren kennengelernt.

4 – Du erinnerst dich falsch (schlecht), wir haben uns nicht hier zum ersten Mal getroffen, sondern dort hinten, auf diesem Platz dort.

5 – Es kann sein, dass du recht hast (du hast wahr), aber es ist lange her, dass wir hier (in dieser Gegend) spazieren gegangen sind.

6 – Vor diesem Geschäft hast du [mir] zum ersten Mal gesagt, dass ich dir gefalle.

7 – Meiner Meinung nach habe ich dich zwischen diesen beiden Bäumen zum zweiten Mal geküsst.

8 – Unter dieser Brücke dort hast du um meine Hand angehalten.

9 – Das freut mich (gut fällt mir), dass du dich an diese alten Geschichten erinnerst.

10 – Siehst du, wir haben unseren Enkelkindern etwas zu erzählen.

ÜBUNG : **1** Was sagst du zu meinen Enkelkindern? **2** Endlich gefalle ich dir! **3** In diesem Viertel gibt es keine Geschäfte. **4** Unter dieser Brücke treffen wir uns. **5** Es ist schon lange her, dass es in dieser Stadt geregnet hat. **6** Zwischen diesen beiden Garagen hier fand der Unfall statt.

3 *Es ist möglich, dass du recht hattest.*
Lehet, hogy . . . .

4 *Zu dieser Frau sagt man normalerweise: Ich küsse Ihre Hand.*
Ennek . . . . . . "kezét . . . . "-ot szoktak. . . . .

5 *In dieser Sprache gibt es viele lange Wörter.*
. . . . . a . . . . sok . . . . van.

NEGYVENEDIK LECKE

Néhány szó a magyar történelemről

1 A magyar nép a IX. század végén, 896-ban érkezett Ázsiából Közép-Európába.
2 Szent István volt az első magyar király. A király korona a Magyar Nemzeti Múzeumban látható.(**1**)
3 Mátyás király alatt, a XV. században, Magyarország Európa egyik legnagyobb és legfejlettebb országa volt.
4 Az országot később törökök foglalták el; ma is sok fürdő és más török emlék található a magyar városokban.
5 Rákóczi Ferenc fejedelem a XVIII. század elején már az osztrákok ellen harcolt.
6 Kossuth Lajos és Petőfi Sándor (egy versét már ismerjük!), az 1848-as forradalom és szabadságharc hősei voltak.

ANMERKUNGEN
1 *Látható* und *található* werden respektive mit den Stämmen *lát* (er/sie/es sieht) und *talál* (er/sie/es findet) gebildet. *-hat* (wie Sie später sehen werden) entspricht "können". Was *-ó* anbetrifft (wir kommen ebenfalls

6 *Vor diesem Hotel dort kommen die schwarzen Autos an.*

Az elé a . . . . érkeznek . . . . . . autók.

DIE FEHLENDEN WÖRTER:
1. Ezeket - - - - szeretem. 2 Ebben - étteremben - ebédelni. 3 - - igazad volt. 4 - a nőnek -csókolom- - mondani. 5 Ebben - nyelvben - hosszú szó -. 6 - - - szálloda elé - fekete -

VIERZIGSTE LEKTION

Bemerkungen zur ungarischen Geschichte

1 Am Ende des 9. Jahrhunderts, im Jahre 896, kam das ungarische Volk aus Asien nach Mitteleuropa.
2 Der Heilige Stephan war der erste König von Ungarn. Die königliche Krone befindet sich (ist sichtbar) im ungarischen Nationalmuseum.
3 Unter dem König Mathias im 15. Jahrhundert war Ungarn eines der größten und entwickeltsten Länder Europas.
4 Später wurde das Land von den Türken besetzt (das Land es haben besetzt die Türken). Heute noch (auch) findet man zahlreiche türkische Bäder und andere Überreste (Erinnerungen) in den ungarischen Städten.
5 Zu Beginn des 18. Jahrhunderts kämpfte Fürst Ferenc Rákóczi bereits gegen die Österreicher.
6 Lajos Kossuth und Sándor Petőfi (wir kennen bereits eines von seinen Gedichten!) waren die Helden der Revolution und des Freiheitskampfes von 1848.

darauf zurück), so drückt es das Partizip Präsens aus. Also: *látható*, "sichtbar", wörtlich: "was gesehen werden kann", und *található* "auffindbar", wörtlich: "was gefunden werden kann".

7 1867 az osztrák-magyar monarchia születésének éve.
8 Magyarország az első és a második világháborút is elvesztette.
9 1945-ben Magyarország szocialista ország lett.
10 Ha érdekli önt ennek a kis népnek a történelme, olvasson a mi leckénknél komolyabb írásokat is. **(2)**

GYAKORLAT

1 A nagyapám a szabadságharc hőse volt. **2** Itt látható az első magyar király koronája. **3** Európában sok fejlett ország található. **4** Ismered a budapesti török fürdőket? **5** Nem lesz harmadik világháború. **6** Elfelejtettem a fejedelem születésének évét.

EGÉSZÍTSE KI

1 *Die Ungarn sind aus Asien gekommen.*

A .... Ázsiából ....

2 *Seit zehn Jahren interessiert mich Geschichte.*

Tíz év .... engem a ....

3 *Ich bin sehr alt, aber ich erinnere mich nicht an den König Mathias.*

Nagyon .... vagyok, de .... Mátyás ....

4 *Peter besetzt das Badezimmer und will nicht herauskommen.*

Péter .... a .... és nem .... kijönni.

5 *Gestern habe ich die Gedichte des Fürsten gelesen.*

...... olvastam a fejedelem ....

7 1867 ist das Geburtsjahr der österreichisch-ungarischen Monarchie.
8 Ungarn hat den Ersten und auch den Zweiten Weltkrieg verloren.
9 1945 wurde Ungarn ein sozialistisches Land.
10 Wenn Sie sich für die Geschichte dieses kleinen Volkes interessieren, lesen Sie auch ernsthaftere Abhandlungen als unsere Lektion.

ANMERKUNGEN
2 Mit dem Komparativ verwendet man oft das Suffix *-nál/nél*: *Péter nagyobb Pálnál* (Peter ist größer als Paul). Sehen Sie zu diesem Thema in unsere nächste Wiederholungslektion.

ÜBUNG: **1** Mein Großvater war der Held des Unabhängigkeitskrieges. **2** Hier kann man die Krone des ersten Königs von Ungarn sehen. **3** In Europa gibt es viele entwickelte Länder. **4** Kennst du die türkischen Bäder von Budapest? **5** Es wird keinen dritten Weltkrieg geben. **6** Ich habe das Geburtsjahr des Fürsten vergessen.

6 *Hast du den Schlüssel im türkischen Bad verloren?*

A török .... el a .... ?

DIE FEHLENDEN WÖRTER:
1 - magyarok - érkeztek. **2** - - óta érdekel - - történelem. **3** - öreg - - nem emlékszem -királyra. **4** - elfoglalja - fürdőszobát - - akar **5** Tegnap - - - verseit. **6** - - fürdőben vesztetted - - kulcsot.

NEGYVENEGYEDIK LECKE

Egy furcsa álom

1 Ma éjjel furcsa álmom volt. **(1)**
2 Ismeretlen helyen találtam magam. Egy idegen városban, ahol még soha nem jártam. **(2) (3)**
3 Olyanok voltak a házak, mint a torták, és olyanok voltak a járókelők, mint a narancsok.
4 Én is úgy néztem ki, mint egy narancs, de volt szám, fülem és orrom is.
5 Úgy sétáltam a hatalmas, szigorú torták között, mintha az iskolába mennék.
6 Minden ház előtt megálltam, mert nagyon szerettem volna megkóstolni valamelyiket. **(4)**
7 De a torták erősebbek voltak nálam és nem engedték, hogy közel menjek hozzájuk. **(5)**
8 Szomorúan néztem a többi narancsot: mindegyiknek tele volt a szája, csak én voltam éhes.
9 Hirtelen elkezdett esni az eső, először csak a szél fújt, majd jött a vihar.
10 A narancsok úgy elszaladtak, mintha ott sem lettek volna és a torták is szép lassan elolvadtak.
11 Olyan volt ez az álom, mint egy szép mese. Sajnos felébredtem és soha nem fogom megtudni, hol jártam.

ANMERKUNGEN
1 Manche Wörter können den Stamm ändern: *álom* (Traum) erfordert für bestimmte Suffixe den Stamm *álm-*.
2 Zu *magamat* siehe Anmerkung **4** der sechsunddreißigsten Lektion.
3 *Ahol* (wo): Relativpronomen, nicht verwechseln mit *hol?* -(wo?).

EINUNDVIERZIGSTE LEKTION

Ein eigenartiger Traum

1 – Heute Nacht hatte ich einen eigenartigen Traum (Traum eigenartigen).
2 Ich befand mich an einem unbekannten Ort. In einer fremden Stadt, in der ich nie gewesen war (bin).
3 Die Häuser waren (so) wie Kuchen und die Passanten waren (so) wie Orangen.
4 Ich sah auch wie eine Orange aus, aber ich hatte [einen] Mund, Ohr[en] und auch [eine] Nase.
5 Ich ging zwischen den riesigen, strengen Kuchen spazieren, als ob ich zur Schule ginge.
6 Ich blieb vor jedem Haus stehen, denn ich hätte sehr gerne von einem gekostet.
7 Aber die Kuchen waren stärker als ich und erlaubten mir nicht näher zu kommen (dass ich ihnen nahe komme).
8 Ich betrachtete traurig die anderen Orangen: alle hatten den Mund voll (jeder voll war ihr Mund), nur ich allein hatte Hunger.
9 Plötzlich fing es an zu regnen, zuerst wehte der Wind, dann ist der Sturm gekommen.
10 Die Orangen sind geflohen, als ob sie nie da gewesen wären, und die Kuchen sind auch ganz schön langsam geschmolzen.
11 Dieser Traum war (so) wie ein schönes Märchen. Leider bin ich aufgewacht und werde nie erfahren, wo ich gewesen bin (hingegangen bin).

4 *Szerettem volna, lettek volna* sind Konditionalformen der Vergangenheit. Die Vergangenheitsform des Konditionals setzt sich aus der Vergangenheit des Verbs und *volna* zusammen.
5 *Hozzájuk* ist die possessivierte Form (dritte Person Plural) des Suffixes *-hoz*.

GYAKORLAT

1 Törökország nem olyan, mint Magyarország. **2** A fürdőszobában felébredtem. **3** A fejedelem úgy harcolt, mint egy hős. **4** Ha olvastad volna ezt a könyvet, érdekelne téged a történelem. **5** Hirtelen elkezdett fújni a szél. **6** A hó tegnap elolvadt.

EGÉSZÍTSE KI

1 *Der Gymnastiklehrer hat nicht erlaubt, dass wir uns hinsetzen.*

A .... nem .... hogy leüljünk.

2 *Wenn er müde gewesen wäre, hätte er nicht gearbeitet.*

Ha fáradt ...., nem ....

3 *Nach der Meinung des Kindes ist die Orange wie die [eine] Sonne.*

A gyerek .... a ...., mint a .... .

4 *In diesem Traum war alles eigenartig.*

..... az .... minden ...... volt.

5 *Der Enkelsohn hatte den Mund voll.*

Az .... tele .... a ....

NEGYVENKETTEDIK LECKE

WIEDERHOLUNG UND ANMERKUNGEN

1 Der Komparativ und der Superlativ der Adjektive und Adverbien (siehe Anmerkung 1 der sechsunddreißigsten, Anmerkung 3 der siebenunddreißigsten und Anmerkung 2 der vierzigsten Lektion).

ÜBUNG: 1 Die Türkei ist nicht wie Ungarn. **2** Ich bin im Badezimmer aufgewacht. **3** Der Fürst hat wie ein Held gekämpft. **4** Wenn du dieses Buch gelesen hättest, würde dich Geschichte interessieren. **5** Plötzlich hob sich der Wind. **6** Der Schnee ist gestern geschmolzen.

6 *In der fremden Stadt habe ich eine Obsttorte probiert.*
Az ...... városban .... egy ....

DIE FEHLENDEN WÖRTER:
1 - tornatanár - engedte - - **2** - - lett volna - dolgozott volna. **3** - - szerint - narancs olyan — nap. **4** Ebben - álomban - furcsa - **5** - unokának - volt - szája. **6** - idegen - megkóstoltam - tortát.

ZWEIUNDVIERZIGSTE LEKTION

Sie wissen jetzt bereits, dass der Komparativ durch das Anhängen des Suffixes *-bb* an den Wortstamm gebildet wird, und dass der Superlativ dazu noch das Präfix *leg-* bekommt.

Zum Beispiel:
magas (hoch), *magasabb* (höher), *legmagasabb* (am höchsten);
fekete (schwarz), *feketébb* (schwärzer), *legfeketébb* (am

schwärzesten); *elegánsan* (elegant), *elegánsabban* (eleganter), *legelegánsabban* (am elegantesten).
Es gibt jedoch einige Ausnahmen:
hosszú (lang), *hosszabb* (länger), *leghosszabb* (am längsten)
könnyű (einfach, leicht), *könnyebb, legkönnyebb*
jó (gut), *jobb, legjobb*
szép (schön), *szebb, legszebb*
sok (zahlreich, viel), *több, legtöbb*
kicsi, kis (klein), *kisebb, legkisebb*

In der Anmerkung **2** der vierzigsten Lektion haben wir das Beispiel *Péter nagyobb Pálnál* zitiert, um die Anwendung des Komparativs mit *-nál/-nél* zu zeigen.
Die Ergänzung zum Komparativ kann auch mit der Konjunktion *mint* gebildet werden: *Péter nagyobb, mint Pál*.

2 Das Reflexivpronomen (siehe Anmerkung **4** der sechsunddreißigsten und Anmerkung **2** der einundvierzigsten Lektion).

Nachstehend zeigen wir Ihnen das komplette Schema des Reflexivpronomens:

magam:	mich
magad:	dich
maga:	sich
magunk:	uns
magatok:	euch
maguk:	sich

Das Reflexivpronomen kann mit Suffixen und Postpositionen kombiniert werden: *magamat, magamban, magadnak, maga mögött, maga mellett*, usw. Seine Formen sind die gleichen wie die des betonten Personalpronomens: mich selbst, dich selbst, sich selbst usw.
Der Kontext - und die Sprechgewohnheit - helfen uns, zwischen den beiden Anwendungsweisen zu unterscheiden.

3 Possessivierte Postpositionen

Das Grundprinzip der possessivierten Suffixe wurde im Absatz 3 der einundzwanzigsten Lektion aufgezeigt. Sie wissen jetzt ebenfalls, dass die Postpositionen auch selbst possessive Suffixe annehmen können: *miattam, szerintem*. Nachstehend die komplette Liste dieser beiden Postpositionen:

miattam:	meinetwegen
miattad:	deinetwegen
miatta:	seinetwegen/ihretwegen
miattunk:	unseretwegen
miattatok:	euretwegen
miattuk:	ihretwegen

szerintem:	meiner Meinung nach
szerinted:	deiner Meinung nach
szerinte:	seiner/ihrer Meinung nach
szerintünk:	unserer Meinung nach
szerintetek:	eurer Meinung nach
szerintük:	ihrer Meinung nach

4 Die Vergangenheit des Konditionals (siehe Anmerkung 4 der einundvierzigsten Lektion).

Wir haben Ihnen schon gesagt (und wir unterstreichen es hier nochmal), dass die Bildung ganz einfach ist: es genügt, die Vergangenheitsform (es gibt im Ungarischen nur eine einzige) des Verbs zu nehmen, und dieses vor *volna*, dritte Person Singular des Konditional Präsens des Verbs *lenni* (sein) zu stellen.

Unbestimmte Konjugation

szerettem volna:	ich hätte geliebt
szerettél volna:	du hättest geliebt
szeretett volna:	er/sie/es hätte geliebt
szerettünk volna:	wir hätten geliebt
szerettetek volna:	ihr hättet geliebt
szerettek volna:	sie hätten geliebt

Bestimmte Konjugation

szerettem volna:	ich hätte ihn/sie/es geliebt
szeretted volna:	du hättest ihn geliebt
szerette volna:	er/sie/es hätte ihn geliebt
szerettük volna:	wir hätten ihn geliebt
szerettétek volna:	ihr hättet ihn geliebt
szerették volna:	sie hätten ihn geliebt

NEGYVENHARMADIK LECKE

Karcsi féltékeny

1 Sárika a tükör előtt szépítgeti magát, rúzst tesz a szájára és púdert az arcára. **(1)**
2 Karcsi a ház előtt sétálgat. Nagyon türelmetlen. **(1)**
3 A lány végre elkészül és lesiet az utcára a barátjához. **(2)**
4 – Hol voltál ilyen sokáig? Mit csináltál? Biztosan telefonon beszélgettél valakivel! **(1)**
5 – Ne kérdezgess, ne találgass. Inkább azt mondd meg, hogy hova megyünk. **(1)**
6 – Ide az eszpresszóba. Mit rendeljek neked?
7 – Kávét habbal és néhány süteményt. Te is iszol valamit?

ANMERKUNGEN
1 *Szépítgeti, sétálgat, beszélgettél, kérdezgess, találgass, kavargatja:* -gat/-get ist ein sogenanntes Frequentativ-Suffix und beinhaltet die Idee der Wiederholung (vgl.. im Deutschen "herum-":"hüpfen" - "herumhüpfen"). Aber die verschiedenen wörtlichen Übersetzungen, die wir davon oben vorgeschlagen haben, zeigen, dass die Idee der Wiederholung zusätzliche Bedeutungen (Kleinheit, Genauigkeit, Langsamkeit usw.) haben kann. Bezüglich des Verbs *hallgat* (schweigen): Sein Suffix -gat ist natürlich kein Frequentativ.

Die Vergangenheitsform des Konditionals des Verbs *lenni* sieht folgendermaßen aus:

lettem volna: ich wäre gewesen
lettél volna: du wärst gewesen
lett volna: er/sie/es wäre gewesen
lettünk volna: wir wären gewesen
lettetek volna: ihr wärt gewesen
lettek volna: sie wären gewesen

DREIUNDVIERZIGSTE LEKTION

Karcsi ist eifersüchtig

1 Sárika macht sich vor dem Spiegel schön; sie schminkt sich die Lippen rot (rot auf den Mund) und pudert sich das Gesicht.
2 Karcsi geht vor dem Haus spazieren. Er ist sehr ungeduldig.
3 Das [junge] Mädchen ist endlich fertig und eilt nach unten zu (bei) ihrem Freund auf die Straße.
4 – Wo bist du so lange gewesen? Was hast du gemacht? Du hast sicher mit jemandem am Telefon geplaudert.
5 – Frage mich nicht aus (stelle keine Fragen), versuche nicht, es zu erraten. Sag' lieber, (das was) wohin wir gehen.
6 – Hier, ins Café. Was darf ich dir bestellen?
7 – Kaffee mit Schlagsahne (mit Schaum) und ein wenig Gebäck. Trinkst du auch etwas?

---

2 *Lesiet* ist ein Verb, dem ein Verbalpräfix vorangestellt ist (*le* = "unten, nach unten"). Manchmal ist es am besten, diese Kombination durch ein Verb, gefolgt von einem Adverb zu übersetzen, aber es ist das ungarische Verb, das der Bedeutung des deutschen Adverbs entspricht, und es ist das ungarische Adverb, das durch das Verb: *lesiet*, "schnell herunterkommen" übersetzt wird.

LEKTION 43

8 – Én is egy feketét fogok kérni, de egy pohár rummal.
9 Karcsi a kávéját kavargatja és hallgat. Sárika sem szólal meg, a süteményt eszegeti. **(1)**
10 Miért féltékeny Karcsi? Van oka a féltékenységre? Ezt megtudjuk a következő leckéből.

GYAKORLAT

1 Egy féltékeny fiú siet az utcán. **2** Az eszpresszóban a vendégek türelmesek. **3** Miért kavargatod a feketédet? **4** Rendelek neked egy kis pohár rumot. **5** Nem szeretjük, ha kérdezgetnek minket telefonon. **6** Tükör előtt szépítgetem magam.

EGÉSZÍTSE KI

1 *Es ist fünfunddreißig Jahre her, dass ich keine Schlagsahne in meinen Kaffee getan habe.*

. . . . év óta . . . tettem . . . . . a . . . .

2 *In meinem Traum schwieg ich, ich sagte nichts (ich ergriff nicht das Wort).*

. . . . hallgattam, nem . . . . meg.

3 *Er hat am Telefon vom Weltkrieg gesprochen.*

. . . . beszélgetett a . . . .

4 *Meine Mutter hat sich die Lippen rot geschminkt und hat Witze erzählt.*

Az . . . . tett a . . . . és . . . . mesélt.

5 *Was sagst du zu diesem Kuchen?*

Mit . . . . a süteményhez?

8 – Ich werde auch einen schwarzen Kaffee bestellen, aber mit einem Glas Rum.
9 Karcsi rührt oft in seinem Kaffee herum und schweigt. Sárika sagt auch nichts (ergreift nicht das Wort) und isst ihren Kuchen (mit kleinen Bissen).
10 Warum ist Karcsi eifersüchtig? Hat er Gründe, es zu sein (hat er einen Grund für die Eifersucht)? Wir werden es in der folgenden Lektion erfahren (dass wir es erfahren in der Lektion nächste).

ÜBUNG: **1** Ein eifersüchtiger Junge beeilt sich auf der Straße. **2** Im Café sind die Kunden geduldig. **3** Warum rührst du in deinem schwarzen Kaffee herum? **4** Ich bestelle dir ein kleines Glas Rum. **5** Wir werden nicht gerne am Telefon ausgefragt (dass man uns ausfragt). **6** Vor dem Spiegel mache ich mich schön.

6 *Endlich waren wir fertig, und wir sind schnell ins Café hinuntergegangen.*

Végre . . . . és . . . . az eszpresszóba.

DIE FEHLENDEN WÖRTER:
1 Harmincöt - - nem - habot - kávémba. **2** Álmomban - szólaltam - **3** Telefonon - -világháborúról. **4** - anyám rúzst - szájára - vicceket - **5** - szólsz ehhez - **6** - elkészültünk - lesiettünk - -

NEGYVENNEGYEDIK LECKE

Karcsi féltékeny II (második rész)

1 Mi bajod van? kérdezi Sárika Karcsitól.
2 A fiatalember nem válaszol, csak a hamutartót tologatja és a kanalat forgatja. (1)
3 – Tudod, nem szeretem, ha egy fél óráig kell rád várni. Mindig rosszra gondolok. (2)
4 – Buta vagy. Tudod, hogy csak téged szeretlek.
5 – A múltkor hiába vártalak és most se tudom, hogy hol jártál.
6 – Utálom, ha nem bízol bennem. (2)
7 Olyan hangosan beszélnek, hogy minden vendég őket nézi.
8 – Ne haragudj rám, de nagyon fontos vagy nekem.
9 – Én nem haragszom rád. Próbáljunk meg felnőttként viselkedni. (2) (3)
10 Karcsi megfogja Sárika kezét és boldogan simogatja. (1)

GYAKORLAT

1 A felnőttek egy óráig várták a gyerekeket. 2 Hiába szépítgettem magamat a tükör előtt. 3 A nagymama boldogan simogatta unokáit. 4 Ezt a hamutartót Törökországból hoztam. 5 A szomszédunk apja hősként halt meg a háborúban. 6 Hol jártál ebben az esőben?

EGÉSZÍTSE KI

1 *Der Professor hasst es, wenn man kein Vertrauen in ihn hat.*

   A . . . . ha . . . . benne.

2 *Wenn du [auf mich] gewartet hättest, wäre ich nicht böse auf dich.*

   Ha . . . . , nem . . . . rád.

VIERUNDVIERZIGSTE LEKTION

Karcsi ist eifersüchtig II (zweiter Teil)

1 – Was hast du (was dein Weh ist)? fragt Sárika Karcsi.
2 – Der junge Mann antwortet nicht, er schiebt nur den Aschenbecher hin und her und spielt mit (dreht hin und her) dem Löffel.
3 – Weißt du, ich mag [das] nicht, wenn man bis zu einer halben Stunde auf dich warten muss. Da kommen mir immer dumme Gedanken (ich denke immer an Schlechtes).
4 – Du bist dumm. Du weißt [doch], dass ich nur dich liebe.
5 – Letztens (in der Vergangenheit) habe ich vergeblich auf dich gewartet, und ich weiß immer [noch] nicht (und jetzt auch nicht ich weiß, dass), wo du warst (gingst).
6 – Ich hasse [es], wenn du kein Vertrauen in mich hast.
7 Sie sprechen so laut, dass die anderen Kunden sie anschauen.
8 – Sei nicht böse auf mich, aber du bist mir sehr wichtig.
9 – Ich bin nicht böse auf dich. Lass uns versuchen, uns wie Erwachsene zu benehmen.
10 Karcsi berührt Sárikas Hand und streichelt sie glücklich.

ANMERKUNGEN
1 Sie stoßen hier auf andere Verwendungsmöglichkeiten des Frequentativs *-gat/-get*.
2 *Rád, bennem* sind possessivierte Suffixe (von *-ra/-re* und von *-ban/-ben*).
3 Bei *felnőttként* (als Erwachsener) wird das Suffix *-ként* (als) an den Wortstamm *felnőtt* (Erwachsener) angehängt.

ÜBUNG: **1** Die Erwachsenen haben auf die Kinder eine Stunde lang (bis ... zu) gewartet. **2** Vergeblich machte ich mich vor dem Spiegel schön. **3** Die Großmutter streichelte glücklich ihre Enkelkinder. **4** Ich habe diesen Aschenbecher aus der Türkei mitgebracht. **5** Der Vater von unserem Nachbarn ist als Held im Krieg gefallen. **6** Wo warst (gingst) du in diesem Regen?

3 *In allen entwickelten Ländern essen die Leute mit [einem] Löffel.*
Minden .... országban az .... esznek.

4 *Du denkst doch nichts Schlechtes!*
..... nem .... rosszra!

5 *Dieser Witz ist so ernst, dass ihr nicht lachen könnt.*
Ez a .... komoly, hogy ... tudtok ....

6 *Meine Tochter arbeitet im Ausland als Ärztin.*
A ...... orvos .... dolgozik ....

NEGYVENÖTÖDIK LECKE

Vásárolj be!

1 – Lacikám, már majdnem felnőtt vagy, tanulj meg bevásárolni helyettem. **(1)**
2 – Anyu, kérlek, magyarázd el, hogy mit hol lehet kapni és mi mennyibe kerül? **(2)**
3 – Meg fogod látni, hogy ez a legegyszerűbb dolog a világon.
4   A tejet, a kenyeret, a vajat, a sajtot és a felvágottat a Közértben kell megvenni, jobbra a kis téren. **(3)**

ANMERKUNGEN
1 *Helyettem*: possessivierte Postposition; *helyett*: anstelle von.
2 *Kérlek*, Höflichkeitsfloskel, wörtlich: ich dich bitte.

DIE FEHLENDEN WÖRTER:
1 - tanár utálja - nem bíznak - 2 - vártál volna - haragudnék - 3 - fejlett - - emberek kanállal - 4 Végre - gondolsz - 5 - - vicc olyan - - nem - nevetni.
6 - lányom -ként - külföldön.

FÜNFUNDVIERZIGSTE LEKTION

Geh einkaufen! (Mache die Einkäufe!)

1 – Mein kleiner Ladislaus, du bist schon fast erwachsen, [du musst] lerne[n], die Einkäufe an meiner Stelle zu machen.

2 – Mutti, bitte erkläre [mir] (dass), wo ich was finde (was wo möglich ist zu erhalten) und was wie viel kostet.

3 – Du wirst sehen, dass es die einfachste Sache der Welt ist.

4 Beim Közért, rechts auf dem kleinen Platz musst du die Milch, das Brot, die Butter, den Käse und die Wurst kaufen (Das ist beim Közért, dass du musst kaufen...).

---

3 *Közért*, eine der zahlreichen Abkürzungen des verstaatlichten Handels, die heute einige Lebensmittelgeschäfte des Landes bezeichnet.

5 Húst annál a hentesnél találsz, amelyik balra a szomszéd utcában van. Egy kiló száz forintba kerül. **(4)**

6 A papának vegyél gyufát és cigarettát a trafikban.

7 Nekem hozz a háztartási boltból mosóport, fogkrémet, szappant.

8 – Anyu, nekem szükségem lenne füzetre, tollra, ceruzára.

9 – A sarkon van egy papírüzlet, ott mindent megtalálsz.

10 Ennyi elég lesz. Holnap abba az áruházba mész majd, amelyikben a múltkor együtt voltunk. **(4)**

GYAKORLAT

1 Hozz nekem rúzst az üzletből. **2** Ebben az utcában van a város legnagyobb áruháza. **3** Rendeljünk a hentesnél húst. **4** Neked is van szükséged cigarettára? **5** Laci hiába várta a barátnőjét a trafik előtt. **6** A gyufa a hamutartó mellett található.

EGÉSZÍTSE KI

1 *Deiner Meinung nach, sind diese Wurstwaren frisch?*

.... friss ... felvágott?

2 *Vati isst viel Brot mit wenig Butter.*

A papa .... eszik ..... vajjal.

3 *Wo kann man in diesem Viertel Käse kaufen (erhalten)?*

Hol ..... kapni sajtot ..... környéken?

4 *Kaufe keine Seife, es gibt [noch welche] zu Hause!*

Ne ...... szappant, van ....

5 Fleisch findest du bei dem Schlachter, der
  (welcher) links ist, in der Straße daneben. Ein Kilo
  kostet hundert Forint.
6 Für Vati kaufst du Streichhölzer und Zigaretten im
  Tabakladen.
7 Für mich bringst du aus der Drogerie
  (Haushaltswarengeschäft) Waschpulver, Zahnpasta,
  Seife.
8 – Mutti, ich bräuchte Hefte, [einen] Füller, Bleistifte.
9 – An der Ecke ist ein Papierladen, dort findest du alles.
10 Das (so viel) wird reichen. Morgen gehst du in das
   Kaufhaus, in dem (welchem) wir letztens
   zusammen gewesen sind.

ANMERKUNGEN
4 Das Relativpronomen *amelyik* (der, welcher) hat sein Bezugswort im Hauptsatz.

ÜBUNG: 1 Bring mir Lippenstift aus dem Geschäft mit. **2** Hier in dieser Straße befindet sich das Kaufhaus der Stadt. **3** Lasst uns beim Fleischer Fleisch bestellen! **4** Auch du brauchst Zigaretten (du auch, du brauchst)? **5** Ladislaus hat vergeblich auf seine Freundin vor dem Tabakladen gewartet. **6** Die Streichhölzer (das Streichholz) befinden sich (kann sich finden) neben dem Aschenbecher.

5 *Wenn du die Einkäufe an meiner Stelle machen würdest, ginge ich ins Kino.*
   .. bevásárolnál .... elmennék moziba.

6 *Ich bin dir böse, wenn du Zigaretten rauchst.*
   .... rád, .. cigarettázol.

NEGYVENHATODIK LECKE

Négy évszak

1 – Á, jó napot, Herceg úr, ezer éve nem láttam! **(1) (2)**
2 – Ez talán túlzás Király úr, szerintem pontosan egy éve nem találkoztunk. **(1)**
3 – Tehát tavaly tavasszal láttuk egymást! **(3)**
4 – Igen, márciusban, vagy április elején. Már szép idő volt, csak fújt a szél. **(4)**
5 – Kár, hogy idén ilyen hideg van, bárcsak sütne a nap.
6 – Szörnyű volt a tél is, állandóan esett a hó. Képzelje, a feleségem eltörte a lábát és még mindig fekszik.
7 – Szegényke. Remélem, hogy nyáron már fog tudni járni. Hova mennek nyaralni?

ANMERKUNGEN
1 Dem deutschen "seit" und dem Ausdruck "es ist ... her" + Zeitangabe (ein Jahr, drei Stunden, usw.) entspricht im Ungarischen das Suffix *-a/ -e (-ja/ -je* vor einem Konsonanten): *két perce* (seit zwei Minuten); *egy éve* (seit einem Jahr); *három hónapja* (seit drei Monaten usw.). Die Postposition *ezelőtt* mit dem vorangestellten Suffix *-vall -vel* (mit) entspricht dem "vor + Zeitangabe": *három évvel ezelőtt* (vor drei Jahren), wogegen *óta* "seit" entspricht: *két év óta nem dohányzik* - seit zwei Jahren raucht er nicht mehr.
2 Das Personalpronomen der dritten Person Singular *önt* (Sie) kann weggelassen werden (siehe Absatz 2, Lektion 21).

százötven 150

DIE FEHLENDEN WÖRTER:

1 Szerinted - ez a - **2** - - sok kenyeret - kevés - **3** - lehet - - ezen a - **4** - vegyél - - itthon. **5** Ha - helyettem - - **6** Haragszom - ha -

SECHSUNDVIERZIGSTE LEKTION

Vier Jahreszeiten

1 – Ah, Guten Tag, Herr Herceg, es ist tausend Jahre her, dass ich Sie gesehen habe!
2 – Das ist vielleicht übertrieben (Übertreibung), Herr Király, meiner Meinung nach (nach mir) ist es genau ein Jahr [her], dass wir uns begegnet sind.
3 – Also haben wir uns (einander) im Frühling letzten Jahres gesehen!
4 – Ja, im März oder Anfang April. Es war schon schönes Wetter, nur windig war es (der Wind blies).
5 – Schade, dass es dieses Jahr so kalt ist, wenn nur die Sonne scheinen würde!
6 – Der Winter war auch schrecklich, es schneite (der Schnee fiel) die ganze Zeit. Stellen Sie sich vor, meine Frau hat sich das Bein gebrochen (hat gebrochen ihr Bein) und [muss] immer [noch] liegen.
7 – Die Arme! Ich hoffe, dass sie im Sommer wieder gehen können wird (wird können schon gehen). Wohin fahren Sie in den Ferien (in die Sommerfrische fahren)?

3 Merke: "Im Frühling" = *tavasszal*, "im Sommer" = *nyáron*, "im Herbst" = *ősszel*, "im Winter" = *télen*.
4 "Am Anfang von" = *elején*, "in der Mitte von" = *közepén*, "am Ende von" = *végén*.

LEKTION 46

8 – A baleset miatt nem megyünk nyaralni. Majd ősszel elutazunk valahova. És önök? **(3)**

9 – Május közepén, vagy végén, ha szép lesz az idő, IBUSZ társasutazással Csehszlovákiába (Szlovákiába) megyünk, a Tátrába. **(4)**

10 – Herceg úr, miért beszélünk mi mindig csak az időről? Jöjjenek el hozzánk valamelyik nap egy kávéra.

GYAKORLAT

1 Se nyáron, se télen nem volt szép idő. **2** Kár, hogy tavasszal eltörtem a lábamat. **3** Jöjjetek el hozzám egy feketére! **4** Bárcsak tudnék felnőttként viselkedni! **5** Társasutazáson ismertem meg a feleségemet. **6** Majd ha öreg leszek, utazgatni fogok.

EGÉSZÍTSE KI

1 *Am Anfang des [Monats] August ist das Wetter am schönsten.*

 .... elején .... az idő.

2 *Was er sagt, ist immer übertrieben (Übertreibung).*

 Amit ő ...., az ....

3 *Heute war der Wind schrecklich.*

 .... volt a szél.

4 *Es ist tausend Jahre her, dass wir dieses junge Mädchen im Café gesehen haben (es ist seit tausend Jahren, dass ...).*

 Ezer ... nem ...... ezt a ..... az eszpresszóban.

5 *Der Herr (Onkel) hat sich das Bein gebrochen, weil er Rum getrunken hatte.*

 A bácsi ...., ... rumot ivott.

8 – Aufgrund des Unfalls fahren wir im Sommer nicht in die Ferien. Später, im Herbst, werden wir irgendwohin fahren. Und Sie?
9 – Mitte oder Ende Mai, wenn schönes Wetter ist (wird), fahren wir mit einer von IBUSZ [die größte Reiseagentur in Ungarn] organisierten Reise in die Tschechoslowakei (Slowakei), in die Tatra.
10 – Herr Herceg, warum sprechen wir immer nur über das Wetter? Kommen Sie [doch] irgendwann auf einen Kaffee zu uns.

ÜBUNG: **1** Weder im Sommer noch im Winter war es schön. **2** Schade, dass ich mir im Frühjahr das Bein gebrochen habe. **3** Kommt auf einen Kaffee zu mir! **4** Wenn ich mich nur wie ein Erwachsener benehmen könnte! **5** Während einer organisierten Reise habe ich meine Frau kennengelernt. **6** Wenn ich alt bin, werde ich oft reisen.

6 *Dieses Jahr scheint die Sonne oft.*
 . . . . gyakran . . . . nap.

DIE FEHLENDEN WÖRTER:
1 Augusztus - a legszebb - **2** - - mond - mindig túlzás. **3** Ma szörnyű - - - **4** - éve - láttuk - - lányt - - **5** - - eltörte a lábát mert - - **6** Idén - süt a -

NEGYVENHETEDIK LECKE

Ismeri ön Magyarországot?

1 Magyarország Közép-Európában fekszik.
2 Szomszédai: délen Jugoszlávia (Szerbia) és délkeleten Románia.
3 Nyugaton Ausztria, északon Csehszlovákia (Szlovákia), keleten a Szovjetunió (Ukrajna).
4 Az ország éghajlata kontinentális, a nyarak nagyon melegek és a telek gyakran hidegek. (1)
5 Két nagy folyója van: a Duna és a Tisza.
6 A Balaton nagy tó az ország nyugati részén, Európa egyik legnagyobb tava.
7 Az ország nagy része síkság: a legmagasabb hegy neve: Kékestető, 1015 (ezertizenöt) méter.
8 Magyarországnak több, mint tízmillió lakosa van. (2)
9 A fővárosban, Budapesten, kétmillióan élnek. (3) (4)
10 A többi nagy város: Miskolc, Debrecen, Szeged, Pécs, Győr.

ANMERKUNGEN
1 Erinnern Sie sich daran, dass der lange Vokal des Wortstamms abgekürzt wird und so mit dem Bindungsvokal verschmilzt, der ebenfalls kurz ist und vor dem Suffix steht: *nyár/nyarak; tél/telek, név/neve*, usw.
2 Eine weitere Gedächnisauffrischung: das Verb "haben" wird (unter anderem) durch die Kombination *-nak/ -nek ... van* übersetzt: *Magyarországnak tízmillió lakosa van* - Ungarn hat zehn Millionen Einwohner.

GYAKORLAT
1 Mexikó Közép-Amerikában fekszik. 2 Ebben az országban nincsenek hegyek. 3 A gyerekek a tóban játszanak. 4 A mi házunkban harmincnyolcan élnek. 5 Fiatalok sétálgatnak a folyónál. 6 Petőfi, a nagy költő, szerette a síkságot.

SIEBENUNDVIERZIGSTE LEKTION

Kennen Sie Ungarn?

1 Ungarn liegt in Mitteleuropa.
2 Nachbarn [sind]: im Süden Jugoslawien (Serbien) und im Südosten Rumänen.
3 Im Westen Österreich, im Norden die Tschechoslowakei, (Slowakei) im Osten die Sowjetunion (Ukraine).
4 Das Klima des Landes ist kontinental: die Sommer [sind] sehr heiß und die Winter oft kalt.
5 Es gibt (hat) zwei große Flüsse, die Donau und die Theiß.
6 Der Balaton ist [ein] großer See im westlichen Teil des Landes, [er ist] einer der größten Seen Europas.
7 Ein großer Teil des Landes [besteht aus] Flachland. Der Name des höchsten Berges ist Kékestető (1015 m).
8 Ungarn hat mehr als 10 Millionen Einwohner.
9 Zwei Millionen leben in der Hauptstadt Budapest.
10 Die anderen großen Städte sind Miskolc, Debrecen, Szeged, Pécs, Győr.

---

3 Wenn das Zahlwort als Pronomen gebraucht wird (ohne von dem Wort begleitet zu sein, auf das es sich bezieht), bekommt es das Suffix *-n*: *kétmillióan* usw. Im Deutschen gebraucht man manchmal die Präposition "zu": *hatan* (zu sechst). Vorsicht! Dieses Suffix *-n* kann nur für Menschen gebraucht werden (siehe auch Anmerkung 3 der zwölften Lektion).
4 *Budapesten*, aber *Debrecenben*: *Szegeden*, aber *Pécsen* oder sogar, manchmal: *Pécsett, Győrött*. Suchen Sie nicht nach irgendeiner Logik in diesen Variationen, lesen Sie stattdessen noch einmal die Anmerkung 4 der zweiten Lektion.

ÜBUNG: 1 Mexiko liegt in Mittelamerika. 2 In diesem Land gibt es keine Berge. 3 Die Kinder spielen im See. 4 In unserem Haus leben achtunddreißig [Personen]. 5 Die Jungen gehen am Flussufer auf und ab. 6 Petőfi, der große Dichter, liebte das Flachland.

EGÉSZÍTSE KI

1 *In der Hauptstadt gibt es viele hohe Häuser.*
A .... sok magas ....

2 *Japan ist sehr weit [weg].*
Japán ....

3 *In Serbien sind die Sommer oft heiß.*
.... a ...... gyakran
....

4 *Niemand mag das Klima dieses Landes.*
Senki ....enek az .... éghajlatát.

5 *Wenn das Wetter schön ist, kommen unsere Nachbarn auf den Platz herunter.*
Ha .... a szomszédaink .... a térre.

NEGYVENNYOLCADIK LECKE

Randevú

1 – Halló, te vagy az, Kálmán? Itt Karola beszél. **(1)**

ANMERKUNGEN
1 Wir haben Ihnen noch nichts über die Wortfolge gesagt, aber Sie haben sicher bemerkt, dass in vielen Fällen die Position des Verbs nicht die gleiche ist wie im Deutschen: das Verb folgt oft auf das Objekt und auf die anderen Elemente des Satzes - zum Beispiel im dritten Satz dieser Lektion: *hivatalban vagyok* (ich bin im Büro) -und fast immer auf das Subjekt. Um diese Position zu erklären, muss man sich die Frage stellen, welches Element im Satz das informativste ist, welches vom Sprecher besonders betont wird. In *Itt Karola beszél*, ist *Karola* der

6 *Selbst der kleinste Berg ist höher als das größte Kind.*

A .... hegy is ...., mint a legnagyobb ....

DIE FEHLENDEN WÖRTER:
1 - fővárosban - - ház van. **2** - nagyon messze van. **3** Szerbiában - nyarak - melegek. **4** - nem szereti - - országnak az - **5** - szép idő van - - lemennek - - **6** - legkisebb - - nagyobb - - - gyerek.

ACHTUNDVIERZIGSTE LEKTION

Rendezvous

1 – Hallo! Bist du es, Kálmán? Hier spricht Karola.

Hauptinformationsträger: Kálmán weiß tatsächlich, dass jemand spricht (das Wort *beszél* enthält praktisch keine Information), seine Ungewissheit bezieht sich nur auf die Identität der Person, die spricht. Das Element also, das die Hauptinformation trägt, steht immer vor dem Verb und erhält die Betonung: dadurch erklärt sich unter anderem die Trennung des Verbalpräfixes: *Péter kiment* (Peter ist rausgegangen), aber *Péter ment ki* (Es ist Peter, der rausgegangen ist), weil Peter, das betonte Element, vor dem Verb stehen muss und nicht vor dem Verbalpräfix.

2 – Jaj, de jó, hogy hívsz, már többször kerestelek. Mikor találkozunk? **(1) (2)**
3 – Ma egész nap a hivatalban vagyok és este hattól ráérek. **(3) (4)**
4 – Nekem az egyetemen órám van fél hétig, de utána szabad vagyok. Menjünk hétkor színházba.
5 – Most jut eszembe, megígértem a barátnőmnek, hogy felmegyek hozzá háromnegyed nyolckor. **(3)**
6 – Akkor ne színházba menjünk, hanem egy kellemes budai kertmoziba. Negyed tízkor játsszák a "Vidám fantomok" -at.
7 – Most hány óra van? Nálam öt perccel múlt három.
8 – Az én órámon öt perc múlva lesz három. **(3)**
9 Vigyázz, ne késs el a moziból, az előadás mindig pontosan kezdődik. **(3)**
10 – Remélem, hogy hamar befejeződik a film, mert éjfélkor tánc és zene van a klubban. **(3)**

ANMERKUNGEN
2 Das Suffix -szor/ -szer/ -ször wird den Zahlwörtern hinzugefügt und den Adverbien der Quantität *sok* (viel), *több* (mehr), usw., um die Multiplikation zu kennzeichnen. Es entspricht dem deutschen "mal": *háromszor* = dreimal. Wir kommen in unserer nächsten Wiederholungslektion darauf zurück (siehe auch Absatz 2 der achtundzwanzigsten Lektion).

GYARKORLAT
1 A miniszternek órája van az egyetemen. **2** Most jut eszembe, hogy már három óra van. **3** Karola öt kávét iszik a hivatalban. **4** Vigyázz, ne késs el a munkahelyedről. **5** Az Operában az előadás mindig pontosan kezdődik. **6** Megígértem a barátaimnak, hogy felmegyek hozzájuk.

2 – Ah! Wie gut, dass du mich anrufst (wie ist es gut, dass du mich anrufst), ich habe schon öfters nach dir gesucht. Wann treffen wir uns?

3 – Heute bin ich den ganzen Tag im Büro, aber nach sechs habe ich Zeit.

4 – Bis halb sieben habe ich Vorlesungen an der Universität, aber danach (sein nach) bin ich frei. Lass uns um sieben ins Theater gehen.

5 – Jetzt fällt [es] mir ein (es ist jetzt, dass mir einfällt): ich habe meiner Freundin versprochen, sie um Viertel vor acht zu besuchen (dass ich hochgehe zu ihr).

6 – Also, gehen wir nicht ins Theater, sondern in ein angenehmes Freilichtkino (Gartenkino) in Buda. Um Viertel nach neun werden "Die fröhlichen Gespenster" gespielt.

7 – Wie viel Uhr ist es jetzt? Bei mir fünf nach drei.

8 – Auf meiner Uhr ist es fünf vor drei (vorbei fünf Minuten, wird es drei sein).

9 Pass auf, dass du nicht zu spät ins Kino kommst (bist), die Vorführung beginnt immer pünktlich.

10 – Ich hoffe, dass der Film schnell zu Ende sein wird, denn um Mitternacht ist Tanz und Musik im Club.

4 *Ráér*, zusammengesetztes Wort aus dem possessivierten Suffix *rá* und dem Verb *ér* bedeutet "Zeit haben zu ...". Während eines Aufenthalts in Ungarn wird man es nicht versäumen, Ihnen Fragen zu stellen wie: "*Ráér?*" (Haben Sie Zeit?); "*nem érsz rá?*" (bist du nicht frei?).
3 Die Zeitangaben und ihre Aufteilungen werden im Detail in unserer nächsten Wiederholungslektion aufgeführt.

ÜBUNG: **1** Der Minister hat Vorlesungen an der Universität. **2** Mir fällt ein: es ist schon drei Uhr. **3** Karola trinkt im Büro fünf [Tassen] Kaffee. **4** Pass auf, nicht zu spät an deinen Arbeitsplatz zu kommen. **5** In der Oper beginnt die Aufführung immer pünktlich. **6** Ich habe meinen Freunden versprochen, zu ihnen hochzugehen.

EGÉSZÍTSE KI

1 *Um Mitternacht treffen wir uns im Kino.*
.... találkozunk a ....

2 *Ich habe ab acht [Uhr] abends Zeit.*
Este ....

3 *Lass uns nicht ins Ausland fahren, sondern zum Balaton[see].*
Ne .... menjünk, ... a Balatonra.

4 *Er hat mich mehrmals angerufen, aber er hat mich nicht angetroffen.*
.... hívott, de ... talált meg.

5 *Ich habe zwei [Minuten] vor zwei.*
Nálam ... perc ..... kettő ..... .

NEGYVENKILENECEDIK LECKE

WIEDERHOLUNG UND ANMERKUNGEN

In dieser Lektion behandeln wir bestimmte Begriffe und Ausdrücke, die besonders für die alltägliche Kommunikation wichtig sind.

1 Zahlwörter

a) Die Kardinalzahlen: *egy, kettő, három, négy, öt, hat, hét, nyolc, kilenc, tíz, tizenegy, tizenkettő...húsz, huszonegy, huszonkettő ... harminc, harmincegy (!) ... negyven ... ötven ... hatvan ... hetven ... nyolcvan ... kilencven ... száz ... ezer ... tízezer ... százezer ... egy millió ...*

Ab 30 (*harminc*) werden die Zahlwörter durch ein einfaches Nebeneinanderstellen der Elemente, aus denen sie bestehen, gebildet.

6 *Ihr habt in einem angenehmen Club in Buda getanzt.*

Egy .... budai .... táncoltatok.

DIE FEHLENDEN WÖRTER:
1 Ejfélkor - moziban. **2** - nyolctól ráérek. **3** - külföldre - hanem - -
4 Többször - - nem - - **5** - két - múlva - lesz. **6** - kellemes - klubban -

NEUNUNDVIERZIGSTE LEKTION

Beispiele:
    1867 = *ezernyolcszázhatvanhét*
    954 = *kilencszázötvennégy*

b Die Ordnungszahlen. Sie finden sie zu Beginn jedes Kapitels. Sie werden mit den Kardinalzahlen gebildet, an die das Suffix *-dik* angehängt wird. Hier zwei unregelmäßige Formen: "erster" = *első*, "zweiter" = *második*.

c Die Multiplikationszahlen werden mit dem Stamm der Ordnungszahl und dem Suffix *-szor/ -szer/ -ször* gebildet. Letzteres kann auch an andere Wörter angehängt werden, die die Quantität bezeichnen: *hányszor* "wie oft, wie viele Male", *sokszor* "vielmals", *többször* "mehrmals". "Das erste Mal" = *először*, "das zweite Mal" = *másodszor*, usw.

d Das Suffix -an/ -en, das an die Kardinalzahlen angehängt werden kann (mit Ausnahme von *egy*) ist ein Substitut von *személy, ember* "Person, Mensch": *hatan vannak a szobában* "es sind sechs (Personen) im Raum (siehe Anmerkung 3 der siebenundvierzigsten Lektion).

e Das Suffix -os/ -es/ ös entspricht dem deutschen "Nummer (so und so viel)". Zum Beispiel: *ötös autóbus* "Bus Nummer fünf". Man kann oft hören *Hányassal kell Budára menni?*, was wörtlich übersetzt bedeutet : "Mit der Nummer wie viel muss man sich begeben nach Buda?", das heißt: "Welchen Bus (Metro, Straßen-/U-Bahn) muss man nehmen, um nach Buda zu fahren?"

2 Wie wird die Uhrzeit gesagt?

a Auf die Frage: **Hány óra van?** "Wie viel Uhr ist es?" kann man folgende Antworten geben:

● *Egy óra van, két óra van*, usw., wenn man die volle Stunde bezeichnen will.

● Um die Teile einer Stunde zu bezeichnen, nennt das Ungarische immer die kommende Stunde und setzt die Bezeichnung des Teils davor: *negyed*: ein Viertel; *fél*: halb; *három negyed*: drei Viertel. *Háromnegyed négy*: Viertel vor Vier (die drei Viertel von vier); *negyed öt*: Viertel nach vier (das Viertel von fünf), usw.

● Fünf vor drei Uhr= *öt perc múlva három* (wörtlich "fünf Minuten vergehen über drei" = "fünf Minuten vorbei, in fünf Minuten wird es drei Uhr sein"); *nyolc perc múlva háromnegyed hét* = "in acht Minuten wird es Viertel vor sieben Uhr sein", usw.

● "Es ist fünf nach drei Uhr" = *öt perccel múlt három* (drei vorbei mit fünf Minuten). *Hat perccel múlt negyed kilenc*: "es ist acht Uhr und ein Viertel vorbei seit sechs Minuten", "es ist acht Uhr zwanzig und eine Minute".

b Hánykor?/Hány órakor?: "Um wie viel Uhr?". Auf diese Frage kann man zum Beispiel antworten:
Háromkor/Három órakor: Um drei Uhr, usw.
Negyed négykor: Um Viertel nach drei.
Fél ötkor: Um halb fünf.
Háromnegyed hatkor: Um Viertel vor sechs, usw.

Wenn der Teil einer Stunde benannt wird, kann das Wort *óra* weggelassen werden.

c Erinnerung

Hét óra után perccel: Um drei nach sieben.
Háromnegyed tíz előtt négy perccel: Vier Minuten vor Viertel vor zehn Uhr.

d Einige Tageszeiten

Mittag =	*dél*
Am Mittag =	*délben*
Mitternacht =	*éjfél*
Um Mitternacht =	*éjfélkor*

3 Nachstehend finden Sie verschiedene Wörter und Ausdrücke, die sich auf die Zeitangaben beziehen, denen sie in den vorhergehenden Lektionen begegnet sind, und die Vervollständigung der Liste:

a Sie kennen von jetzt an (siehe Absatz 1 der achtundzwanzigsten Lektion) **die Wochentage**. Sie müssen wissen, dass alle das Suffix *-n* annehmen, wenn sie Adverbien sind (*hétfőn, kedden, szerdán*, usw.); allerdings mit Ausnahme von *vasárnap*: Sonntag, der unveränderlich bleibt.

b Die Monatsnamen sind einfach: *január, február, március, április, május, június, július, augusztus, szeptember, október, november, december*.
In ihrer adverbialen Funktion ("im Januar", usw.) bekommen sie das Suffix *-ban/ -ben* (*januárban, decemberben*, usw.)

4 Einige Zeitangaben

ma: heute
tegnap: gestern
tegnapelőtt: vorgestern
két nappal ezelőtt, két napja: vor zwei Tagen
holnap: morgen
holnapután: übermorgen
három nap múlva: in drei Tagen
ezen a héten: diese Woche
a múlt héten: letzte Woche
a jövő héten: nächste Woche
két héttel ezelőtt, két hete: vor zwei Wochen
két hét múlva: in zwei Wochen
ebben a hónapban: diesen Monat
ebben az évben: dieses Jahr
idén: dieses Jahr
tavaly: letztes Jahr
jövőre: nächstes Jahr
elseje: der Erste (des Monats)

ÖTVENEDIK LECKE

Félúton

1 Kedves tanuló, ön negyvenkilenc leckét tanult meg eddig magyarul. **(1)**
2 Gratulálunk. Ez nagyon szép eredmény. Csak így tovább!
3 Ha minden szövegünket elolvasta és a gyakorlatokat is megcsinálta, akkor ön már beszél magyarul.

ANMERKUNGEN
1 *Tanuló* hier: Schüler. Wortwörtlich bedeutet dieses Wort "Lerner"; es ist das Partizip Präsens des Verbs *tanul* (lernen). Wir kommen darauf zurück.

másodika: der zweite
huszadika: der zwanzigste

> **Die "Zweite Welle"**
>
> In den ersten 49 Lektionen haben Sie sich mit der Grundstruktur des Ungarischen vertraut gemacht, sich auf das Verstehen konzentriert und eher passiv gelernt. Nun beginnt die "Aktive Phase" ("Zweite Welle"): Ab jetzt formulieren Sie selbstständig Sätze auf Ungarisch!
>
> Sie werden feststellen, dass Ihnen die benötigten Ausdrücke und Redewendungen spontan einfallen. Mittlerweile verstehen Sie sehr viel, und die Texte der ersten Lektionen werden Ihnen besonders leicht erscheinen. Bevor Sie jedoch diesen neuen Lernabschnitt absolvieren, sollten Sie die heutige Lektion ganz normal bearbeiten, d. h. sich nur mit dem Verstehen des Stoffs beschäftigen.
>
> Wie Sie für die "Zweite Welle" vorgehen, wird in der Einleitung auf Seite VI erklärt.

FÜNFZIGSTE LEKTION

Auf halber Strecke

1 Lieber Schüler, Sie haben bis jetzt neunundvierzig Lektionen (auf) Ungarisch gelernt.
2 Wir beglückwünschen [Sie]. Das ist ein sehr schönes Resultat. [Machen Sie] nur weiter so!
3 Wenn Sie alle unsere Texte gelesen haben, und [wenn] Sie auch die Übungen gemacht haben, so sprechen Sie schon Ungarisch.

---

2 *Azt ajánljuk, hogy*. Der Nebensatz wird oft von dem Bezugswort *azt* eingeleitet, das sich im Hauptsatz befindet.

4 Persze, még nem tud mindent, de kezdi érteni a magyar nyelvet és a magyarok is kezdik önt érteni.
5 Azt ajánljuk, hogy olvassa el újra az eddigi leckéket, ismételje szorgalmasan a nyelvtant. **(2) (3)**
6 Látni fogja, hogy honnan indult és hova érkezett ez alatt a rövid idő alatt.
7 Ezentúl mi is bátrabbak leszünk: kicsit hosszabb szövegeket és nehezebb gyakorlatokat is fog találni leckéinkben. **(4)**
8 Ne felejtse el, hogy ha jól megtanulja ezt a nyelvet, akkor nemcsak Magyarországon fogja magát megértetni, **(5)**
9 hanem mindenütt, ahol magyarok élnek: így Romániában, Csehszlovákiában (Szlovákiában, Horvátországban) és Jugoszláviában (Szerbiában) is. **(6)**
10 Sok sikert kívánunk a szép magyar nyelv további tanulásához. **(3)**

ANMERKUNGEN
3 *Eddigi, további.* Das Suffix *-i* bildet Adjektive aus Adverbien und natürlich aus Nomen: *budapesti* "Budapester", *berlini* "Berliner", *bécsi* "Wiener" usw.
4 *Bátrabb*: der Komparativ des Adjektivs *bátor*, wobei der Vokal in der letzten Silbe weggelassen wird, wie dies manchmal der Fall ist: *három – hármat, sarok – sarkon*, usw.

GYAKORLAT
1 A tanuló minden szöveget elolvasott? **2** Magyarul nemcsak Európában beszélnek, hanem sok amerikai városban is. **3** Aki idegen nyelveket tanul, mindenütt megérteti magát. **4** Száz lecke sokkal több, mint ötven lecke. **5** A könyv írója azt ajánlja a tanulóknak, hogy folytassák a tanulást. **6** Nem elég tanulgatni ezt a nyelvet, szorgalmasan kell tanulni.

4 Natürlich wissen Sie noch nicht alles, aber Sie beginnen, die ungarische Sprache zu verstehen, und die Ungarn beginnen, auch Sie zu verstehen.
5 Wir empfehlen Ihnen, die vorhergehenden (die bis jetzt) Lektionen von Neuem zu lesen und fleißig die Grammatik zu wiederholen.
6 Sie werden sehen, wo Sie angefangen haben und [bis] wohin Sie in so kurzer Zeit (dieser kurzen Zeit während) gekommen sind.
7 Ab jetzt (oberhalb von diesem) werden auch wir wagemutiger sein: Sie werden in unseren Lektionen etwas längere Texte und auch schwierigere Übungen vorfinden.
8 Vergessen Sie nicht, dass Sie sich, wenn Sie diese Sprache gut lernen, nicht nur in Ungarn verständlich machen können,
9 sondern überall, wo Ungarn leben: wie in Rumänien, in [der] Tschechoslowakei (Slowakei, Kroatien) und Jugoslawien (Serbien).
10 Wir wünschen Ihnen viel Erfolg für das weitere Erlernen der schönen ungarischen Sprache.

5 *Megérteti magát*: er macht sich verständlich. Der Faktitiv ("machen lassen", "lesen lassen", usw.) wird durch die Suffixe *-at/ -et, -tat/ -tet* ausgedrückt. Hier: *megért + et*. Wir werden noch Gelegenheit haben, über diese Wortbildung zu sprechen.
6 Wie Sie wissen, existieren heute weder die Tschechoslowakei noch Jugoslawien. Nützen wir hier die Gelegenheit, die neuen Namen einiger Staaten zu lernen: *Csehország* "Tschechien", *Szlovákia* "Slowakei", *Szlovénia* "Slowenien", *Horvátország* "Kroatien".

ÜBUNG:
1 Hat der Schüler alle Texte gelesen? **2** Ungarisch wird nicht nur in Europa gesprochen, sondern auch in zahlreichen amerikanischen Städten. **3** Wer Fremdsprachen lernt, macht sich überall verständlich. **4** Hundert Lektionen sind viel mehr als fünfzig Lektionen. **5** Der Autor (der Schreiber) dieses Buches empfiehlt den Schülern, weiter zu lernen. **6** Es genügt nicht, diese Sprache von Zeit zu Zeit zu lernen, man muss sie mit Fleiß lernen.

EGÉSZÍTSE KI

1 *Ich beginne, die Grammatik zu verstehen.*
Kezdem ...... a ....

2 *Der Lehrer wünscht seinen Schülern viel Erfolg.*
A ..... sok .... a ....

3 *Der Sportler erzielt (dem Sportler es gibt) gute Resultate.*
A sportoló .... eredményei ....

4 *Die vorhergehenden (bis jetzt) Lektionen waren leicht.*
.... leckék könnyűek ....

5 *Die kommenden [Lektionen] werden schwieriger sein.*
A .... ak .... lesznek.

ÖTVENEGYEDIK LECKE

Száz éves a nagypapa
(tévériport)

1 – Kedves nézőink, Feri bácsi ma ünnepli századik születésnapját. **(1)**
2 Az egész család, mindenki, aki még él, eljött ide, Gulyáspusztára.

ANMERKUNGEN
1 *Ünnepel*: feiern, von *ünnep*: das Fest. Die Suffixe werden dem "kurzen" Wortstamm angehängt: *ünnepl-*. Das gleiche gilt für *érdekel*, das Sie in der 40. Lektion gesehen haben, in der bestimmten Konjugation:

6 *Man muss die Sprache nicht nur verstehen, sondern auch sprechen.*

A .... nemcsak ......, hanem .... is .... .

DIE FEHLENDEN WÖRTER:
1 - érteni - nyelvtant. **2** - tanár - sikert kíván - tanulóknak. **3** - - nak szép - vannak. **4** Az eddigi - - voltak. **5** - további- nehezebbek - **6** - nyelvet - érteni - beszélni - kell.

Zweite Welle: 1. Lektion

EINUNDFÜNFZIGSTE LEKTION

Großvater wird hundert Jahre
(Fernsehreportage)

1 – Liebe Zuschauer, Onkel Franz feiert heute seinen hundertsten Geburtstag.
2   Die ganze Familie, alle, die noch leben, sind hierher nach Gulaschpuszta gekommen.

érdekli. Diese Auslassung des letzten Vokals des Wortstamms findet bei manchen Verben statt, deren dritte Person Singular Präsens mit einem *-el* endet: *énekel* (singen), *ezt a dalt énekli* (er singt dieses Lied).

3 Itt van ön körül harmincnyolc közeli és távoli rokon, négy sógor, öt sógornő, unokatestvérek, barátok és a tanácselnök. **(2)**
4 Feri bácsi, mit szól ehhez a sok emberhez? Örül a fiataloknak?
5 – Édes fiam, én már azt se tudom, ki kicsoda **(3)**
6 de azt látom, hogy a húgom, aki Kanadában él és az ausztráliai bátyám nem jött el. **(4) (5)**
7 – Feri bácsinak bátyja van Ausztráliában? Hány éves?
8 – Ha jól emlékszem, három évvel idősebb, mint én, a húgom pedig hat évvel fiatalabb.
9 – Ebben a családban mindenki ilyen sokáig él? Mi a hosszú élet titka?
10 – Én egész életemben dolgoztam, nem ittam, nem dohányoztam és hűséges voltam szegény Borihoz, a feleségemhez.

ANMERKUNGEN

2 *Ön körül*: um Sie herum. Die Reihe der possessivierten Postpositionen (siehe Absatz 3 der zweiundvierzigsten Lektion) sieht so aus: *körülöttem, körülötted, körülötte*, aber *ön körül*.
3 *Kicsoda?*, wörtlich "wer Wunder?", wird als Fragepronomen neben *ki?* gebraucht. Genauso kann *micsoda* anstelle von *mi* (was) gebraucht werden.
4 *Azt ... hogy*. Erinnern Sie sich daran, dass der Nebensatz oft im Hauptsatz durch ein Bezugswort signalisiert wird (hier *azt*).
5 Ältere Schwester = *nővér*; jüngere Schwester = *húg*; älterer Bruder = *báty*; jüngerer Bruder = *öccs*; Geschwister = *testvér*, wörtlich: "Körper-Blut"

GYAKORLAT

1 Idén leszek hatvanöt éves. 2 Két húgom már sajnos nem él. 3 A hosszú élet titka a hűség. 4 A tanácselnök meg fog nősülni. 5 Ünnepeljük meg együtt a születésnapomat. 6 Mit szólsz az új filmhez?

3 Es sind hier um Sie herum achtunddreißig nahe und entfernte Verwandte, vier Schwäger, fünf Schwägerinnen, Vettern, Freunde und der Präsident des Stadtrates (Rat-Präsident).

4 Onkel Franzi, was sagen Sie zu all diesen Leuten (zu diesen vielen Menschen)? Sind Sie zufrieden, die jungen Leute [zu sehen] (erfreuen Sie sich an den jungen Leuten)?

5 – Mein (süßer) Sohn, ich weiß nicht einmal mehr, wer wer ist,

6 aber ich sehe, dass meine (jüngere) Schwester, die in Kanada lebt und mein (älterer) Bruder aus Australien nicht gekommen sind.

7 – Onkel Franzi hat einen älteren Bruder in Australien? Wie alt ist er?

8 – Wenn ich mich recht erinnere, ist er drei Jahre älter (älter mit drei Jahren) als ich, und meine jüngere Schwester ist sechs Jahre jünger.

9 – Werden alle so alt (leben alle so lange) in dieser Familie? Was ist das Geheimnis eines langen Lebens?

10 – Ich habe mein ganzes Leben gearbeitet, nicht getrunken, nicht geraucht, und ich bin (ich treu war) der guten Barbara, meiner Frau, treu geblieben.

EGÉSZÍTSE KI

1 *Alle, die leben, sind dort am Empfang.*
Mindenki ... él ott van . . . .

2 *Der Lehrer weiß nicht, wer wer in der Familie ist.*
A . . . . . nem . . . . . ki . . . . a családban.

3 *Ich habe viele Freunde, aber wenig Verwandte.*
Nekem . . . . van, de kevés . . . .

4 *Die Sportler (das) riefen: Es lebe Australien.*
A sportolók . . . . : Éljen . . . .

5 *Das ganze Leben hast du gearbeitet und geraucht.*
Egész . . . . dolgoztál és . . . .

ÖTVENKETTEDIK LECKE

Énekeljünk!

1 Lisztnek, Bartóknak, Kodálynak és más nagy zeneszerzőknek köszönhetően **(1)**
2 mindenki hallott már magyar zenét.
3 Ebben a leckében megtanulunk egy magyar népdalt,
4 de hogy franciául (németül) is énekelhessék, Jean-Luc Moreau költői fordítását is közöljük. **(1) (2) (4)**

ANMERKUNGEN

1 *Énekelhessék*: "damit sie es singen können"; *meghallgathatja*: "sie können es hören". Diese ziemlich langen Wörter enthalten das Verbalsuffix *-hat/ -het* des "Potentialis", der dem deutschen "können" entspricht. *Köszönhetően* kann aufgesplittert werden in *köszön* (danken),

ÜBUNG: 1 Dieses Jahr werde ich fünfundsechzig. **2** Leider leben zwei von meinen jüngeren Schwestern nicht mehr. **3** Das Geheimnis eines langen Lebens ist die Treue. **4** Der Präsident des Stadtrats wird heiraten. **5** Lasst uns meinen Geburtstag zusammen feiern! **6** Was sagst du zu dem neuen Film?

6 *Wir sind acht Jahre jünger als die Kinder des Nachbarn.*
   Mi . . . . fiatalabbak . . . ., mint a szomszéd . . . .

DIE FEHLENDEN WÖRTER:
1 - aki - - - a fogadáson. **2** - tanár - tudja - kicsoda - - **3** - sok barátom - - - rokonom? **4** - - azt kiáltották - Ausztrália. **5** - életedben - - dohányoztál. **6** - nyolc évvel - vagyunk - - - gyerekei.

Zweite Welle: 2. Lektion

ZWEIUNDFÜNFZIGSTE LEKTION

Lasst uns singen!

1 Dank Liszt, Bartók, Kodály und anderen großen Komponisten
2 hat jeder schon ungarische Musik gehört.
3 In dieser Lektion lernen wir ein ungarisches Volkslied,
4 aber damit Sie es auch auf Französisch (Deutsch) singen können, drucken wir auch die poetische Übersetzung von Jean-Luc Moreau ab.

-het (kann, können), *-ő* (Suffix des Partizip Präsens) und *-en* (Adverbialsuffix). Das Wort bedeutet folglich "damit zu können danken".

5 *Tavaszi szél vizet áraszt, virágom, virágom,*
6 *Minden madár társat választ, virágom, virágom.*
7 *Hát én immár kit válasszak, virágom, virágom.*
8 *Te engemet, s én tégedet, virágom, virágom.* **(3)**
9 Ha a könyvvel együtt a kazettát (audio CD) is megvette,
10 meghallgathatja ezt a dalt egy énekkar
előadásában. **(1)**

ANMERKUNGEN
2 Nachstehend die Version von Jean-Luc Moreau:
Frühlingswind lässt die Flüsse anschwellen,
Blümelein, mein Blümelein. (zweimal)
Jedes Vögelein sucht sich eine Liebste,
Blümelein, mein Blümelein.
Aber ich, aber ich, wen wähle ich?
Blümelein, mein Blümelein. (zweimal)
Ich werde dein sein und du mein,
Blümelein, mein Blümelein. (zweimal)

GYAKORLAT

1 Milyen magyar zeneszerzőt ismersz? **2** Ezt a leckét kazettán is meghallgathatja. **3** A legszebb virágot választottam, úgy hívják, hogy Sárika. **4** Ebben a szélben nem tudok énekelni. **5** Könyvünknek köszönhetően ön már beszél magyarul. **6** A magyarok úgy szórakoznak, hogy népdalokat énekelnek.

ÉGESZITSE KI

1 *Mein Partner ist weit [weg].*
  A . . . . van.

2 *Welchen Schrank habt ihr ausgesucht (gewählt)? Den braunen oder
  den schwarzen?*
  . . . . . . szekrényt . . . . ? A . . . . . . vagy a feketét?

3 *Ich habe den Text von allen Liedern gelernt.*
  Minden . . . . megtanultam.

5 *Der Frühlingswind lässt die Wasser (das Wasser) übertreten, meine Blume, meine Blume,*
6 *Jeder Vogel sucht sich eine Begleitung (Partner), meine Blume, meine Blume.*
7 *Und ich, wen soll ich [mir] jetzt wählen, meine Blume, meine Blume?*
8 *Du [wählst] mich und ich [wähle] dich, meine Blume, meine Blume.*
9 Wenn Sie zusammen mit dem Buch auch die Kassette (Audio-CDs) gekauft haben,
10 können Sie dieses Lied, interpretiert von einem Chor, hören.

3 *Engemet, tégedet,* das *-t* des Akkusativs ist hier redundant, da *engem, téged* Formen des Personalpronomens im Akkusativ sind. Dieser redundante Gebrauch ist jedoch in der Umgangssprache ziemlich häufig.
4 Da die Assimil-Methode aus Frankreich kommt, und da es die wunderschöne poetische Übersetzung des ungarischen Volksliedes ins Französische von Jean-Luc Moreau gibt, behalten wir sie auf Deutsch neben der wörtlichen Übersetzung ins Deutsche bei.

ÜBUNG: **1** Welchen ungarischen Komponisten kennst du? **2** Sie können diese Lektion ebenfalls auf Kassette hören. **3** Ich habe die schönste Blume gewählt, sie heißt Sárika. **4** Bei (in) diesem Wind kann ich nicht singen. **5** Dank unseres Buches sprechen Sie schon Ungarisch. **6** Die Ungarn unterhalten sich, indem sie Volkslieder singen.

175 százhetvenöt

4 *Wenn ich groß bin, werde ich Übersetzer.*
  Ha . . . ., forditó . . . .

5 *Hast auch du noch nie rumänische Volkslieder gehört?*
  Te sem . . . . román népdalokat?

ÖTVENHARMADIK LECKE

Levél Amerikából

1 Drágáim! Emlékeztek még rám?
2 Én vagyok a Rózsi férje unokahúgának a sógornője. **(1)**
3 Június harmadikán Budapestre érkezem. Remélem, örültök.
4 Odafelé Bécsig repülővel jövök és onnan másnap szárnyashajóval Pestig.
5 Régóta vágyom arra, hogy láthassam a Dunakanyart. **(2) (3) (4)**
6 Visszafelé vonattal utaznék Ausztriába, majd újra repülőre szállnék. **(5)**
7 Az útlevelet már kiváltottam, a vízumra alig kellett várni a konzulátuson.
8 Nem is tudjátok elképzelni, mennyire várom, hogy találkozhassam veletek. **(3) (4)**

ANMERKUNGEN
1 Sie finden in diesem Satz eine ganze Menge von Genitiven. Dieser Fall kann entweder mit dem Wortstamm des Besitzers gebildet werden, gefolgt vom Besitztum, versehen mit dem possessiven Suffix der dritten Person Singular (*Rózsi férje*: Der Mann von Rosa, wörtlich "Rosa ihr Mann"), oder mit dem Nomen des Besitzers, versehen mit dem

DIE FEHLENDEN WÖRTER:

1 - társam messze - **2** Melyik - választottátok - barnát - - - **3** - dal szövegét - **4** - nagy leszek - leszek. **5** - - hallottál soha - - **6** - kazetta - - van.

Zweite Welle: 3. Lektion

DREIUNDFÜNFZIGSTE LEKTION

[Ein] Brief aus Amerika

1 Meine Lieben. Erinnert Ihr Euch noch an mich?
2 Ich bin die Schwägerin der Nichte von Rosas Mann.
3 Am 3. Juni (Juni dritter) komme ich in Budapest an. Ich hoffe, [dass] Ihr Euch freut.
4 Für die Hinreise (dort gegen) nehme ich das Flugzeug (ich komme mit dem Flugzeug) bis Wien, und von dort nehme ich am nächsten Tag (ich reise mit) das Gleitboot (das Schiff mit Flügeln) bis Budapest.
5 [Schon] seit Langem möchte ich das Donauknie sehen (können).
6 Für (zurück gegen) die Rückreise nehme ich den Zug nach Österreich, [und] dann nehme ich wieder das Flugzeug.
7 Ich habe meinen Pass schon abgeholt, und für das Visum musste ich auf dem Konsulat kaum (fast nicht) warten.
8 Ihr könnt Euch nicht vorstellen, wie ich [darauf] warte (wie ich warte), Euch zu treffen (dass ich kann mich treffen mit Euch).

Suffix *-nak a.../ -nek a...*, ebenfalls gefolgt vom Besitztum + Possessiv-Suffix. Im Falle einer Reihe von aufeinanderfolgenden Genitiven wird der letzte Genitiv immer mit *-nak a/ -nek a* gebildet, oder natürlich mit *-nak az/ -nek az*.

9 Kidobtam a régi ruháimat és új kosztümöt,
nadrágot és szoknyát csináltattam magamnak. **(6)**
10 A fiam azt mondja, hogy teljesen megőrültem, de
ő nem értheti, hogy egy öreg asszonynak mit
jelent egy ilyen utazás. **(2) (3) (4)**
11 Lehet, hogy most jövök utoljára az életben
Magyarországra,
12 abba az országba, ahol hetvennyolc évvel ezelőtt
születtem.

ANMERKUNGEN

2 *Arra* ist das Bezugswort, das den Nebensatz ankündigt. Das Verb *vágyik* regiert das Suffix *-ra/ -re*, wodurch diese Form erklärt wird (*az + ra = arra*).
3 Die Gegend um das "Knie" der Donau ist sehr malerisch. Der Fluss, der bis hier ostwärts fließt, bewegt sich ab hier in Richtung Süden.
4 *Láthassam, találkozhassam, értheti* stehen im Potentialis (L. 56, 2.).

GYAKORLAT

1 Hol kell kiváltani az útlevelet? **2** Odafelé vonattal, visszafelé repülővel utazott. **3** Vannak országok, ahova vízum nélkül is lehet utazni. **4** Régóta vágyom arra, hogy hajóval utazhassam a tengeren. **5** Most jöttünk utoljára ebbe az étterembe. **6** Nem is tudod elképzelni, mennyire tetszik nekem a szoknyád.

EGÉSZÍTSE KI

1 *Erinnerst du dich noch daran, was ich dir gesagt habe?*

Emlékszel .... hogy mit ....
.....?

2 *Der Minister hat seine Schwägerin vor die Türe gesetzt.*

A .... a sógornőjét.

3 *Ich hoffe, Sie freuen sich, mich zu sehen.*

......., ... annak, hogy ... engem.

9 Ich habe meine alten Kleider hinausgeworfen, und habe mir ein neues Kostüm, eine neue Hose und einen neuen Rock machen lassen.
10 Mein Sohn sagt mir, dass ich völlig verrückt geworden sei, aber er kann nicht verstehen, was so eine Reise für eine alte Frau bedeutet.
11 Vielleicht ist es das letzte Mal in meinem Leben (das ist möglich, dass ich komme jetzt für das letzte Mal im Leben), dass ich nach Ungarn komme,
12 in das Land, in dem ich vor achtundsiebzig Jahren geboren wurde.

5 Das Verb *száll* (fliegen), das vor allem für den Vogel verwendet wird, bedeutet auch "ein Transportmittel nehmen". Es regiert das Suffix *-ra/ -re*, und das Nomen, zu dem es gehört, kann ohne Artikel auftreten: *vonatra, repülőre, stb. száll* "den Zug, das Flugzeug usw. nehmen".
6 *Csináltat*: machen lassen; *-tat/ -tet* ist das Suffix des "Faktitivs". Darum wird es in der nächsten Wiederholungslektion gehen. *Kidob* bedeutet auch "vor die Tür setzen" ("rauswerfen"). Erinnern Sie sich daran, wenn Sie die Übungen zu dieser Lektion machen!

ÜBUNG: **1** Wo muss man den Pass abholen? **2** Auf der Hinfahrt ist er mit dem Zug gereist, auf der Rückfahrt mit dem Flugzeug. **3** Es gibt Länder, in die man ohne Visum reisen kann. **4** Seit Langem ersehne ich eine Schiffsreise auf dem Meer. **5** Es ist das letzte Mal, dass wir in dieses Restaurant gekommen sind. **6** Du kannst dir nicht vorstellen, wie sehr mir dein Rock gefällt.

4 *Viele Länder haben in Budapest ein Konsulat.*
   Sok .... van .... a Budapest... .

5 *Ist es möglich, dass ich völlig verrückt geworden bin?*
   Lehet, hogy ....?

ÖTVENEGYEDIK LECKE
Levél Budapestről

1 Édes fiam, szerencsésen megérkeztem Európába, tegnap óta Budapesten vagyok.
2 Képzeld, itt senki nem beszél angolul.
3 Mostanáig az út nagyon szép volt, csak néhány apró kellemetlenség történt velem. **(1)**
4 A repülőn leöntöttem kávéval az új kosztümömet, de nem baj, majd kitisztíttatom. **(2) (3)**
5 Bécsben nem találtam olcsó szállodát és kénytelen voltam a repülőtéren aludni egy fotelben.
6 Budapesten a hajóállomáson senki nem várt, a rokonok állítólag nem kapták meg a levelemet. **(4)**

ANMERKUNGEN
1 *Kellemetlenség* zerfällt in *kellem* (Annehmlichkeit), *-etlen* (privatives Suffix, entspricht "ohne") und *-ség* (Suffix zur Bildung von Substantiven aus Adjektiven). Der gleiche Wortstamm + *-es* ergibt *kellemes* "mit Annehmlichkeiten" = "angenehm". *Történik* bedeutet "passieren", aber kombiniert mit dem Suffix *-val/ -vel* bekommt es den Sinn von "etwas passiert jemandem" (*valami valakivel történik*).
2 *Nem baj*, wörtlich "kein Unglück", ist eine Redewendung, die "das macht nichts" entspricht.
3 *Kitisztíttatom* zerfällt folgendermaßen: *ki-* (Verbalpräfix, das eine Bewegung nach außen bezeichnet: "raus, draußen"), *tiszt* (Wortstamm [verstümmelt] aus *tiszta* "sauber"), *-it* ("kausatives" Suffix) - das wir

száznyolcvan 180

6 *Niemand kann verstehen, was diese Begegnung für uns bedeutet.*

Senki . . . . hogy mit jelent . . . . . . ez a talákozás.

DIE FEHLENDEN WÖRTER:
1 - még arra - - mondtam neked **2** - miniszter kidobta - - **3** Remélem örül - - lát - **4** -országnak - konzulátus- -en. **5** - - teljesen megőrültem **6** - nem értheti - - - nekünk - - -

Zweite Welle: 4. Lektion

VIERUNDFÜNFZIGSTE LEKTION

[Ein] Brief aus Budapest

1 Mein (süßer) Sohn, ich bin glücklich in Europa angekommen. Seit gestern bin ich in Budapest.
2 Stell Dir vor, niemand spricht hier Englisch.
3 Bis jetzt (hier) war die Reise sehr schön, nur passierten mir einige kleine Unannehmlichkeiten.
4 Im Flugzeug habe ich Kaffee auf mein neues Kostüm geschüttet (ich habe nach-unten-geschüttet mein Kostüm neu), aber das macht nichts, ich werde es reinigen lassen.
5 In Wien habe ich kein billiges Hotel gefunden und ich war gezwungen, in einem Sessel auf dem Flughafen zu schlafen.
6 In Budapest wartete niemand am Landungssteg (Schiffsstation) auf mich, die Verwandten hatten angeblich meinen Brief nicht erhalten.

---

bereits in der dreiundvierzigsten Lektion mit *szépít(get)* von *szép* (schön) = schön machen, verschönern kennengelernt haben -, *-tat/ -tet* (Suffixe oder eher "Infix" des Faktivits, "machen" [siehe Anmerkung **5** der fünfzigsten Lektion] und *-(o)m* (Suffix der ersten Person Singular Präsens der bestimmten Konjugation). Das alles zusammen heißt "ich werde es reinigen lassen" ("ich es werde sauber machen lassen"), in einem einzigen Wort. Aufgrund dieser Fähigkeit zur Verdichtung wird das Ungarische den "agglutinierenden" Sprachen zugeordnet.
4 *Állítólag* kommt von *állít* (behaupten, vorgeben), *-ó* ist das Suffix des Partizip Präsens und *-lag/ -leg* ein Adverbialsuffix. *Állítólag*: "angeblich".

LEKTION 54

7 Szerencsére tudtam a címüket és taxival elmentem hozzájuk.
8 Nagy meglepetést okoztam, talán azt hitték, már régen meghaltam.
9 De most megtudták, hogy élek és hogy vidáman utazgatok a világban. **(5)**
10 Az az érzésem, hogy nem tudják pontosan, ki vagyok. **(6)**
11 De nagyon kedvesek, a magyarok szeretik a külföldieket.
12 Vigyázz magadra! Sok szeretettel csókol Anyád.

GYAKORLAT

1 Szeretek olcsó szállodában lakni. **2** Anyám leöntötte teával a nadrágját. **3** Amikor megérkeztem Magyarországra, kénytelen voltam magyarul beszélni. **4** Történt veled valami? **5** Mindenki azt hitte, hogy a nagymama már régen meghalt. **6** Szerencsére senki nem várt a repülőtéren.

EGÉSZÍTSE KI

1 *Fahre im Taxi zu ihnen!*
Menj . . . . val.

2 *Mein Sohn hat eine große Überraschung in der Schule verursacht.*
A . . . . nagy . . . . okozott az . . . .

3 *Dieses Kleid ist angeblich gestern gereinigt worden.*
Ezt a . . . . lag kitisztították . . . .

4 *In Wien leben auch Ungarn.*
. . . . is . . . . . . magyarok.

5 *Mami, ich habe Hunger. – Das macht nichts.*
Mama, ... vagyok. – Nem . . . . .

6 *Passt auf den Hund auf. Ich umarme euch sehr zärtlich.*
Vigyázzatok a . . . . Sok . . . . csókollak . . . .

7 Glücklicherweise wusste ich ihre Adresse, und ich bin mit einem Taxi zu ihnen gefahren.
8 Ich habe sie sehr überrascht, sie glaubten vielleicht, dass ich seit Langem gestorben bin.
9 Aber jetzt haben sie erfahren, dass ich lebe, und dass ich fröhlich in der Welt herumreise.
10 Ich habe das Gefühl, dass sie nicht genau wissen, wer ich bin.
11 Aber sie sind sehr freundlich, die Ungarn mögen (die) Ausländer.
12 Pass auf Dich auf! Ich umarme Dich (mit viel Zärtlichkeit) Deine Mutter.

ANMERKUNGEN
5 *Utazgat*. Sie haben das Suffix des Frequentativs -*gat* erkannt.
6 Wir erinnern daran, dass der Nebensatz im Hauptsatz durch das demonstrative Element *azt* angekündigt wird.

ÜBUNG: 1 Ich wohne gerne in einem billigen Hotel. **2** Meine Mutter hat [sich] Tee auf die (ihre) Hose geschüttet. **3** Als ich in Ungarn ankam, war ich gezwungen, Ungarisch zu sprechen. **4** Ist dir etwas passiert? **5** Alle glaubten, dass die Großmutter seit Langem gestorben war. **6** Glücklicherweise wartete niemand am Flughafen auf [mich].

DIE FEHLENDEN WÖRTER:
1 - hozzájuk taxi- **2** - fiam - meglepetést - - iskolában. **3** - - ruhát állító - - tegnap. **4** Bécsben - vannak - **5** - éhes- -baj. **6** - - kutyára. - szeretettel- titeket.

Zweite Welle: 5. Lektion

ÖTVENÖTÖDIK LECKE

Öröklakás a Rózsadombon

1 Eladnám két szoba hallos összkomfortos rózsadombi öröklakásomat, (**1**)
2 négyzetméterenként negyvenezer forintért. Virág utca 3. III. emelet 8. (**2**)
3 Megtekinthető minden nap reggel 8 és 10 között. (**3**)
4 – Tessék befáradni! Most az előszobában vagyunk, innen nyílik a konyha és a vécé, a fürdőszobába a hallból lehet bemenni.
5 A szobák tágasak, világosak. Menjünk ki az erkélyre!
6 Innen az egész várost lehet látni. Uram, elhiheti nekem, ez a város legszebb lakása.
7 – Úgy látom, hogy a falak nagyon piszkosak és a padló is rossz állapotban van.
8 – Ez kérem semmiség, meg kell csináltatni egy maszekkal. (**1**)
9 – Ki ez az idős hölgy a sarokban? A kedves édesanyja?
10 – Nem, a néni itt lakik a lakásban, nagyon csendes és jól főz.

ANMERKUNGEN

1 *Rózsadomb*, "Rosenhügel", ist eines der "schicken" Viertel der Hauptstadt. *Maszek*, Abkürzung von *magánszektor* (Privatsektor), ist ein Begriff, der früher sehr häufig in den Unterhaltungen auftauchte: der durchschnittliche Ungar befindet sich ziemlich oft in Situationen, in denen er die Effizienz des privaten Handels und Handwerks der Schwerfälligkeit des verstaatlichten Sektors gegenüberstellen muss.
2 *-ként*, Suffix des "Distributivs" drückt sich meistens aus durch "pro": *fejenként*, "pro Kopf [Einwohner], pro Person".
3 *Megtekinthető* analysiert man folgendermaßen: *meg-* ("perfektives"

FÜNFUNDFÜNFZIGSTE LEKTION

Eine Eigentumswohnung (ewige Wohnung) auf dem Rosenhügel

1   Ich verkaufe (würde verkaufen) meine (ewige) Eigentumswohnung: zwei Zimmer, Vorraum, mit allem Komfort ausgestattet [und] auf dem Rosenhügel gelegen
2   für vierzigtausend Forint pro Quadratmeter. Blumenstraße 3, 3. Stock, [Wohnung] Nr. 8.
3   Sie kann jeden Tag besichtigt werden, morgens zwischen 8 und 10.
4 – Bemühen Sie sich bitte herein!
    Wir sind jetzt im Flur, zur Küche und zum WC geht es hier (es ist von hier aus, dass sich öffnen die Küche und das WC); was das Badezimmer angeht, man betritt es vom Vorraum aus.
5   Die Zimmer sind groß [und] hell. Lassen Sie uns auf den Balkon hinausgehen.
6   Von hier aus kann man die ganze Stadt sehen. Mein Herr, Sie können mir glauben, dies ist die schönste Wohnung der Stadt.
7 – Ich sehe [es eher] so, dass die Wände sehr schmutzig sind und [dass] der Parkettboden auch in [einem] schlechten Zustand ist.
8 – Ich bitte Sie, das macht überhaupt nichts, man muss ihn [nur] von einem Handwerker aus dem privaten Sektor [neu]machen lassen.
9 – Wer ist diese alte Dame in der Ecke? Ihre (liebe, sanfte) Mutter?
10 – Nein. Diese Dame wohnt hier in der Wohnung. Sie ist sehr schweigsam und kocht gut.

Verbalpräfix), *tekint* (betrachten, anschauen), *-het* (Infix des Potentialis "man kann") und *-ő* (Suffix des Partizip Präsens). Entspricht häufig dem deutschen "-bar".

11 – Nem értem, miért mondja ezt nekem, én a feleségemmel és a lányommal akarok itt lakni és nem vele.
12 – Nagyon sajnálom, hogy nem tudtunk megegyezni. Pedig biztosan megszerették volna egymást.

GYAKORLAT

1 A hallból nem lehet kimenni az erkélyre. **2** Maszeknál csináltattam az új ruhámat. **3** A lakás megtekinthető minden szombat este. **4** Innen semmit nem lehet látni. **5** Úgy látom, hogy az előszoba is tágas. **6** Nagyon sajnáljuk, hogy önök nem dohányoznak.

EGÉSZÍTSE KI

1 *Meine Wohnung hat zehn Quadratmeter mehr als seine.*

Az én . . . . tíz . . . . nagyobb, mint az . . . .

2 *Ich möchte den Geburtstag meiner Tochter gerne auf dem Rosenhügel feiern.*

A . . . . szeretném . . . . a lányom . . . .

3 *Wer singt hier in dieser Ecke?*

Ki . . . . . . itt . . . . . . sarokban?

4 *Die Wände des WCs sind sehr schmutzig.*

A . . . . falai . . . .

5 *Alle meine Verwandten wohnen in der Blumenstraße.*

A . . . . . utcában . . . . . minden . . . .

száznyolcvanhat 186

11 – Ich verstehe nicht, warum Sie mir das sagen, ich möchte hier mit meiner Frau und meiner Tochter wohnen und nicht mit ihr.
12 – Ich bedaure, dass wir nicht übereinkommen konnten (wussten). Dabei hätten Sie sich sicher gegenseitig gemocht.

ÜBUNG: **1** Vom Vorraum aus ist es unmöglich, auf den Balkon hinauszukommen. **2** Ich habe meinen neuen Anzug bei einem "maszek" (Schneider des Privatsektors) machen lassen. **3** Man kann die Wohnung jeden Samstagabend besichtigen. **4** Von hier aus kann man nichts sehen. **5** So wie ich das sehe, ist der Flur ebenfalls geräumig. **6** Wir bedauern sehr, dass Sie nicht rauchen.

6 *Schauen Sie nicht aufs Parkett, weil es in sehr schlechtem Zustand ist.*

. . nézze a . . . . . ., mert nagyon . . . . van.

DIE FEHLENDEN WÖRTER:
1 - - lakásom - négyzetméterrel - - - övé. **2** - Rózsadombon - ünnepelni - - születésnapját. **3** - énekel - ebben a - **4** - vécé - nagyon piszkosak. **5** - Virág - lakik - rokonom. **6** Ne - -padlót - - rossz állapotban -.

Zweite Welle: 6. Lektion

LEKTION 55

ÖTVENHATODIK LECKE

WIEDERHOLUNG UND ANMERKUNGEN

1 Der Faktitiv (siehe Anmerkung **5** der fünfzigsten, Anmerkung **6** der dreiundfünfzigsten und Anmerkung **3** der vierundfünfzigsten Lektion).

Im Ungarischen wird er mit einem dieser vier Suffixe gebildet: *-at/ -et, -tat/ -tet*.

Man verwendet *-at/ -et* nach einem einsilbigen Wort oder nach einem vielsilbigen, dessen Wortstamm mit einem Konsonanten, gefolgt von einem *-t* abschließt:

vár: warten - *várat*: warten lassen
ír: schreiben - *írat*: schreiben lassen
választ: wählen, erwählen - *választat*: wählen lassen, erwählen lassen
ver: schlagen - *veret*: schlagen lassen

-tat/ -tet sind für die vielsilbigen Wörter reserviert und für die, deren Wortstamm mit einem Vokal, gefolgt von einem *-t* abschließt:

vizsgázik: eine Prüfung ablegen
süt: kochen
csinál: machen
keres: suchen

vizsgáztat: ... ablegen lassen
süttet: kochen lassen
csináltat: machen lassen
kerestet: suchen lassen

Es gibt außerdem:

ül: sitzen
lép: Schritt(e) machen

ültet: hinsetzen lassen, pflanzen
léptet: Schritt(e) machen lassen

SECHSUNDFÜNFZIGSTE LEKTION

Unregelmäßig sind ebenfalls:

esz(ik): essen	*etet*: zum Essen bringen
isz(ik): trinken	*itat*: zum Trinken bringen
tesz: tun, legen, setzen, stellen	*tetet*: legen lassen
visz: tragen	*vitet*: tragen lassen
vesz: nehmen, kaufen	*vetet*: nehmen lassen, kaufen lassen
hisz: glauben	*hitet*: glauben machen
alszik: schlafen	*altat*: zum Schlafen bringen
fekszik: liegen	*fektet*: hinlegen lassen

Jön (kommen), *megy* (gehen, weggehen) und *van* (sein) besitzen keinen Faktitiv. "Kommen lassen" = *hozat*; "zum Gehen bringen, zum Funktionieren bringen" = *járat*, usw.

2 Der Potentialis (siehe Anmerkung **1** der zweiundfünfzigsten, Anmerkung **4** der dreiundfünfzigsten und Anmerkung **3** der fünfundfünfzigsten Lektion.

Er wird gebildet mit dem Suffix (bzw. dem Infix, da er zwischen dem Wortstamm und den anderen Verbalsuffixen steht) *-hat/ -het*: *vár*: warten *várhat*: er/sie/es kann warten.

Unbestimmte Konjugation

várhatok:	ich kann warten
várhatsz:	du kannst warten
várhat:	er/sie/es kann warten
várhatunk:	wir können warten
várhattok:	ihr könnt warten
várhatnak:	sie können warten

Bestimmte Konjugation

várhatom: ich kann auf ihn/sie/es warten
várhatod: du kannst auf ihn warten
várhatja: er/sie/es kann auf ihn warten
várhatjuk: wir können auf ihn warten
várhatjátok: ihr könnt auf ihn warten
várhatják: sie können auf ihn warten
várhatlak: ich kann auf dich warten

Unbestimmte Konjugation

kér: fragen, bitten
kérhetek: ich kann fragen
kérhetsz: du kannst fragen
kérhet: er/sie/es kann fragen
kérhetünk: wir können fragen
kérhettek: ihr könnt fragen
kérhetnek: sie können fragen

Bestimmte Konjugation

kérhetem: ich kann ihn/sie/es fragen
kérheted: du kannst es fragen
kérheti: er/sie/es kann es fragen
kérhetjük: wir können es fragen
kérhetitek: ihr könnt es fragen
kérhetik: sie können es fragen
kérhetlek: ich kann dich fragen

Einige unregelmäßige Bildungen:

tesz → *tehet*   *vesz* → *vehet*
visz → *vihet*   *hisz* → *hihet*
van → *lehet*   *eszik* → *ehet*
iszik → *ihat*   *jön* → *jöhet*

megy → *mehet*   *alszik* → *alhat*
fekszik → *fekhet*   *dohányzik* → *dohányozhat*

Natürlich erscheinen die Suffixe des Faktitivs und des Potentialis in jeder Zeitform und jedem Modus.

3 Das Partizip Präsens (siehe Anmerkung **1** der fünfzigsten und Anmerkung **3** der fünfundfünfzigsten Lektion).

Es wird gebildet durch das Hinzufügen des Suffixes *-ó/ ő*:
néz: betrachten → *néző*: "der, der betrachtet", "der Schauende" (Zuschauer);
fut: laufen → *futó*: "der, der läuft", "laufend", usw.

Das Verb *van* (sein) besitzt zwei Formen des Partizip Präsens: *való* und *levő*.

Im Ungarischen kann das Partizip Präsens (dessen Gebrauch sehr häufig ist) auf den Ort, an dem die durch das Verb bezeichnete Handlung stattfindet, hinweisen: *fürdőszoba* (Badezimmer, wörtlich "Zimmer wo man sich badet, badendes Zimmer"). In den Städten und Dörfern werden Sie oft auf Schilder treffen, auf denen im Partizip Präsens zum Beispiel steht: *borozó*: Getränkeausschank (wörtlich: *bor* "Wein", *boroz(gat)* "Wein trinken", *borozó* "der Trinker des Weines" → "der Ort, wo man Wein trinkt", *söröző*: Brauerei (wörtlich: *sör* "Bier", *söröz(get)* "Bier trinken", *söröző* "der Trinker des Bieres" → "der Ort, wo man Bier trinkt";

Zahlreiche Substantive sind der Ursprung der Formen des Partizip Präsens: *jövő* ← (von *jön*) "Zukunft (zu kommen)"; *vevő* ← von *vesz* "kaufen", "Kunde, Käufer"); *eladó* ← (von *elad*) "Verkäufer"; *tanító* ← (von *tanít*) "Lehrer".

Zweite Welle: 7. Lektion

ÖTVENHETEDIK LECKE

Szavak, szavak ...

1 Indul a vonat, mondtuk valamelyik leckében.
2 Tegyük hozzá: a vonat akkor indul, amikor indítják. **(1) (2)**
3 Jólesik mozogni, olvashatták a tornaóráról szóló szövegben. **(3)**
4 Persze nemcsak mozogni lehet: a bútorokat mozdítják, de amelyik nehéz, az nem mozdul. **(1)**
5 A kocsi jobbra fordul akkor, amikor a kormányt jobbra fordítjuk. **(1) (2)**
6 A külföldi magyarul tanul, a tanár pedig magyarul tanítja a külföldit. **(1)**
7 Azt az épületet, amelyik lassan épül, rossz munkások építik. **(1)**
8 Kitűnő vacsora készül: a nagymama paprikáskrumplit készít sok hagymával. **(1)**
9 Az ön magyar tudása egyre jobb, tehát rendszeresen javul, **(1)**
10 de ha valamelyik gyakorlatot rosszul csinálja, mi azonnal javítjuk. **(1)**

ANMERKUNGEN
1 Manchen Verben kann das Suffix *-ít* hinzugefügt werden, um den sogenannten "Kausativ" zu bilden: das Subjekt ist die Ursache der durch das Verb ausgedrückten Handlung. Mit *-ul/ -ül* ist die Ursache nicht angegeben: das Resultat, zu dem die Aktion führt, die durch das Verb ausgedrückt wird, ist auf ein unbekanntes oder nicht bezeichnetes Element zurückzuführen: sie verläuft in gewisser Weise "automatisch". Das Paar der Suffixe *-it/ -ul/ -ül* wird ausgesprochen häufig gebraucht und verdient deshalb eine gesonderte Lektion.
2 Der Nebensatz wird im Hauptsatz durch das Bezugswort angekündigt: *akkor ... (amikor)* und *azt ... (amelyik)*.

SIEBENUNDFÜNFZIGSTE LEKTION

Worte, Worte ...

1 Der Zug fährt ab, haben wir in irgendeiner Lektion gesagt.
2 Lassen Sie uns hinzufügen: der Zug fährt [dann] ab, wenn man ihn abfahren lässt.
3 Es tut gut (gut fällt) [sich] zu bewegen, konnten Sie im Text über die Gymnastikstunde (im von der Gymnastikstunde sprechenden Text) lesen.
4 Natürlich kann man nicht nur sich [selbst] bewegen: man bewegt [auch] Möbel, aber was schwer ist, bewegt sich nicht.
5 Das Auto biegt nach rechts ab, wenn wir das Steuer nach rechts drehen.
6 Der Ausländer lernt Ungarisch; was den Professor angeht, er lehrt den Ausländer Ungarisch.
7 Das Gebäude, das sich langsam erhebt; es sind schlechte Arbeiter, die es bauen.
8 Ein ausgezeichnetes Abendessen ist in Vorbereitung: Großmutter bereitet Paprikakartoffeln mit viel Zwiebeln zu.
9 Ihre Kenntnis des Ungarischen (Ihr ungarisches Wissen) wird (ist) immer besser, also verbessert sie sich ständig,
10 aber wenn Sie irgendeine Übung falsch machen, korrigieren wir [dies] sofort.

---

3 Sie kennen das Verb *szól*. Seine Anwendungsmöglichkeiten sind vielfältig: *szól a zene* - "Musik ertönt"; *szólj a gyerekeknek* - "rufe die Kinder"; *mit szólsz ehhez az időhöz?* - "was sagst du zu diesem Wetter?" Wenn dieses Verb das Suffix *-ról/ -ről* erhält, bedeutet es: "sprechen von, handeln von etwas". Wie Sie sicher bemerkt haben, steht das Verb hier im Partizip Präsens.

GYAKORLAT

1 Egy olyan épületről olvastam, amelyik lassan épül. **2** A paprikáskrumplit hagyma nélkül kérem. **3** A kormány jobbra is, balra is fordul. **4** Nem akarom, hogy a bútorokat elmozdítsátok. **5** Jólesik egy kicsit mozogni a vonatban. **6** A külföldiek tudása rendszeresen javul.

EGÉSZÍTSE KI

1 *Die Lektion über (sprechend von) den Minister hat mir gut gefallen.*

A .... ről ..... lecke nagyon .... nekem.

2 *Ihre Kenntnis des Ungarischen verbessert sich.*

Az ön ....

3 *Wenn irgendein Zug nicht fährt, lässt man einen anderen fahren.*

Ha valamelyik ..... nem ....., egy .... indítanak.

4 *Ich verstehe nicht, warum das Steuer sich nicht nach links dreht.*

Nem ....., hogy miért nem ...... a .... balra.

5 *(Dieser) wer nicht unterrichten kann, soll nicht unterrichten.*

Aki nem ...., az ne ....

ÖTVENNYOLCADIK LECKE

Énekeljünk újra!

1 *A csitári hegyek alatt régen leesett a hó.*
2 *Azt hallottam, kis angyalom, véled esett el a ló.* **(1)**
3 *Kitörted a kezedet, mivel ölelsz engemet?*

ANMERKUNGEN
1 *Véled:* umgangssprachliche Form von *veled:* mit dir.

százkilencvennégy 194

ÜBUNG: **1** Ich habe über ein (solches) Gebäude gelesen, das sich langsam erhebt. **2** Ich möchte (bitte) Paprikakartoffeln ohne Zwiebeln. **3** Das Steuer dreht sich ebenso nach (auch ... auch) rechts wie nach links. **4** Ich möchte nicht, dass ihr die Möbel bewegt. **5** Es tut gut, sich im Zug ein bisschen zu bewegen. **6** Das Wissen der Ausländer verbessert sich ununterbrochen.

6 *In der Nachbarstraße ist ein neues Haus gebaut worden.*

A szomszéd .... egy .. ház ......

DIE FEHLENDEN WÖRTER:
1 - miniszter - szóló - - tetszett - **2** - - magyar tudása javul. **3** - - vonat - indul - másikat - **4** - értem - - - fordul - kormány - **5** - - tud tanítani - - tanítson. **6** - - utcában - új - épült.

Második hullám: nyolcadik lecke

ACHTUNDFÜNFZIGSTE LEKTION

Singen wir noch einmal!

1 *Am Fuße (unter) des Gebirges von Csitár ist seit langem Schnee gefallen.*
2 *Ich habe (das) gehört, mein Engelchen, [dass] das Pferd mit dir gestürzt ist.*
3 *Du hast dir die Hand gebrochen (du hast gebrochen deine Hand), womit umarmst du mich?*

4 *Így hát kedves kis angyalom, nem lehetek a tied.*
5 *Amott látok az ég alatt egy madarat repülni.* (**2**)
6 *De szeretnék a rózsámnak egy levelet küldeni!*
7 *Repülj madár, ha lehet, vidd el ezt a levelet,*
8 *Mondd meg az én galambomnak, ne sirasson engemet.* (**3**)
9 *Amoda le van egy erdő, jaj de nagyon messze van!* (**4**)
10 *Kerek erdő közepében két rozmaring-bokor van.*
11 *Egyik hajlik vállamra, a másik a babáméra.*
12 *Így hát, kedves kisangyalom, enyém leszel valaha.*

ANMERKUNGEN

2 *Amott* (dort hinten) bezeichnet manchmal einen entfernten Ort. *Itt*: hier, *ott*: dort, *emitt*: hier, ganz nahe, *amott*: dort hinten, in der Ferne.
3 *Sirasson.* Sie haben den Imperativ des Verbs *sirat* erkannt, um jemanden weinen. Die Verben, die mit einem *-t* enden, vor dem ein kurzer Vokal steht, bilden den Imperativ mit *-ss (szeret szeress* (2. Person), *szeressen* (3. Person).
4 *Amoda le* ist eine veraltete Form.

GYAKORLAT

1 Azt hallottam, hogy levelet kaptál. **2** A galambom már nem sirat. **3** Ki törte el a poharat? **4** A magyar mesékben az erdő mindig kerek. **5** A feleségemnek régóta nem mondom azt, hogy kisangyalom. **6** A ló elesett a bokor mellett.

EGÉSZÍTSE KI

1 *Sag ihm, dass (der) Schnee fällt.*

..... meg .... hogy .... a hó.

2 *Ein kleiner Vogel fliegt in den Bergen.*

Egy kis .... a hegyekben.

3 *Ich umarme euch. Auf Wiedersehen.*

.... titeket .... ra.

4 *(So) also, mein Engelchen, kann ich nicht dein sein.*
5 *Dort hinten sehe ich unter dem Himmel einen Vogel fliegen.*
6 *Wie gerne schickte ich einen Brief an meine Rose!*
7 *Flieg Vogel, wenn möglich, nimm diesen Brief mit,*
8 *Sag' meiner Taube, [dass] sie nicht um mich weinen soll.*
9 *Dort hinten gibt es einen Wald, oh Weh! wie (sehr) weit weg er ist!*
10 *Mitten im runden Wald sind zwei Rosmarinbüsche.*
11 *Der eine neigt sich auf meine Schulter, der andere auf die meines Mädchens (Puppe),*
12 *(So) also, mein Engelchen, eines Tages wirst du mein sein.*

ÜBUNG: 1 Ich habe gehört, dass du einen Brief erhalten hast. **2** Meine Taube weint nicht mehr um mich. **3** Wer hat das Glas zerbrochen? **4** In den ungarischen Märchen ist der Wald immer rund. **5** Schon seit langer Zeit sage ich zu meiner Frau nicht mehr: "mein Engelchen". **6** Das Pferd ist nahe am Busch gestürzt.

4 *Ich liebe [es] sehr, wenn du viel Rosmarin in das Essen tust.*

Nagyon szeretem, ha . . . . teszel az . . . .

5 *Auf dem Platz spazieren viele Tauben.*

A . . . . . sok . . . . . . sétál.

6 *An Weihnachten ist ein Engel durch das Fenster hereingeflogen.*
.... kor egy ...... be ...... az ablakon.

ÖTVENKILENCEDIK LECKE

Min nevetnek a magyarok? (1)

1 Újgazdagék vendégségbe mennek a szomszéd villába, ahol hatalmas vacsora várja őket.
2 Hifi-torony, képmagnó, diszkó, nyugati italok, elegáns hölgyek és urak.
3 Éjfélkor a háziasszony és a lánya négykezest játszanak a fehér zongorán.
4 Újgazdagék irigyen figyelik, hogy milyen jól megy a szomszédoknak. (2)
5 De a férj hirtelen a felesége felé fordul és boldogan súgja a fülébe: "Látod, kezd nekik rosszul menni". (2)
6 – Hogyhogy? kérdezi tőle csodálkozva a feleség. (3) (4)
7 – Nem vetted észre, hogy ketten játszanak egy zongorán?

ANMERKUNGEN
1 Das Verb *nevet* (lachen) hat das Suffix *-n*. Man lacht "auf" etwas.
2 Merken Sie sich die Redewendungen: *jól megy, rosszul megy ... -nak/ -nek* - es geht jemandem gut, es geht jemandem schlecht.
3 Das Verb "fragen, bitten" heißt ebenso gut *kér* wie auch *kérdez*. "Ich bitte ihn um eine Zigarette": *Kérek tőle egy cigarettát.* "Ich frage ihn, was er am Sonntag macht": *Azt kérdezem tőle, hogy mit csinál vasárnap.* Die beiden Verben haben das Suffix *-tól/ -től*.

DIE FEHLENDEN WÖRTER:

1 Mondd - neki - esik - - **2** - - madár repül - - **3** Ölellek - Viszontlátás- **4** - - - sok rozmaringot - - ételbe. **5** - téren - galamb - **6** Karácsony - - angyal - repült - -

Második hullám: kilencedik lecke

NEUNUNDFÜNFZIGSTE LEKTION

Worüber lachen die Ungarn?

1 Die Familie Neureich geht zu Besuch in die Nachbarvilla, wo ein reiches (riesiges) Abendessen auf sie wartet.
2 Hi-Fi-Stereoanlage, Videorecorder, Diskothek, westliche Getränke, elegante Damen und Herren.
3 Um Mitternacht spielen die Dame des Hauses und ihre Tochter vierhändig auf dem weißen Klavier.
4 Die Familie Neureich beobachtet mit Neid den Wohlstand (dass wie gut steht den) der Nachbarn.
5 Aber plötzlich dreht sich der Mann zu seiner Frau und flüstert ihr glücklich ins Ohr: "Siehst du, es fängt an, ihnen schlecht zu gehen".
6 – Wie das (wie-wie)? fragt ihn die Frau erstaunt.
7 – Hast du nicht bemerkt, dass sie zu zweit auf einem Klavier spielen?

---

4 *Csodálkozva*, wörtlich: "erstaunend, bewundernd". Es geht um das Gerundium, eine verbale Form, auf die wir noch zurückkommen.

8 Két csontváz találkozik a Nagykörúton. **(5)**
9 – Kolléga úr, maga mikor halt meg? **(6)**
10 – Ó, én még jóval az áremelések előtt. És ön mióta halott?
11 – Hogyhogy én? Nem látja, hogy én még élek?

ANMERKUNGEN
5 Auf dem *nagykörút* (der Große Ring), der die zentralen Viertel des linken Ufers von Budapest umkreist, entstehen die meisten der berühmten Witze der ungarischen Hauptstadt.
6 *Maga* und *maguk* werden im vertrauteren Kontext gebraucht als *ön* und *önök*.

GYAKORLAT
1 A rendőr csontvázakat talált a lakásban. **2** Amióta megvásároltuk a Hifi-tornyot, nem játszom a zongorán. **3** Miért figyeled azt, hogy mások hogyan élnek? **4** Áremelés után mindenkinek rosszul megy. **5** Hatalmas vacsorát ettünk egy étteremben a Nagykörúton. **6** Ne súgj semmit a fülembe, beszélj hangosan.

EGÉSZÍTSE KI

1 *In der Nachbarvilla kommen Gäste an.*
A .... villába .... érkeznek.

2 *In welchem Geschäft kann man westliche Getränke kaufen?*
Melyik .... lehet ..... nyugati ....?

3 *Um Mitternacht haben sie vierhändig gespielt.*
.... négykezest ....

4 *Als ich jung war, ging ich oft in die Diskothek.*
Amikor ...... voltam, gyakran ...... diszkóba.

5 *Die neuen Reichen sind neidischer als die alten Reichen.*
Az .... irigyebbek, ... a .... gazdagok.

kétszáz 200

8 Zwei Skelette treffen sich auf dem Großen Ring.
9 – Lieber Kollege (Kollege Herr), wann sind Sie [denn] gestorben?
10 – Oh, ich, das war lange (gut) vor der Preiserhöhung. Und Sie, seit wann sind Sie tot?
11 – Wieso ich? Sehen Sie nicht, dass ich noch lebe?

ÜBUNG: **1** Der Polizist hat Skelette in der Wohnung gefunden. **2** Seit wir die Hi-Fi-Stereoanlage gekauft haben, spiele ich nicht mehr Klavier. **3** Warum beobachtest du, wie die anderen leben? **4** Nach [einer] Preiserhöhung geht es allen schlecht. **5** Wir haben ein riesiges Abendessen in einem Restaurant auf dem Großen Ring gegessen. **6** Flüstere mir nichts ins Ohr, sprich laut.

6 *Jeder ist (alle sind) zufrieden, [wenn] es seinen Freunden gut geht.*
.... annak . ... nak ... megy.

DIE FEHLENDEN WÖRTER:
1 - szomszéd - vendégek - **2** - üzletben - venni - italokat **3** éjfélkor - játszottak. **4** - fiatal - jártam - **5** - újgazdagok - mint- - régi - **6** Mindenki örül - - a barátai - jól -

LEKTION 59

Második hullám: tizedik lecke

HATVANADIK LECKE

Választási beszéd egy képzelt köztársaságban (1)

1 Tisztelt választók! Hölgyeim és uraim! **(1) (2)**
2 Szeptember 10-én, vasárnap, választás lesz hazánkban!
3 Új képviselők kerülnek a Parlamentbe, új kormány fogja vezetni az országot. **(2) (3)**
4 Kérem önöket, szavazzanak az A pártra és ne a B-re. **(2)**
5 Ők sokat igérnek; de keveset tesznek az emberekért.
6 Tudják, hogy pártunk, az A párt, nagy eredményeket ért el az elmúlt négy évben. **(1)**
7 Új bölcsőde és óvoda épült ebben a kerületben a mi pártunknak köszönhetően. **(4) (5)**
8 A következő években folytatjuk eddigi politikánkat: uszodát, sportpályát és parkokat kapnak a kerület lakói. **(2) (4) (5)**
9 Jelszavaink nem változtak: Éljen a béke, a biztonság, a leszerelés.
10 Nem akarunk háborút. Azt szeretnénk, ha mindenki boldog és szabad lenne.

ANMERKUNGEN

1 *Képzelt* ist das Partizip Perfekt von *képzel* "erfinden", *tisztelt* ist das von *tisztel* "respektieren, ehren", *elmúlt* das von *elmúl(ik)* "vergehen, verlaufen".
2 *Választó, képviselő, lakó, következő* sind Formen des Partizip Präsens. Sie haben sie sicher erkannt. Lesen Sie auch Absatz 3 der sechsundfünfzigsten Lektion.
3 *Kerül* bedeutet nicht nur "kosten". Hier bedeutet es "sich wiederfinden".

SECHZIGSTE LEKTION

Wahlrede in einer erfundenen Republik

1 Liebe (geehrte) Wähler! Meine Damen und Herren!
2 Am Sonntag, den 10. September, werden in unserem Vaterland Wahlen stattfinden (sein).
3 Neue Abgeordnete werden ins Parlament kommen, eine neue Regierung wird das Land leiten.
4 Ich bitte Sie, für die Partei A zu stimmen und nicht für die [Partei] B.
5 Sie versprechen viel, aber [sie] tun wenig für die Leute.
6 Sie wissen, dass unsere Partei, die Partei A, in den vier letzten Jahren gute (große) Resultate erzielt hat.
7 Es ist unserer Partei zu verdanken, dass (dank unserer Partei ...) eine neue Krippe und ein [neuer] Kindergarten in diesem Viertel gebaut worden sind.
8 [Im Laufe] der kommenden Jahre (folgenden) werden wir unsere bisherige Politik weiterführen: die Bewohner [unseres] Viertels werden ein Schwimmbad bekommen, ein Sportstadion und Parkanlagen.
9 Unsere Schlagworte haben sich nicht geändert: es lebe der Frieden, die Sicherheit, die Abrüstung.
10 Wir wollen keinen Krieg. Wir möchten, dass alle glücklich und frei sind (wären).

---

4 *Bölcsőde, óvoda, uszoda*. Sie haben bemerkt, dass es um Begriffe geht, die einen Ort bezeichnen, an dem verschiedene Handlungen ablaufen. *-da/ -de* ist ein Suffix, das im 19. Jahrhundert von den "Reformern" der ungarischen Sprache erfunden wurde. Es ist lange Zeit umstritten gewesen, bevor es für manche Begriffe angenommen wurde: *iroda* (Büro), *nyomda* (Druckerei), *szálloda* (Hotel), *cukrászda* (Konditorei).
5 Das Wort *kerület* bedeutet in Wirklichkeit "Stadtbezirk". Aber da dieser Begriff so häufig gebraucht wird, übersetzen wir ihn durch "Viertel", das im Deutschen genauso geläufig ist wie *kerület* im Ungarischen.

GYAKORLAT

1 A párt sokat tett az emberekért. **2** Öt év óta nem épült uszoda a kerületben. **3** Az én családom mindig konzervatív volt. **4** Egy szép jelszó még nem eredmény. **5** A gyerekek is szavaznak vasárnap? kérdezi Petike. **6** Kérem önöket, folytassák eddigi munkájukat.

EGÉSZÍTSE KI

1 *Die ganze Welt kämpft für die Abrüstung.*

Az egész ..... harcol a .... ért.

2 *Intelligente Abgeordnete haben sich im Parlament wiedergefunden.*

.... képviselők .... a Parlament ...

3 *Die Bewohner des Viertels haben einen neuen Kindergarten verlangt.*

A .... lakói új ....

4 *Diese Regierung weiß nicht, was die Leute wollen.*

Ez a .... nem ..... mit .... az ....

5 *Es ist der Druckerei zu verdanken, dass dieses Buch sehr schön ist.*

A .... köszönhetően ez a ..... nagyon .....

HATVANEGYEDIK LECKE

Távirat

1 "Értesítünk titeket, hogy tegnap, tehát március elsején reggel hat órakor

ÜBUNG: **1** Die Partei hat viel für die Bevölkerung getan. **2** Seit fünf Jahren ist kein Schwimmbad im Viertel gebaut worden. **3** Meine Familie ist (schon) immer konservativ gewesen. **4** Ein schöner Slogan (Schlagwort) ist noch kein Resultat. **5** Wählen auch die Kinder am Sonntag? fragt Peterchen. **6** Ich bitte Sie, ihre bisherige Arbeit weiter zu führen.

6 *Welcher Partei gibst du deine Stimme?*

  Melyik . . . . ol?

DIE FEHLENDEN WÖRTER:

1 - - világ - - leszerelés- **2** Okos - kerültek - -be. **3** - kerület - - óvodát kértek. **4** - - kormány - tudja - akarnak - emberek. **5** - nyomdának - - - könyv - szép. **6** - pártra szavaz-

Második hullám: tizenegyedik lecke

EINUNDSECHZIGSTE LEKTION

[Ein] Telegramm

1 "Wir teilen Euch mit, dass wir gestern, das heißt am 1. März, um sechs Uhr morgens (Morgen sechs Uhr),

2 világra jöttünk a budapesti János kórház szülészeti osztályán. **(1)**

3 Szüleink legnagyobb meglepetésére és örömére ketten vagyunk. **(1)**

4 Egyikünk súlya 2 kiló 20 deka, másikunké 2 kiló 30 deka. **(2)**

5 Mindketten 49 centiméter hosszúak és kékszeműek vagyunk. **(3)**

6 Hajunk még nincs, de különben szépek vagyunk és mindenünk megvan. **(4)**

7 Amikor nem alszunk, felváltva sírunk és sok tejecskét iszunk. **(5)**

8 Anyukánk egészséges és boldog, hogy ikrei vannak. **(5)**

9 Apukánk nagyon büszke arra, hogy egyszerre két fia született, **(1) (5)**

10 de egy kicsit fél attól, hogy nem tud majd minket megkülönböztetni.

11 Egy hét múlva otthon leszünk. Benedek Jancsika és Robika." **(5)**

ANMERKUNGEN

1 Hier ist eine schöne, durch Ableitung entstandene Wortfamilie: *szülészet* kommt von *szül* (entbinden) und von *szülész* (Geburtshelfer). *Szülő* (Partizip Präsens von *szül*) bedeutet wörtlich, der oder die (es gibt kein Wortgeschlecht im Ungarischen) entbindet, der Elternteil. *Születik*: geboren werden, *újszülött*: Neugeborenes.

2 *Egy*: eins; *egyik* bezeichnet ein Individuum oder Objekt, das Mitglied einer Gruppe von Individuen oder Objekten ist. *Más*: etwas anderes, andere; *másik*: ein anderer. "Einer von uns" = *egyikünk* (wörtlich: unser einer der beiden).

3 *Kékszemű*: "mit blauen Augen, blauäugig" (*kék*: blau, *szem*: Auge). Im Ungarischen ist es möglich, mit Hilfe des Suffixes *-ú/ -ű* aus mehreren Wörtern ein Adjektiv zu bilden, die dann als ein einziger Wortblock betrachtet werden.

2 in der Entbindungsstation des Krankenhauses Johann in Budapest auf die Welt gekommen sind.

3 Zur größten Überraschung und Freude unserer Eltern sind wir zwei.

4 Einer von uns wiegt (das Gewicht von unserem einen der beiden) 2 Kilo 200 Gramm (20 Dekagramm) und der andere (unser andere) 2 Kilo 300 Gramm.

5 Wir sind alle beide 49 Zentimeter groß und haben blaue Augen.

6 Wir haben noch keine Haare, aber sonst sind wir schön und es fehlt uns nichts (unser alles ist da).

7 Wenn wir nicht schlafen, weinen wir abwechselnd und trinken viel Milch.

8 Unserem lieben Mamachen geht es gut (ist gesund), und [sie ist] glücklich, Zwillinge zu haben.

9 Unser liebes Papachen ist sehr stolz darauf, zwei Söhne gleichzeitig bekommen zu haben (dass mit einem Mal zwei sein Sohn ist geboren),

10 aber er hat ein bisschen Angst, uns später nicht [voneinander] unterscheiden zu können.

11 In einer Woche (vorbei eine Woche) werden wir zu Hause sein. Hansi und Berti Benedek."

---

4 Es gibt einen Unterschied zwischen *van* und *megvan*. Wir haben bereits gesehen, dass das Verbalpräfix *meg-* das Perfekt (die abgeschlossene Handlung) ausdrückt. Kombiniert mit *van*, das die Existenz bezeichnet, bedeutet es, dass diese, ein Augenblick angezweifelt wurde, durchaus reell ist. Wenn Sie etwas (ein Objekt, eine Idee, usw.) finden, nachdem Sie eine gewisse Zeit gesucht haben, werden Sie ausrufen: *megvan!* - "Ich hab's!". Auf die Frage *Hogy van?* "wie geht es Ihnen?" können Sie antworten: *Köszönöm, jól vagyok*, aber auch, wenn es Ihnen nicht sehr gut geht: *Megvagyok*, das in etwa unserem "es muss gehen, es geht so" entspricht.

5 *-ka/ -ke, -cska/ -cske, -i* und *-u* sind Suffixe des Diminutivs. *Tejecske* gehört zur Sprache der Kinder. *Apuka, anyuka* sind doppelte Diminutive: *apu* und *anyu* sind umgangssprachlichere Formen von *apa* und *anya*. Die meisten Vornamen erlauben die Koseform (hier: *Jancsika, Ferike, Rózsi, Laci*). Wenn Sie die Autoren dieses Kurses mit Ihren Kosenamen rufen würden, würden Sie sagen: *Gyuri* oder *Gyurika* (*György*) und *Tomi* oder *Tomika* (*Tamás*).

GYAKORLAT

1 Az ikreket senki nem tudja megkülönböztetni. **2** Mennyi ennek a gyereknek a súlya? **3** Nekem a kékszemű fiúk tetszenek. **4** Aki egészséges, annak születhetnek gyerekei. **5** A szülészeti osztályon felváltva sírnak az újszülöttek. **6** Az apám legnagyobb örömére letettem a matematika vizsgát.

EGÉSZÍTSE KI

1 *Ich bin glücklich, dass ich zu Hause sein kann (dass zu Hause ich kann sein).*
...... vagyok, hogy ...... lehetek.

2 *Am Morgen schlafen wir bis acht Uhr.*
...... nyolc ... ig ....

3 *Ich fürchte (die) Überraschungen.*
..... a .... től.

4 *Einer von uns trinkt Milch, der andere (von uns) Wein.*
.... tejet ....., másikunk .....

5 *In (vorbei) einer Woche gehen wir auf Reisen.*
...... múlva ....

HATVANKETTEDIK LECKE

Diavetítés

1 – Gyertek, vetítek nektek. Végre elkészültek a magyarországi diák. **(1)**

kétszáznyolc 208

ÜBUNG: **1** Niemand kann die Zwillinge unterscheiden. **2** Wie viel wiegt dieses (ist das Gewicht von diesem) Kind? **3** Mir gefallen die Jungen mit blauen Augen. **4** Die, die gesund ist, kann Kinder haben (der, die gesund ist, können Kinder geboren werden). **5** Auf der Entbindungsstation weinen die Neugeborenen eines nach dem anderen. **6** Zur größten Freude meines Vater habe ich das Mathematikexamen bestanden.

6 *Das kleine Mädchen hat langes Haar.*
A . . . . nak . . . . . . haja . . . .

DIE FEHLENDEN WÖRTER:
1 Boldog - - otthon - **2** Reggel- órá- alszunk. **3** Félek - meglepetések- **4** Egyikünk - iszik -bort. **5** Egy hét - elutazunk. **6** - kislány - hosszú - van.

Második hullám: tizenkettedik lecke

ZWEIUNDSECHZIGSTE LEKTION

Diavortrag

1 – Kommen Sie, ich zeige Ihnen Dias (ich führe vor Ihnen). Die Dias von Ungarn sind endlich fertig (vorbereitet).

LEKTION 62

2 – Ezt a képet a Keleti pályaudvaron készítettem. Oda érkeznek a vonatok Nyugat-Európából.
3 – Ebben a szép, modern villában laktunk a Rózsadombon. Tudjátok, a magánlakás sokkal olcsóbb, mint a szálloda. (2)
4 – Egyik nap lementünk a Dunához. Az utolsó percben, futva értük el a sétahajót. (3)
5 – Nézzétek, milyen csodálatos a panoráma a folyóról, a Halászbástya mögött a távolban látszanak a budai hegyek.
6 – A Városligetben sétálva, megismerkedtünk ezzel a családdal. Kiderült, hogy itt laknak Párizsban, nem messze tőlünk. (3)
7 – Ezen a képen a gyerekek állnak az Állatkert bejárata előtt. Sajnos átépítés miatt zárva volt. (3)
8 – Sietve mentünk a Hősök terére, hogy még nyitva találjuk a Szépművészeti Múzumot. (3)
9 – A most következő diákat bent a múzeumban vásároltuk. Szebbek, mintha én fényképeztem volna.
10 – Utolsó este magyar barátaink meghívtak minket ebbe az étterembe. Mátyás pincének hívják.
11 – Annyi bort ittunk evés közben, hogy énekelve mentünk haza. (3)

ANMERKUNGEN
1 *Magyarországi*: siehe Anmerkung **1** der vorherigen Lektion.
2 *Tudjátok*: bestimmte Konjugation, weil der auf das Verb folgende Satz die Funktion eines Objekts hat.
3 *-va/ -ve* ist das Suffix vom "Gerundium" (*sétálva*: spazieren gehend, *sietve*: rennend). Es kann auch einen Zustand ausdrücken und entspricht dann dem Partizip Perfekt im Deutschen: *nyitva* (geöffnet), *zárva* (geschlossen), *fizetve* (bezahlt), usw. Wir kommen in unserer Wiederholungslektion darauf zurück.

2 – Dieses Bild habe ich am Ostbahnhof aufgenommen (vorbereitet). Dort kommen die Züge aus Westeuropa an.

3 – In dieser schönen, modernen Villa auf dem Rosenhügel haben wir gewohnt. Wissen Sie, ein privates Appartement ist viel billiger als das Hotel.

4 – An einem Tag sind wir zur Donau hinuntergegangen. In der letzten Minute, rennend, haben wir den Vergnügungsdampfer erwischt (Spazierschiff).

5 – Schauen Sie, wie wunderbar das Panorama vom Fluss aus [gesehen] ist. Hinter der Fischerbastei sieht man (sehen sich) in der Ferne die Berge von Buda.

6 – Beim Spazierengehen im Stadtwald haben wir diese Familie kennengelernt. Es stellte sich heraus, (es ist erschienen), dass sie hier in Paris wohnt, nicht weit von uns.

7 – Auf diesem Foto (Bild) stehen die Kinder vor dem Eingang des Tiergartens. Leider war er wegen Umbauarbeiten geschlossen.

8 – Wir (uns beeilend, sind wir ... gelangt) sind zum Heldenplatz geeilt, um das Museum der Schönen Künste noch geöffnet [vor]zufinden.

9 – Die jetzt folgenden Dias sind im Museum gekauft worden (die jetzt folgenden Diapositive im Innern im Museum wir haben gekauft). Sie sind schöner als die Fotos, die ich gemacht hätte (schöner als wenn ich bin, der fotografiert hätte).

10 – [Am] letzten Abend haben unsere ungarischen Freunde uns in dieses Restaurant eingeladen. Es heißt der Mathias-Keller.

11 – Wir haben so viel Wein während des Essens getrunken, dass wir singend nach Hause gegangen sind.

GYAKORLAT

1 Nem messze tőlünk új szálloda épült. **2** Elkészült már a rózsadombi lakásod? **3** Siessünk, mert zárva lesz az áruház. **4** Evés közben ne beszélj annyit. **5** Magyar gyerekekkel ismerkedtem meg az Állatkertben. **6** Ezt a képet az utolsó percben készítettük.

EGÉSZÍTSE KI

1 *Der Zug ist billiger als das Flugzeug.*

A ...., mint a ....

2 *Heute Morgen habe ich schöne Kinder fotografiert.*

Ma .... fényképeztem.

3 *Man kann im Museum Diapositive kaufen.*

Lehet .... a múzeumban.

4 *Der Vergnügungsdampfer hält vor der Fischerbastei.*

A .... megáll a .... előtt.

5 *Am letzten Tag steigen wir vom Rosenhügel zum Stadtwald hinunter.*

Az ...... nap .... a .... ról a .... be.

HATVANHARMADIK LECKE

WIEDERHOLUNG UND ANMERKUNGEN

In unserer vorhergehenden Wiederholungslektion, Lektion 56, haben wir Ihnen die Probleme des Partizip Präsens dargelegt. Dieses Mal behandeln wir die anderen, sogenannten "nominalen" Formen des Verbes. Also:

ÜBUNG: **1** Nicht weit von uns ist ein neues Hotel gebaut worden. **2** Ist deine Wohnung auf dem Rosenhügel schon fertig? **3** Beeilen wir uns, weil das Kaufhaus [sonst] geschlossen sein wird. **4** Sprich nicht so viel während des Essens. **5** Im Zoo habe ich ungarische Kinder kennengelernt. **6** Wir haben dieses Foto (Bild) in letzter Minute gemacht.

DIAVETÍTÉS

6 Im Hotel trinken die Touristen Wein.

A . . . . bort . . . .

DIE FEHLENDEN WÖRTER:
1 - vonat olcsóbb - - repülőgép. **2** - reggel szép gyerekeket - **3** - diákat vásárolni - - **4** -sétahajó - - Halászbástya - **5** utolsó - lemegyünk - - Rózsadomb- - Városliget- **6** - szállodában - isznak a turisták.

Második hullám: tizenharmadik lecke

DREIUNDSECHZIGSTE LEKTION

1 Das Partzip Perfekt (siehe Anmerkung **1** der sechzigsten Lektion). Seine Form entspricht der der dritten Person Singular der Vergangenheit: *-t, -tt*. *Ismer*: kennen, *ismert költő*: bekannter Poet, *olvasott könyv*: [ein] gelesenes Buch.

Das Partzip Perfekt drückt im Allgemeinen eine Eigenschaft aus: *A tegnap vetített diák*: "Die gestern vorgeführten Diapositive". *A Városligetben megismert család*: "Die Familie, [die man] im

Stadtpark kennengelernt hat". *Az étterembe meghívott barátok*: "Die ins Restaurant eingeladenen Freunde".

Ganz wie in anderen Sprachen wird das Partizip Perfekt oft zum Adjektiv oder zum unabhängigen Substantiv: So bedeutet *használt ruha* "abgenutztes Kleidungsstück" (vom Verb *használ*: benutzen, verwenden), *sült hús*: "gebratenes Fleisch" (von *sül*: kochen), davon abgeleitet: *sült* (alleinstehend): der Braten. *Múlt héten*: vergangene Woche. *Mit tudsz a múltamról?*: "Was weißt du von meiner Vergangenheit?"

2 Der Infinitiv (siehe Anmerkung **3** der sechsten Lektion) wird immer durch das Hinzufügen von *-ni* an den Wortstamm gebildet. Wenn dieser mit zwei Konsonanten endet (zum Beispiel *mond*: sagen, *kiált*: schreien) oder mit *-ít* (zum Beispiel *tanít*: lehren, *segít*: helfen), steht vor dem Suffix *-ni* ein Bindungsvokal: *mondani, kiáltani, tanítani, segíteni*.

Wir erinnern daran, dass das Verb der Existenz *van* seinen Infinitiv mit *lenni* bildet. Ebenfalls unregelmäßig sind
megy → *menni*: "gehen",
eszik → *enni*: "essen,"
iszik → *inni*: "trinken",
tesz → *tenni*: "machen", "legen", "stellen", "tun"
vesz → *venni*: "nehmen", "kaufen",
hisz → *hinni* : "glauben"
visz → *vinni*: "tragen".

Wir kommen auf das Problem des Infinitivs in unserer nächsten Lektion "Wiederholung und Anmerkungen" zurück, in der wir ebenfalls die Wortfolge und den "possessivierten" Infinitiv behandeln werden.

3 Das Gerundium (siehe Anmerkung **4** der neunundfünfzigsten und Anmerkung **3** der zweiundsechzigsten Lektion) wird mit dem Suffix *-va/ -ve* gebildet. Hier einige spezielle Fälle: *megy* "gehen", *menve* "gehend", *fekszik* "liegen", *fekve* "liegend", *vesz* "nehmen", *véve* "nehmend", usw. Manche Formen des

Gerundiums werden wie Postpositionen gebraucht: *holnaptól kezdve* - "Ab (beginnend mit) morgen": *két óra múlva* - "in zwei Stunden". Wenn das Verb mit einem Verbalpräfix versehen ist, stellt sich das Hilfsverb (meistens *van*) zwischen das Verbalpräfix und das Verb: *Péter el van utazva* - "Peter ist auf Reisen gegangen", *a hús meg van sütve*: "das Fleisch ist gegrillt (gebraten)". Manche Linguisten zweifeln die Legitimität dieser Formen an, die jedoch sehr häufig in der gesprochenen Sprache gebraucht werden.

4 Die Wortfolge. Dazu muss man sagen, dass hier eine der großen Schwierigkeiten der ungarischen Sprache liegt. Sie haben bereits bemerkt, dass die Wortfolge außerordentlich variierbar ist. Manche behaupten sogar, sie sei völlig "frei": man könne die Wörter in jeder beliebigen Reihenfolge anordnen. Leider ist das nicht so. Jede Variation bringt eine bedeutsame Nuance mit sich, die wir hier mit Ihnen anhand einiger Beispiele versuchen werden zu umreißen:

a
János olvas. Hans liest.
János 'nem olvas. - Hans liest nicht.
'Mit olvas János? - Was liest Hans?
János 'könyvet olvas. - Hans liest ein Buch/Bücher.
'Ki olvas könyvet? - Wer liest ein Buch/Bücher?
'János olvas könyvet. - Es ist Hans, der ein Buch/Bücher liest.
'János olvas könyvet? - Ist es Hans, der ein Buch/Bücher liest?
'Nem János olvas könyvet. - Es ist nicht Hans, der ein Buch/Bücher liest.
'Könyvet olvas János? - Ist es ein Buch, das/Sind es Bücher, die Hans liest?
János 'nem könyvet olvas. - Dies ist nicht ein Buch, das/Dies sind keine Bücher, die Hans liest.

b
János 'olvasni akar. - Hans will lesen.
János 'nem akar olvasni. - Hans will nicht lesen.
'Mit akar olvasni János? - Was will Hans lesen?
János 'könyvet akar olvasni. - Dies ist ein Buch, das/sind Bücher, die Hans lesen will.

'Ki akar könyvet olvasni? - Wer will ein Buch/Bücher lesen?
'János akar könyvet olvasni. - Es ist Hans, der ein Buch/Bücher lesen will.
'János akar könyvet olvasni? - Ist das Hans, der ein Buch lesen will?
'Nem János akar könyvet olvasni. - Es ist nicht Hans, der ein Buch/Bücher lesen will.
'Könyvet akar olvasni János? - Ist das ein Buch, das Hans lesen will?
János 'nem könyvet akar olvasni. - Es ist nicht ein Buch, das Hans lesen will.

Wie Sie selbst sehen, hängt die Wortfolge von der Intention des Sprechers ab, die Aufmerksamkeit auf dieses oder jenes Element des Satzes zu ziehen. **Dieses privilegierte Element wird direkt**

HATVANNEGYEDIK LECKE

Tudni illik, hogy mi illik

1 Bizonyára észrevette, hogy nem elég egy idegen nyelvet jól beszélni: külföldön viselkedni is tudni kell. **(1)**
2 Ezért elhatároztuk, hogy ebben a leckében megtanítjuk önt néhány nagyon fontos kifejezésre. **(2)**
3 Étkezés előtt a magyarok azt mondják egymásnak: "Jó étvágyat kívánok".
4 Amikor koccintunk Magyarországon, illik azt mondani: "Egészségére", ha magázódunk, vagy: "Egészségedre", ha tegeződünk.

ANMERKUNGEN
1 Wir erinnern Sie daran, dass die "Zeitenfolge" im Ungarischen nicht existiert, und dass man das Präsens im Nebensatz gebraucht, selbst wenn das Verb im Hauptsatz in der Vergangenheitsform steht.

vor das Verb gestellt. Dadurch erklärt sich zum Beispiel der Unterschied zwischen *János 'könyvet olvas*. - Es ist ein Buch, das Hans liest, und *'János olvas könyvet*. - Es ist Hans, der ein Buch/Bücher liest. In Absatz b (s. 214) wird das Verb im Infinitiv von einem Hilfsverb begleitet: *akar*. Es bestimmt die Wortfolge; die Elemente, auf die wir die Aufmerksamkeit ziehen wollen, werden ihm vorangestellt; Elemente, die deshalb einen Silbenakzent oder einen prosodischen Akzent, in unserem Text markiert durch ', tragen.

Diese Basisregel (das akzentuierte Element steht vor dem Verb) zieht zahlreiche Konsequenzen nach sich, über die wir in unserer nächsten Wiederholungslektion sprechen werden.

Második hullám: tizennegyedik lecke

VIERUNDSECHZIGSTE LEKTION

Es ist angebracht zu wissen, wie man sich benimmt.

1 Sie haben sicher bemerkt, dass es nicht genügt, eine Sprache gut zu sprechen: im Ausland muss man auch wissen, wie man sich [korrekt] verhält.
2 Deshalb haben wir beschlossen, Ihnen in dieser Lektion einige wichtige Redewendungen beizubringen.
3 Vor dem Essen sagen die Ungarn zueinander: "Ich wünsche [Ihnen] guten Appetit".
4 Wenn wir in Ungarn mit den Gläsern anstoßen, ist es höflich, "Auf Ihre Gesundheit!" zu sagen, wenn man sich siezt, oder "Auf deine Gesundheit!", wenn man sich duzt.

---

2 Es gibt einen Unterschied zwischen *ezért* (deshalb) und *azért ... mert* (weil ... oder wenn ...., dann weil).

5 Érdekes módon, ugyanezt kell kívánni annak is, aki tüsszent.

6 Ha cigarettázni akar, előbb meg kell kérdeznie: "Rágyújthatok?" vagy "Szabad itt cigarettázni?". **(3) (4)**

7 "Bocsánat (vagy: elnézést) a zavarásért", így szólítunk meg egy ismeretlent az utcán, aztán folytatjuk:

8 "Kérem, meg tudná mondani, hol van a posta, a kórház, a pályaudvar, az áruház, stb.?". **(5)**

9 A választ meg kell köszönnünk: "Köszönöm vagy köszönjük a segítséget". **(3)**

10 Vannak persze egyéb helyzetek is. Lássuk például a leghétköznapibb esetet: **(4)**

11 Kisasszony, a világért sem szeretném zavarni. Megengedi, hogy hazakísérjem? **(6)**

ANMERKUNGEN

3 *Meg kell kérdeznie*: Sie müssen fragen, *meg kell köszönnünk*: wir müssen danken. Im Gegensatz zum Deutschen kann der Infinitiv possessive Suffixe annehmen. Diese bezeichnen dann das Subjekt. Das ist eine Eigenheit der ungarischen Sprache, an die Sie sich sehr schnell gewöhnen werden. Wir kommen übrigens darauf in unserer nächsten Wiederholungslektion zurück.

4 *Rágyújthatok? leghétköznapibb*. Nachstehend zwei Wörter, deren Analyse es Ihnen bestimmt erlauben wird, Ihre Kenntnisse zu erweitern.
a) *gyújt* (anzünden) ist der Wortstamm, *-hat* ist das Suffix des Potentialis, *-(o)k* das der ersten Person Singular. Was das Verbalpräfix betrifft, so wird es vom Suffix *-ra/ -re* abgeleitet.

GYAKORLAT

1 Elnézést, hogy megzavartalak étkezés közben. **2** Ha akarjátok, ma nem gyújtok rá. **3** Mit kell kívánnunk a nagymamának? **4** Tanulj meg minden helyzetben viselkedni. **5** Azért tüsszentett, mert hideg van. **6** Meg tudják nekünk mondani, hol van a Nyugati pályaudvar?

5 Interessant ist (auf interessante Art), [dass] man das Gleiche dem wünscht, der niest.
6 Wenn Sie rauchen wollen ("Zigarette rauchen"), sollten Sie erst fragen: "Darf ich [mir] eine anzünden?" oder: "Ist es erlaubt, hier zu rauchen?".
7 "Entschuldigen Sie, dass ich störe" (verzeihen (oder: entschuldigen Sie) die Störung), mit diesen Worten wenden wir uns an einen Unbekannten auf der Straße, und fahren dann fort:
8 "Bitte, könnten Sie [mir] sagen, wo sich die Post, das Krankenhaus, der Bahnhof, das Kaufhaus, usw. befindet?".
9 Wir müssen uns [für] die Antwort bedanken: "ich danke [Ihnen] oder wir danken [Ihnen für] Ihre Hilfe".
10 Natürlich gibt es auch andere Situationen. Betrachten wir zum Beispiel die alltäglichste Situation:
11 Fräulein, um nichts in der Welt (für die Welt auch nicht) möchte ich Sie stören. Erlauben Sie [mir], Sie nach Hause zu begleiten?

---

b) *nap* (Sonne, Tag), *hét* (Woche), *hétköznap* (Wochentag), *-i* Suffix zur Adjektivbildung mit Nomen; *leg...-bb* bezeichnet den Superlativ.
5 *stb.* (ausgesprochen *satöbbi*) bedeutet "usw." (*és a többi*: "und die anderen"). Siehe Satz 11 der dreiunddreißigsten Lektion.
6 *Hazakisérjem* steht im Imperativ. Dieser ist durch das Verb *megenged* (erlauben) gerechtfertigt.

ÜBUNG: 1 Entschuldigung, dass ich dich während des Essens gestört habe. **2** Wenn ihr [es] wünscht, rauche ich heute nicht. **3** Was sollen wir Großmutter wünschen? **4** Lerne, dich in jeder Situation korrekt zu verhalten. **5** Er hat geniest, weil es kalt ist. **6** Können Sie uns sagen, wo sich der Westbahnhof befindet?

EGÉSZÍTSE KI

1 *Es ist nicht angebracht, im Kaufhaus zu rauchen.*
Az .... nem ..... cigarettáz ... .

2 *Ich habe einen Unbekannten auf der Straße angesprochen.*
.... egy ....t az utcán.

3 *Wir haben dreimal [mit unseren Gläsern] angestoßen.*
.... koccintott .... .

4 *Als meine Frau "eine angezündet" hat, habe ich geniest.*
Amikor a .... rá ...., ...

5 *Das Fräulein hatte keinen Appetit.*
A .... nem volt ....

HATVANÖTÖDIK LECKE

Szállodában

1 – Halló, a Csillag Szállodával beszélek? Itt a VIZFEJIMPEX. Szobát szeretnénk foglalni holnaptól négy éjszakára egy külföldi vendégünk részére. **(1)**

2 – Tehát március elsejétől március ötödikéig. Kérem, ennek semmi akadálya. Legyen szíves, betűzze a vendég nevét.

ANMERKUNGEN
1 *Részére*: für, bestimmt sein für. Diese Postposition, die von dem Wort *rész* "Teil" abgeleitet ist, ist possessiviert, und an das so entstandene Wort wird das Suffix *-ra/ -re* angehängt: *részemre* "für mich", *részedre* "für dich", usw.

6 *Könnten Sie [mir] sagen, wo die Grenze ist?*
Meg ..... mondani, hol ... a .....?

DIE FEHLENDEN WÖRTER:
1 - áruházban - illik -ni. 2 Megszólítottam - ismeretlen- - - 3 Háromszor - unk. 4 -feleségem - gyújtott - tüsszentettem. 5 - kisasszonynak - - étvágya. 6 - -tudná - - van - határ.

Második hullám: tizenötödik lecke

FÜNFUNDSECHZIGSTE LEKTION

Im Hotel

1 – Hallo, spreche ich mit dem Hotel Stern? Hier ist VIZFEJIMPEX. Wir möchten ein Zimmer für unseren ausländischen Gast reservieren, für vier Nächte ab morgen.
2 – Also vom 1. bis zum 5. März. Kein Problem (ich bitte Sie, es gibt keinen Hinderungsgrund dagegen). Buchstabieren Sie bitte den Namen Ihres Gastes.

2 Es wird gelegentlich vorkommen, dass Sie einen Namen buchstabieren müssen. Im Ungarischen werden die folgenden Eigennamen dazu verwendet (zusätzlich zu denen, die Sie in dieser Lektion finden): A András, B Béla, D Dóra, F Ferenc, G Gizella, H Hajnalka, J János, K Katalin, L Luca, M Mátyás, P Piroska, R Róbert, S Sarolta, U Ubul, Z Zoltán.

3 – Úgy hívják, hogy Vicento. V, mint Vilmos, I, mint István, C, mint Cecil, E, mint Elemér, N, mint Nándor, T, mint Timea, O, mint Olga. A keresztneve Marco. **(2)**
4   Lehetőleg fürdőszobás vagy zuhanyozós szobát kérünk V. úr részére. Mennyi az ára egy éjszakára reggelivel? **(3) (4)**
5 – Az első emeleten minden szoba 5.000 forintba kerül. A reggeli benne van az árban.
6   A második emeleten vannak olcsóbb szobáink is de a zuhanyozó és a WC a folyosón van.
7 – Jó napot kívánok. Vicento Marconak hívnak. Egy vállalat foglalt részemre szobát mától csütörtökig. **(1)**
8 – Örülünk, hogy rendben megérkezett. Legyen olyan kedves, töltse ki a bejelentőlapot. Az útlevelét holnap visszaadjuk. **(3)**
9   Parancsoljon, ez a szoba kulcsa. A liftet ott találja szemben. A csomagokat majd felvitetem. **(5)**
10 – Reklamálni szeretnék. Én egy tágas, világos, kétágyas szobát kértem, de egy szűk, sötét egyágyast kaptam. **(4)**
11 Éjszaka olyan zaj volt, hogy alig tudtunk a feleségemmel elaludni, pedig önök azt ígérték, hogy a legcsendesebb, parkra néző szobát adják.

ANMERKUNGEN
3 *Lehetőleg* zerfällt in *lehet* (es ist möglich), *-ő* (Endung des Partizip Präsens) und das Suffix *-lag/ -leg*, das Sie auch in Wörtern wie *állítólag* (anscheinend, es scheint so, dass...), *viszonylag* (relativ), *végleg* (definitiv), *tényleg* (tatsächlich, wirklich) und *főleg* (vor allem) finden.
Bejelentőlap: "(Hotel)karteikarte" zerfällt in *be-*, Verbalpräfix, das die Bewegung nach innen bezeichnet, *jelent* (ankündigen, bedeuten), *bejelent* (melden), *-ő* (Erkennungszeichen des Partizip Präsens) und *lap* (Seite, Blatt).

3 – Er heißt (dass) Vicento. V wie Vilmos, I wie István, C wie Cecil, E wie Elemér, N wie Nándor, T wie Timea, O wie Olga. Sein Vorname ist Marco.

4 Wenn [es] möglich [ist], möchten wir für Herrn V. ein Zimmer mit Bad oder mit Dusche. Wie [hoch] ist der Preis für eine Nacht, mit Frühstück?

5 – Im (auf) ersten Stock kosten alle Zimmer 5000 Forint. Das Frühstück ist im Preis inbegriffen.

6 Im (auf) zweiten Stock haben wir auch billigere Zimmer, aber die Dusche und das WC sind auf dem Gang.

7 – Guten Tag. Ich heiße Marco Vicento. Ein Unternehmen hat für mich [ein] Zimmer reserviert, von heute bis Donnerstag.

8 – Wir freuen uns, dass Sie gut (in Ordnung) angekommen sind. Seien Sie so liebenswürdig [und] füllen diese Anmeldung aus. Wir geben Ihnen morgen Ihren Pass zurück.

9 Hier (befehlen Sie) der Zimmerschlüssel (Schlüssel des Zimmers). Sie finden den Aufzug (dort hinten) gegenüber. Ich lasse Ihr (das) Gepäck hochbringen.

10 – Ich möchte reklamieren. Ich hatte ein helles, großes Zimmer mit zwei Betten verlangt, aber ich habe ein enges, dunkles mit einem Bett bekommen.

11 In der Nacht war so ein Krach, dass wir, meine Frau und ich, kaum einschlafen konnten, dabei hatten Sie versprochen, [uns] das ruhigste Zimmer, das auf den Park geht, (schauend) zu geben.

---

4 *Fürdőszobás*, *zuhanyozós*, *kétágyas* und *egyágyas* sind Adjektive, die aus Substantiven, versehen mit dem Ableitungssuffix -s, gebildet wurden, das Sie bereits kennengelernt haben.
5 *Felvitetem*, *altató*. Sie haben den Faktitiv gelernt -at/ -et, -tat/ -tet. *Felvisz*: hochbringen, *felvitet*: hochbringen lassen; *alszik*: schlafen, *altat*: zum Schlafen bringen; *altató*: Schlafmittel.

12 És ez mind semmi. Nem elég, hogy csak egy ágy van, de az is kényelmetlen és a szomszédban szünet nélkül valamilyen furcsa nyelven veszekednek. **(6)**

13 – Ha gondolják, szívesen kicseréljük a szobát. Vagy adjunk inkább altatót?

ANMERKUNGEN
6 *Kényelmetlen* kommt von *kényelem* (Bequemlichkeit); *-tlen* ist ein Privativsuffix. Das Wort *kényelmes* (bequem) wird entsprechend der in Anmerkung **4** erwähnten Regel gebildet.

GYAKORLAT

1 A vendégek előtt lehetőleg ne veszekedjetek. **2** A feleségem visszaadta az útlevelemet. **3** Mennyibe kerül egy zuhanyozós szoba WC nélkül? **4** Örülsz, hogy az ágyban reggelizhetsz? **5** Legyen olyan kedves, foglaljon egy asztalt ma estére a családunknak. **6** A ti lakásotok is a parkra néz?

EGÉSZÍTSE KI

1 *Der Aufzug hält erst im zweiten Stock.*

A .... csak a .... meg.

2 *Vor der Abreise haben wir die Schlüssel der Wohnung austauschen lassen.*

Elutazás ..... kicserél ...... a ....

3 *Niemand weiß, warum es am Freitagabend so viel Lärm gab.*

..... nem ..... miért .... olyan .... este.

4 *Wenn es zu Hause kein Schlafmittel gibt, bitte den Nachbarn [um eines].*

Ha ...., kérj a .... tól.

12 Und das ist noch nichts alles. Nicht nur, dass es nur ein einziges Bett gibt, es ist auch [noch] unbequem. Und im Nachbar[zimmer] wird pausenlos in einer seltsamen Sprache gestritten.

13 – Wenn Sie meinen, tauschen wir gerne das Zimmer (wir tauschen gern das Zimmer). Oder sollen wir Ihnen lieber ein Schlafmittel geben?

ÜBUNG: 1 Wenn es möglich ist, [so] streitet euch nicht vor den Gästen. **2** Meine Frau hat mir meinen Pass zurückgegeben. **3** Wie viel kostet ein Zimmer mit Dusche, ohne WC? **4** Freust du dich, dein Frühstück im Bett einnehmen zu können? **5** Seien Sie [so] liebenswürdig, und reservieren Sie einen Tisch für unsere Familie für heute Abend. **6** Geht eure Wohnung ebenfalls auf den Park hinaus?

5 *Ich bitte Sie, auch Ihren Vornamen zu buchstabieren.*

Kérem . . . . a . . . . is.

6 *Ein großes Paket ist für das Unternehmen angekommen.*

Nagy . . . . a vállalat . . . .

DIE FEHLENDEN WÖRTER:

1 - lift — második emeleten áll - **2** - előtt - tettük - lakás kulcsait. **3** Senki - tudja - volt - zaj péntek - **4** - nincs itthon altató - - szomszéd - **5** - önt betűzze - keresztnevét - **6** - csomag érkezett - - részére.

Második hullám: tizenhatodik lecke

HATVANHATODIK LECKE

A lecsó receptje

1 Hozzávalók: fél kiló zöldpaprika, tíz deka vöröshagyma, huszonöt deka paradicsom. (**1**)
2 három deka disznózsír, kávéskanálnyi pirospaprika, kevés só. (**2**)
3 Először zsíron megpirítjuk a karikákra vágott vöröshagymát, (**3**)
4 majd hozzákeverjük a pirospaprikát, a negyedekre vágott zöldpaprikát és végül a paradicsomot. (**3**)
5 Kevés sót teszünk rá, ezután fedő alatt húsz-harminc percig pároljuk.
6 Vannak, akik füstölt szalonnát és kolbászt is tesznek bele. (**3**)
7 Rízzsel is szokták készíteni. Mindig melegen tálaljuk.
8 Igyunk hozzá egy jó hideg fröccsöt (bor + szódavíz).
9 A lecsó olcsó és finom étel: reméljük a hozzávalókat megtalálja a piacon. (**1**)
10 Ha izlik, hivja meg egyszer lecsóra a barátait.

ANMERKUNGEN
1 *Hozzávaló* zerfällt in *hozzá*, das Sie als Verbalpräfix kennen und *való*, eine der Partizip-Präsens-Formen des Verbs *van*.
2 *-nyi*, ein Suffix, das ein ungefähres Maß ausdrückt. *Percnyi*: "ungefähr eine Minute"; *kilométernyi*: "ungefähr ein Kilometer". Ein bildhafter Ausdruck: *tengernyi*: "weit wie das Meer"; zum Beispiel *tengernyi nép van az utcán*: "es ist eine Menschenmenge (Menschenmeer) auf der Straße".

SECHSUNDSECHZIGSTE LEKTION

Das Rezept für "lecsó"
(ein Gemüseeintopf auf ungarische Art)

1 Zutaten (seiend für): ein halbes Kilo Paprikaschoten, 100 Gramm rote Zwiebeln, 250 Gramm Tomaten.
2 30 Gramm Schweinefett, einen Teelöffel (Kaffeelöffel) (roter) Paprika, ein bisschen Salz.
3 Zuerst lassen Sie die rote, in Scheiben geschnittene Zwiebel im Fett anbraten,
4 dann fügen (mischen Sie hinein) Sie den Paprika; die geviertelten, grünen Paprikaschoten und schließlich die Tomaten hinzu.
5 Fügen Sie ein bisschen Salz hinzu, und lassen Sie [alles] zugedeckt (unter Deckel) zwanzig bis dreißig Minuten kochen.
6 Manche (es gibt welche, die) tun geräucherten Speck und geräucherte Wurst hinzu.
7 Kann man auch (man hat die Gewohnheit es zu bereiten) mit Reis zubereiten. Immer heiß servieren.
8 Dazu trinkt man (trinken wir daneben) einen guten kalten "fröccs" (Wein + Selterswasser).
9 Der "lecsó" ist ein preiswertes und schmackhaftes Gericht; wir hoffen, dass Sie die Zutaten auf dem Markt finden werden.
10 Wenn es Ihnen schmeckt, [so] laden Sie [doch] einmal Ihre Freunde zum (auf) lecsó ein.

---

3 Zu den Partizip-Perfekt-Formen *vágott* und *füstölt* siehe vorherige Wiederholungslektion (63).

GYAKORLAT

1 Nem minden finom étel olcsó. 2 Mit kell a vöröshagymához keverni? 3 Kisfiam, vegyél egy kilónyi zöldpaprikát. 4 Hoztam a barátaimnak kolbászt Budapestről. 5 Vágjuk negyedekre a paradicsomot. 6 Az orvos azt tanácsolta, hogy semmibe ne tegyek sót.

EGÉSZÍTSE KI

1 *Milch trinkt man kalt (man hat die Gewohnheit zu trinken die Milch kalt).*

A ..... hidegen .... inni.

2 *Meine Frau kennt alle preiswerten Rezepte.*

A .... ismer .... receptet.

3 *Zu Mittag habe ich nur Speck und Wurst gegessen.*

Délben .... és kolbászt ......

4 *Mein Hund mag keine Tomaten.*

A ...... nem .... a ....

5 *Die Ungarn trinken oft Wein mit Selterswasser.*

A .... gyakran ...... a bort ....

HATVANHETEDIK LECKE

Szegény vagyok...

1 *Szegény vagyok, szegénynek születtem,* **(1)**
2 *A rózsámat igazán szerettem.*
3 *Az irigyek elrabolták tőlem.* **(2)**
4 *Most lett szegény igazán belőlem.* **(2)**

ANMERKUNGEN

1 *Szegénynek.* Das ungarische Adjektiv als Attribut kann, bei manchen Verben, das Suffix *-nak/ -nek* des Dativs annehmen. Nachstehend einige von diesen Verben: *látszik* (scheinen) - *nagynak látszik:* er scheint groß; *néz* (betrachten, halten für) - *hülyének nézel?*: hältst du mich für einen

ÜBUNG: **1** Nicht alle guten Gerichte sind preiswert. **2** Was muss mit der roten Zwiebel vermischt werden? **3** Mein kleiner Sohn geht ein Kilo grüne Paprikaschoten kaufen. **4** Ich habe aus Budapest Wurst für meine Freunde mitgebracht. **5** Schneiden wir die Tomate in Viertel. **6** Der Arzt hat mir geraten, niemals [die Speisen] zu salzen (nicht Salz zu tun zu nichts).

DIE FEHLENDEN WÖRTER:
1 tejet - szokták **2** feleségem - minden - olcsó **3** - csak - szalonnát - - ettem. **4** - kutyám -szereti - paradicsomot. **5** - magyarok - isszák - - szódavízzel.

Második hullám: tizenhetedik lecke

SIEBENUNDSECHZIGSTE LEKTION

Ich bin arm ...

1 *Ich bin arm, ich bin arm geboren,*
2 *Ich habe meine Rose wirklich geliebt.*
3 *Die Neider haben sie mir geraubt,*
4 *Und jetzt bin ich wirklich arm geworden.*

Schwachkopf?; *hiv* (rufen, nennen) – *ezt a növényt rozmaringnak hívják*: diese Pflanze nennt man Rosmarin. Siehe auch die Anmerkung **2** der vierunddreißigsten Lektion.
2 *Tőlem, belőlem.* Wir erinnern Sie an die Existenz der possessivierten Formen der Suffixe: *tőlem* ⬅ -*tól*/ -*től*; *belőlem* ⬅ -*ből*/ -*ből*, usw.

5 *Elmennék én messze földre lakni,*
6 *Ahol engem nem ismer majd senki.*
7 *Úgy elmegyek a világ végére,*
8 *Hogy ne legyek senkinek terhére.* **(3) (4)**
9 Ennek a szép magyar népdalnak létezik egy másik változata is:
10 *Rozmaringot ültettem cserépbe,*
11 *Betettem a kertem közepébe.*
12 *Rozmaringszál felnőtt az ég felé.*
13 *Gyenge vagyok a szeretőm mellé.*

GYAKORLAT
1 A világ végén is van rozmaring. 2 Ha nem tanulsz, szegény ember lesz belőled. 3 Aki gazdagnak születik, gazdagon hal meg. 4 A szeretőmet senki nem ismeri. 5 Ezzel a teherrel nem tudok elmenni. 6 Hoztam neked egy szál virágot a kertemből.

EGÉSZÍTSE KI

1 *Gestern wurde der Sohn des Millionärs entführt.*
 Tegnap .... a milliomos ..... .

2 *Wir mögen keine Neider.*
 Nem .... az ....

3 *Was wir in den Topf pflanzen, wächst immer.*
 Amit el .... a ...., mindig ....

4 *Ich liebe diese Rosen mitten in deinem Garten.*
 .... ezeket .... a ...... közepén.

5 *Meine Geliebte ist schwach wie der Tau.*
 A .... olyan ......, mint a ....

kétszázharminc 230

5 *Ich würde ein fernes Land bewohnen,*
6 *wo niemand mich kennen wird.*
7 *Ich werde bis ans Ende der Welt gehen,*
8 *um niemandem zur Last zu fallen.*
9 Es gibt eine andere Variante dieses schönen ungarischen Volksliedes:
10 *Ich habe Rosmarin in einen Topf gepflanzt,*
11 *Ich habe ihn mitten in meinen Garten gesetzt.*
12 *[Der] Rosmarinzweig ist in den Himmel gewachsen,*
13 *Ich bin [zu] schwach für (neben) meine Geliebte.*

3 *Úgy ... hogy* gehört zu den "doppelten" Konjunktionen und kann übersetzt werden mit "so ... dass".
4 *Terhére* ← *terhe* ← *teher*.

ÜBUNG: 1 Selbst am Ende der Welt gibt es Rosmarin. 2 Wenn du nicht lernst, wirst du ein armer Mann werden. 3 Wer reich geboren wird, stirbt reich. 4 Niemand kennt meine Geliebte. 5 Ich kann mit einer solchen Last nicht weggehen. 6 Ich habe dir eine Blume (einen Halm von) aus meinem Garten mitgebracht.

6 *Ich habe den Speck in den lecsó getan.*

.... a .... a lecsóba.

DIE FEHLENDEN WÖRTER:
1 - elrabolták - - fiát. 2 -szeretjük - irigyeket. 3 - - ültetünk - cserépbe - felnő. 4 Szeretem - a rózsákat - kerted - 5 - szeretőm - gyenge - - harmat. 6 Betettem -szalonnát - -

Második hullám: tizennyolcadik lecke

LEKTION 67

HATVANNYOLCADIK LECKE

Munkát keresek

1 – Kérem fáradjon be, az igazgató úr már várja önt.
2 – Szóval ön az, aki szeretne nálunk elhelyezkedni. Milyen végzettsége van? **(1)**
3 – Az érettségi után elvégeztem a műszaki egyetemet, gépészmérnök vagyok. **(1)**
4   Azóta több tanfolyamon vettem részt és értek valamennyire a számítógépekhez. **(2)**
5 – Ennek örülök, mert a mi vállalatunk a legkorszerűbb berendezésekkel foglalkozik. **(1)**
6   Hol dolgozott mostanáig? Van-e gyakorlata programok írásában? **(3)**
7 – Több nagy állami vállalatnál és egy kisebb szövetkezetnél is dolgoztam.
8   Sajnos programot önállóan még soha nem készítettem, de szeretném ezt is megtanulni.
9 – Tud-e angolul? Mert az angol nyelv nélkül nálunk nehezen boldogul. **(3)**
10 – Két hónapja beiratkoztam egy intenzív angol nyelvtanfolyamra és jövőre szeretnék vizsgát tenni.

ANMERKUNGEN
1 *Végzettség* zerfällt in *vég* (Ende) *végez, elvégez* (beenden, abschließen), *végzett* (hat beendet, beendet) und *-ság/ -ség* dem Suffix zur Bildung von Substantiven. *Legkorszerűbb*: *kor* (Epoche, Zeitabschnitt), *-szerű* (ungefähr "gemäß..."), *leg...bb* (der meiste..., die meiste...).
2 *Vettem részt*: ich habe teilgenommen, von der Redewendung *részt vesz* (*rész*: Teil, *vesz*: nehmen). Die Inversion der beiden Elemente der Redewendung ist auf die Tatsache zurückzuführen, dass der Akzent im Satz auf dem Wort *tanfolyam* (Seminar) liegt. Das akzentuierte Element steht aber immer vor dem Verb.

ACHTUNDSECHZIGSTE LEKTION

Ich suche Arbeit

1 – Bitte, bemühen Sie sich doch herein, [der] Herr Direktor wartet schon auf Sie.
2 – Also (mit Wort), Sie sind es, der bei uns arbeiten (sich plazieren) möchte. Was haben Sie für eine Ausbildung?
3 – Nach dem Abitur habe ich die Technische Universität abgeschlossen, ich bin Maschinenbauingenieur.
4   Seitdem habe ich an mehreren Fortbildungsseminaren teilgenommen, und ich kenne mich ein bisschen mit Computern aus.
5 – Das freut mich, denn unser Unternehmen beschäftigt sich mit den modernsten Anlagen.
6   Wo haben Sie bis jetzt gearbeitet? Haben Sie Erfahrung im Programmieren?
7 – Ich habe in mehreren großen, staatlichen Unternehmen gearbeitet und in einer kleineren Kooperative.
8   Leider habe ich noch nie selbstständig Programme geschrieben, aber ich würde auch das gerne lernen.
9 – Sprechen Sie Englisch? Denn ohne die englische Sprache können Sie bei uns [nur] schwer auskommen.
0 – Vor zwei Monaten habe ich mich für einen Englisch-Intensivkurs eingeschrieben, und ich würde gerne nächstes Jahr Examen machen.

---

3 Die Partikel *-e* ist eine Fragepartikel, die im Deutschen keine Entsprechung hat. Siehe Wiederholungslektion.

11 – Köszönöm, hogy jelentkezett. Az életrajzát mindenesetre hagyja a titkárnőmnél.
12 Levélben értesíteni fogjuk arról, hogy felvesszük-e és ha igen, milyen munkakörbe. (2)

GYAKORLAT

1 Mostanáig egy szövetkezetnél dolgoztam. **2** A magyar nyelv nélkül senki nem boldogul. **3** Miben van még gyakorlatod? **4** A vállalatnak korszerű berendezései vannak. **5** Az én gyerekeim mindenhez értenek. **6** Engem is felvettek a műszaki egyetemre.

EGÉSZÍTSE KI

1 *Die Sekretärin hat die Technische Hochschule (Universität) abgeschlossen.*

A . . . . elvégezte a . . . .

2 *In (bei) dieser Kooperative spricht selbst der Direktor Englisch.*

Ennél a . . . . még az . . . . is . . . . . . angolul.

3 *Ich habe Übung im Schreiben von Lebensläufen.*

Van . . . . om . . . . ok . . . .

4 *Die jungen Leute von heute finden schwer Arbeit (schwierig wissen sich zu plazieren).*

A . . . . nehezen . . . . . . el . . . .

5 *Auf jeden Fall sage deiner Mutter, dass ich in Budapest bin.*

. . . . mondd meg . . . . ,
hogy . . . .

11 – Vielen Dank, dass Sie sich vorgestellt haben. Lassen Sie auf jeden Fall Ihren Lebenslauf (Zeichnung des Lebens) bei meiner Sekretärin.

12 Wir werden Sie brieflich wissen lassen, ob wir Sie einstellen und wenn ja, welche Aufgaben Ihnen zugeteilt werden (in welchem Sektor).

ÜBUNG: **1** Bis jetzt habe ich in einer Kooperative gearbeitet. **2** Niemand kommt durch, ohne die ungarische Sprache [zu kennen]. **3** Was kannst du noch (in was hast du noch Übung)? **4** Das Unternehmen besitzt moderne Anlagen. **5** Meine Kinder können alles. **6** Ich war auch zur Technischen Hochschule (Universität) zugelassen gewesen.

6 *Ich möchte gerne (dass wenn ... werden würde) nächstes Jahr in diesem Sektor angestellt werden.*

.........., ha .... jövőre ....

a ....

DIE FEHLENDEN WÖRTER:
1 - titkárnő - - műszaki egyetemet. **2** - - szövetkezetnél - - igazgató - beszél - **3** - gyakorlat - életrajz - írásában. **4** - mai fiatalok - tudnak - helyezkedni. **5** Mindenesetre - - az anyádnak - Budapesten vagyok. **6** Szeretném - felvennének - ebbe - munkakörbe.

Második hullám: tizenkilencedik lecke

HATVANKILENCEDIK LECKE

Néhány szó a gazdaságról

1 A két világháború között Magyarország Európa fejletlen országai közé tartozott. **(1) (2)**
2 A mai magyar gazdaság közepesen fejlett, az ipar fontos szerepet játszik. **(1)**
3 Bár az ország nyersanyagban szegény, a mérnökök és a különböző szakemberek munkájának köszönhetően
4 külföldön is ismerik a magyar járműveket, gyógyszereket, játékokat.
5 (Ugye ismeri a Rubik-kockát, amelyet órákon át kell forgatnunk ahhoz, hogy a színek a helyükre kerüljenek?) **(3)**
6 A mezőgazdaság sok kiváló terméke ismert a határokon túl: tokaji bor, szegedi szalámi, gyulai kolbász, kalocsai paprika.
7 Évről évre fejlődik az idegenforgalom és a külkereskedelem. **(1) (4)**
8 Jelentősek a kapcsolatok mind a keleti, mind a nyugati, mind az úgynevezett fejlődő országokkal. **(1)**

ANMERKUNGEN
1 In dieser Lektion haben Sie Gelegenheit, mehrere Mitglieder einer großen Wortfamilie kennenzulernen. *Fejlődik*: sich entwickeln; *fejlődő*: sich entwickelnd, im Begriff, sich zu entwickeln; *fejlett*: entwickelt; *fejletlen*: nicht entwickelt, unterentwickelt. Sie erraten sicher den Sinn von Worten wie *fejlődés*: Entwicklung, *fejlettség*: Entwicklungsstand, usw.
2 *Közé*: unter, zwischen + Bewegung in Richtung des Nomens, das das Wort begleitet. Wir erinnern Sie daran, dass manche Postpositionen drei Formen haben, je nach der "Dreiteilung" der Richtung, die sie bezeichnen. Folglich: *között*: zwischen, unter [ohne Bewegung], *közül*: von, unter. *Két könyv között pénzt találtam*: Zwischen zwei Büchern habe

NEUNUNDSECHZIGSTE LEKTION

Einige Worte zur Wirtschaft

1 Zwischen den beiden Weltkriegen gehörte Ungarn zu den unterentwickelten Ländern Europas.
2 Die ungarische Wirtschaft von heute ist durchschnittlich entwickelt, die Industrie spielt eine wichtige Rolle.
3 Obwohl das Land arm an Rohstoffen ist, sind dank der Arbeit der Ingenieure und der verschiedenen Spezialisten
4 die ungarischen Fahrzeuge, die pharmazeutischen Produkte und das [ungarische] Spielzeug auch im Ausland bekannt.
5 (Sie kennen doch den Rubikwürfel, nicht wahr, den man stundenlang in alle Richtungen drehen muss, um die Farben[quadrate] wieder auf ihren [ursprünglichen] Platz zurückzubringen.
6 Zahlreiche ausgezeichnete Agrarprodukte sind außerhalb der Grenzen bekannt: der Wein aus Tokaj, die Salami aus Szeged, die Wurst aus Gyula, der Paprika aus Kalocsa.
7 Von Jahr zu Jahr entwickeln sich der Fremdenverkehr und der Außenhandel weiter.
8 Die Beziehungen [des Landes] mit den Ländern des Ostens ebenso wie mit denen des Westens und mit den sogenannten "Entwicklungsländern" sind [äußerst] wichtig (bedeutsam).

---

ich Geld gefunden. *A könyvek közül kivettem azt, amelyiket már olvastam*: Ich habe von den Büchern das genommen, das ich (schon) gelesen hatte.
3 *Forgatnunk, fejlődnie kell* possessivierter Infinitiv. Siehe Anmerkung 3 der vierundsechzigsten Lektion sowie die folgende Wiederholungslektion.
4 *Keres*: suchen, *kereskedik*: "Handel treiben", *kereskedő*: "Händler", *kereskedelem*: "Handel", *belkereskedelem*: "Innenhandel", *külkereskedelem*: "Außenhandel". Haben Sie den Sinn eines Wortes wie *kereskedelmi* erraten? Sie werden es in einer unserer Übungen sehen.

9 A belkereskedelemnek még sokat kell fejlődnie ahhoz, hogy a humoristák kevesebbet foglalkozzanak vele. **(1) (3) (4)**
10 A közlekedést segítik az egyre modernebb utak, a vasút, a repülőgépek,
11 a városokban pedig az autóbuszok, a villamosok, a trolibuszok és Budapesten a Metró.
12 A termelés célja nemcsak a mennyiség, hanem a jó minőség.

GYAKORLAT

1 Külföldön is ismerik a magyar szakembereket. **2** A város ipara évről évre fejlődik. **3** Az újságok sokat foglalkoznak a fejlődő országokkal. **4** Ez az út keletről nyugatra vezet. **5** Szüleim a mezőgazdaságban dolgoznak. **6** A közlekedés is segíti a gazdasági fejlődést.

EGÉSZÍTSE KI

1 *Der Rubikwürfel ist in allen Ländern der Welt bekannt.*

A ..... valamennyi .... ismerik a ..... - ....

2 *Du muss noch Fortschritte machen (musst noch dich entwickeln), um diesen Poeten zu verstehen.*

..... még ...... nöd kell ahhoz, ... megértsd ....

3 *Agnes hat stundenlang den "lecsó" kochen lassen, aber niemand mochte ihn (niemandem er nicht hat geschmeckt).*

Ági ...... át ..... a lecsót, de .... nem izlett.

4 *Womit beschäftigen sich die Wirtschaftsspezialisten, die morgen ankommen (die morgen ankommenden Handelsfachleute)?*

Mivel .... a ...... érkező kereskedelmi ....?

5 *Die in Szeged erhältliche Salami ist von guter Qualität.*

A .... kapható .... jó .... ű.

9 Der Binnenhandel muss sich noch sehr verbessern (sich entwickeln), damit sich die Humoristen weniger damit beschäftigen.
10 Die immer moderneren Straßen, die Eisenbahnstrecken und die Flugzeuge
11 und in den Städten die Autobusse, die Straßenbahnen, die Trolleybusse, und in Budapest die Metro tragen zur Verbesserung des Transports bei.
12 Das Ziel der Produktion ist nicht nur die Quantität, sondern die gute Qualität.

ÜBUNG: **1** Die ungarischen Spezialisten sind auch im Ausland bekannt. **2** Die Industrie der Stadt entwickelt sich von Jahr zu Jahr weiter. **3** Die Zeitungen kümmern sich viel um Entwicklungsländer. **4** Diese Straße führt von Osten nach Westen. **5** Meine Eltern arbeiten in der Landwirtschaft. **6** Der Transport trägt zur wirtschaftlichen Entwicklung bei.

A VÁROS IPARA ÉVRŐL ÉVRE FEJLŐDIK.

6 *Der Ingenieur hat die Wurst gekauft.*

A ...... megvette a ....

DIE FEHLENDEN WÖRTER:
1 - világ - országában - - Rubik-kockát. **2** Neked - fejlőd - - - hogy - ezt a költőt. **3** - órákon - főzte - - - senkinek - - **4** - foglalkoznak - holnap - - szakemberek. **5** - Szegeden - szalámi - minőség- **6** -mérnök - - kolbászt.

Második hullám: huszadik lecke

HETVENEDIK LECKE

WIEDERHOLUNG UND ANMERKUNGEN

1 Wortfolge II

Wir erinnern Sie daran, dass das betonte Element immer vor das Verb gesetzt werden muss. Das Anwenden dieser Regel kann eine Trennung des Verbs und seines Verbalpräfixes mit sich bringen.

a

János bemegy a szobába: Hans kommt in das Zimmer herein.
János 'nem megy be a szobába: Hans kommt nicht in das Zimmer herein.
'Ki megy be a szobába?: Wer kommt in das Zimmer herein?
'János megy be a szobába: Es ist Hans, der in das Zimmer hereinkommt.
'Hova megy be János?: Wo kommt Hans herein?
János a 'szobába megy be: Es ist das Zimmer, in das Hans hereinkommt.
'János megy be a szobába?: Ist es Hans, der in das Zimmer hereinkommt?
'Nem János megy be a szobába: Es ist nicht Hans, der in das Zimmer hereinkommt.
A 'szobába megy be János? Ist es das Zimmer, in das Hans hereinkommt?
János 'nem a szobába megy be: Es ist nicht das Zimmer, in das Hans hereinkommt.

b

János 'be akar menni a szobába: Hans will in das Zimmer hereinkommen.
János 'nem akar bemenni a szobába: Hans will nicht in das Zimmer hereinkommen.
'Hova akar bemenni János?: Wo will Hans hereinkommen?
János a 'szobába akar bemenni: Es ist das Zimmer, in das

SIEBZIGSTE LEKTION

Hans hereinkommen will.
'János akar bemenni a szobába?: Ist es Hans, der in das Zimmer hereinkommen will?
'Nem János akar bemenni a szobába: Es ist nicht Hans, der in das Zimmer hereinkommen will.
A 'szobába akar bemenni János?: Ist es das Zimmer, in das Hans hereinkommen will?
János 'nem a szobába akar bemenni: Es ist nicht das Zimmer, in das Hans hereinkommen will.

Das Verbalpräfix trennt sich vom Verb, wenn der Satz ein betontes Element erhält. Dieses wird unmittelbar vor das Verb gestellt und das Verbalpräfix wird nach hinten versetzt. Wenn ein Hilfsverb das Verb begleitet, bleibt das Verbalpräfix mit dem Verb fest verbunden, außer im Fall der "neutralen" Wortfolge, wo das Hilfsverb sich zwischen das Verbalpräfix und das Verb schiebt.

2 Der possessivierte Infinitiv (siehe Anmerkung **3** der vierundsechzigsten Lektion und Anmerkung **3** der neunundsechzigsten Lektion)

Sie wissen jetzt bereits, dass nach bestimmten unpersönlichen Verben oder Adjektiven (*kell*: man muss, *szabad*: es ist erlaubt, *illik*: es ist angebracht, zu ..., *szükséges*: es ist notwendig, *felesleges*: es ist überflüssig, *fontos*: es ist wichtig, usw.) der Infinitiv Possessivsuffixe annehmen kann, die das Subjekt des Satzes bezeichnen. "Es ist wichtig zu arbeiten": *fontos dolgozni*, aber "es ist wichtig, dass wir arbeiten": *fontos dolgoznunk*.

Hier ein Überblick über all diese Formen:
(*nekem*) *dolgoznom kell*, ich muss arbeiten, es ist nötig für mich, zu arbeiten.
(*neked*) *dolgoznod kell*: du musst arbeiten

(*neki*) *dolgoznia kell*: er/sie/es muss arbeiten
(*nekünk*) *dolgoznunk kell*: wir müssen arbeiten
(*nektek*) *dolgoznotok kell*: ihr müsst arbeiten
(*nekik*) *dolgozniuk kell*: sie müssen arbeiten.

(*nekem*) *szabad beszélnem*: es ist mir erlaubt zu sprechen,
(*neked*) *szabad beszélned*: es ist dir erlaubt zu sprechen
(*neki*) *szabad beszélnie*: es ist ihm / ihr erlaubt zu sprechen
(*nekünk*) *szabad beszélnünk*: es ist uns erlaubt zu sprechen
(*nektek*) *szabad beszélnetek*: es ist euch erlaubt zu sprechen
(*nekik*) *szabad beszélniük*: es ist ihnen erlaubt zu sprechen

Wir haben den Dativ des Personalpronomens in Klammern gesetzt (*nekem, neked*, usw.), das vor dem Verb und dem Hilfsverb steht, da seine Verwendung fakultativ ist. Wenn das Subjekt kein Personalpronomen ist, trägt es gezwungenermaßen das Suffix -*nak*/ -*nek*. *Kinek kell dolgoznia?*: Wer muss arbeiten? - *Péternek kell dolgoznia*: Es ist Peter, der arbeiten muss.

3 Die Fragepartikel - e (siehe Anmerkung 3 der achtundsechzigsten Lektion)

HETVENEGYEDIK LECKE

Altató (1)

1 *Lehunyja kék szemét az ég, lehunyja sok szemét a ház,*
2 *dunna alatt alszik a rét - aludj el szépen, kis Balázs...* **(2)**
3 *Szundít a labda, meg a síp, az erdő, a kirándulás*

ANMERKUNGEN
1 *Altató: alszik*: schlafen; *altat*: einschlafen, zum Schlafen bringen; *altató*: "der zum Schlafen bringende", das heißt "Schlaflied".

Man muss zwei Fälle unterscheiden:
a -e im Hauptsatz. *Van-e gyereke?*: Haben Sie ein/mehrere Kind(er)?; *Beszélsz-e magyarul?*: Sprichst du Ungarisch? In diesen Fällen ist seine Anwendung fakultativ und die Partikel dient im Wesentlichen dazu, die Frage zu verstärken.
b -e im Nebensatz. Die Partikel hat hier den Wert einer sogenannten "indirekten" Frage und wird im Deutschen mit *ob* übersetzt. *Nem tudjuk, hogy beszél-e ön magyarul*: Wir wissen nicht, ob sie Ungarisch sprechen; *Kíváncsi vagyok, hogy van-e gyereke*: Ich bin neugierig [zu wissen], ob er/sie Kinder hat; *Nem emlékszem, hogy szép-e az új ruhád?*: Ich erinnere mich nicht, ob dein neues Kleid schön ist.

Hier zwei Sätze, die den Unterschied zwischen direkter und indirekter Frage mit der Partikel *-e?* illustrieren:
Megkérdezem az apámtól: "Jössz moziba?": Ich frage meinen Vater: "Kommst du mit ins Kino?".
Megkérdezem az apámtól, hogy jön-e moziba?: Ich frage meinen Vater, ob er mit ins Kino kommt.

Második hullám: huszonegyedik lecke

EINUNDSIEBZIGSTE LEKTION

Schlaflied (zum Schlafen bringende)

1 *Der Himmel schließt seine blauen Augen, das Haus schließt seine zahlreichen (vielen) Augen,*
2 *die Wiese schläft unter [ihrer] Daunendecke, schlaf schön ein, kleiner Balázs ...*
3 *Eingenickt [ist] sind der Ball und die Trillerpfeife, der Wald, die Ausflüge*

---

2 *alszik* hat auch eine umgangssprachliche Variante in seiner Konjugation: *aluszik* (er/sie/es schläft). Im Imperativ *aludj* oder *aludjál*.

4 *a jó cukor is aluszik - aludj el szépen, kis Balázs.* **(2)**
5 *A távolságot, mint üveggolyót megkapod, óriás*
6 *leszel, csak hunyd le kis szemed - aludj el szépen, kis Balázs.*
7 *Tűzoltó leszel s katona! vadakat terelő juhász!*
8 *Látod, elalszik anyuka - aludj el szépen, kis Balázs.*
9 József Attila, aki ezt a verset írta, 1905-ben (ezerkilencszázötben) született és 1937-ben (ezerkilencszázharminchétben) halt meg.
10 Őt tekintik a huszadik század egyik legnagyobb magyar költőjének. **(3)**
11 Műveiben gyakran szól a munkásokról, de olvashatunk tőle halhatatlan szerelmes verseket is.
12 Nincsen olyan magyar iskola, ahol ne tanítanák és **(4) (5)**
13 nincs olyan magyar város vagy falu, ahol ne viselné nevét tér, út, vagy utca. **(4) (5)**

ANMERKUNGEN
3 Siehe Anmerkung **1** der siebenundsechzigsten Lektion. Nach bestimmten Verben wie *tekint* (betrachten als) nimmt das Attribut die Endung des Dativs, *-nak/-nek*, an.
4 *Tanítanák, viselné*. Diese Formen des Konditionals stehen in der deutschen Übersetzung im Indikativ Präsens.
5 *Nincs* und *nincsen* sind zwei Varianten, die verschieden angewandt werden.

GYAKORLAT

1 Szép kirándulást tettünk az erdőben. **2** A halhatatlan költő lehunyta szemét. **3** Ha elalszol, holnap kapsz egy üveggolyót. **4** Május elsején munkások énekeltek a téren. **5** Az a szép, akinek a szeme kék, mondják Magyarországon. **6** A mi utcánk egy XIX. században élt tűzoltó nevét viseli.

4 *das süße (gute) Bonbon schläft auch - schlaf schön ein, kleiner Balázs.*
5 *Du wirst die Ferne wie eine Murmel (Glaskugel) erhalten, ein Riese wirst du sein,*
6 *wenn du deine kleinen Augen schließt, - schlaf schön ein, kleiner Balázs.*
7 *Du wirst Feuerwehrmann und Soldat sein, [ein] Hirte, der wilde Tiere führt!*
8 *Siehst du, Mama schläft ein - schlaf schön ein, kleiner Balázs.*
9 Attila József, der dieses Gedicht geschrieben hat, ist 1905 geboren und 1937 gestorben.
10 (Ihn betrachtet man) man betrachtet ihn als einen der größten ungarischen Dichter des zwanzigsten Jahrhunderts.
11 In seinen Werken spricht er oft von den Arbeitern, aber man kann (wir können) auch seine (von ihm) unsterblichen Liebesgedichte lesen.
12 Es gibt (so) keine ungarische Schule, in der er nicht unterrichtet wird [würde], und
13 es gibt (so) keine Stadt oder kein Dorf in Ungarn (ungarisch), wo nicht [ein] Platz, [eine] Allee oder [eine] Straße seinen Namen (nicht) trägt (tragen würde).

EGÉSZÍTSE KI

1 *Schlaf schön ein, mein Kind.*
..... el ....

2 *In der Ferne sind Wälder zu sehen.*
A .... látszanak.

3 *Ich habe für meine Geliebte ein Schlaflied geschrieben.*
..... egy .... a szerelmem ....

4 *Ich weiß (es), (dass) wann ich geboren bin.*
Azt ..... hogy ..... születtem.

5 *Wir wissen (es) nicht, (dass) wann wir sterben werden.*
Azt ... tudjuk, ... mikor ...... meghalni.

HETVENKETTEDIK LECKE

Cédula a kapun

1 Ezt a címet adta Nagy Lajos egyik 1927-ben (ezerkilencszázhuszonhétben) írt novellájának. Íme egy rövid részlet belőle: **(1) (2)**

ANMERKUNGEN
1 Wir lenken Ihre Aufmerksamkeit auf die "qualitativen Wortgruppen": *1927-ben írt*: "geschrieben 1927", und *vissza nem térő*: "der sich nie wieder bieten wird", die auch auf *novellájának* und *lehetőség* angewendet werden. Die Erste enthält ein Partizip Perfekt und die zweite ein Partizip Präsens.

ÜBUNG: 1 Wir haben einen schönen Ausflug in den Wald gemacht. 2 Der unsterbliche Dichter hat die Augen geschlossen. 3 Wenn du einschläfst, wirst du morgen eine Murmel (Glaskugel) haben. 4 Am ersten Mai haben die Arbeiter auf dem Platz gesungen. 5 Wer blaue Augen hat, ist schön, sagt man in Ungarn. 6 Unsere Straße trägt den Namen eines Feuerwehrmannes, der im 19. Jahrhundert gelebt hat.

6 *Man betrachtet (das) Ungarn als ein durchschnittlich entwickeltes Land.*

Magyarországot .... fejlett ...... nak ....

DIE FEHLENDEN WÖRTER:
1 Aludj - szépen gyerekem. **2** - távolban erdők - **3** Írtam - altatót - -nek. **4** - tudom - mikor - **5** - nem - hogy - fogunk - **6** - közepesen - ország - tekintik.

Második hullám: huszonkettedik lecke

ZWEIUNDSIEBZIGSTE LEKTION

[Ein] Zettel über der Tür

1 Diesen Titel hat Lajos Nagy einer seiner 1927 geschriebenen Novellen gegeben. Hier ein kurzer Abschnitt daraus:

2 *Belőle.* Possessive Form des Suffixes *-ból/ -ből*, die in bestimmten Fällen im Deutschen mit "davon" übersetzt wird.

2 A napokban érdekes feliratot láttam egy ház kapuján: "Agy kiadó". **(3) (4)**
3 Azonnal megértettem, hogy itt apró hibáról van szó és természetesen nem agyat, hanem ágyat akar valaki kiadni.
4 De hátha én tévedtem? Mit lehet tudni a mai világban?
5 Lehet, hogy tudós vagy újságíró kínálja az eszét másoknak.
6 Talán van olyan ember, akinek más agyára van szüksége.
7 Akkor pedig ezt a szöveget kellett volna a kapun elhelyezni:
8 "Agy kiadó. Agy tulajdonosa hajlandó szerény összegért bármilyen gondolatot kitalálni és leírni. **(3)**
9 Kiadók, szerkesztők, igazgató urak figyelem! Soha vissza nem térő lehetőség! **(1) (3)**
10 Minden további felvilágosításért forduljanak a házmesterhez!".**(5)**

ANMERKUNGEN
3 Gehen Sie zu unserer vorhergehenden Lektion "Wiederholung und Anmerkungen" zurück. Dort hatten Sie einen etwas theoretischen Absatz über die Wortfolge im Ungarischen vorgefunden. In dem Satz *érdekes feliratot láttam* ist die Wortfolge natürlich anders als die Wortfolge im Deutschen. Wir glauben, dass Sie jetzt fähig sind, diesen Unterschied zu erklären, aber das Wichtigste ist, zu wissen, wie man korrekt die Folge Substantiv + Verb gebraucht. Wenn Sie die Regel gut gelernt haben, schaffen Sie es sicher!

GYAKORLAT
1 Az újságíró visszatért külföldről. **2** Mit kínált neked az igazgató? **3** A házmester nyáron ki fogja adni a lakását. **4** A mai világban kinek ne lenne szüksége nyaralásra? **5** Nem tudott senki felvilágosítást adni a pályaudvaron. **6** A tanár csak az apró hibákat javította ki.

2 Dieser Tage (in den Tagen) habe ich [eine] interessante Notiz an der Eingangstür eines Hauses gesehen: "Gehirn zu vermieten".

3 Ich habe sofort verstanden, dass es sich hier um [einen] winzigen Fehler handelte und natürlich ist es k[ein] Gehirn, sondern ein Bett, das jemand vermieten will.

4 Aber vielleicht habe ich mich getäuscht? Wie soll man das (was kann man) wissen in der heutigen Welt?

5 Vielleicht ist es ein Wissenschaftler oder ein Journalist, der seine Intelligenz (Geist) anderen anbietet.

6 Vielleicht gibt es jemanden (so einen Mann), der das Gehirn von einem anderen braucht.

7 In diesem Fall also hätte man den folgenden Text (diesen Text da) an der Tür anbringen müssen:

8 "Gehirn zu vermieten. [Der] Besitzer von [einem] Gehirn ist bereit, gegen [eine] bescheidene Summe jede Idee zu erfinden und niederzuschreiben.

9 Verleger, Redakteure, [die] Herren Direktoren, Achtung! [Eine] einmalige (nie wiederkommende) Gelegenheit!

10 Für alle weiteren Auskünfte wenden Sie sich an den Hausmeister!"

4 *Kiadó*, Partizip Präsens des Verbs *kiad* ("geben nach außen"), im übertragenen Sinn: vermieten, im Sinn von "zur Miete vergeben" (und nicht "mieten"). Das Partizip Präsens kann den bezeichnen, der dabei ist, eine Handlung zu vollziehen (*borozó férfi*: "Der Wein trinkende Mann", *lakását kiadó család*: "die ihre Wohnung vermietende Familie"), den Ort, an dem eine Handlung stattfindet (*borozó*: Weinstube, *eladó*: Verkäufer. *Kiadó ház*: zu vermietendes Haus).

5 *Felvilágosításért*: *világos* (hell), *világosít* (erhellen, beleuchten), *világosítás* (Beleuchtung), *felvilágosítás* (Auskunft), *-ért* (für).

ÜBUNG: 1 Der Journalist ist aus dem Ausland zurückgekehrt. **2** Was hat dir der Direktor angeboten? **3** Im Sommer wird der Hausmeister seine Wohnung vermieten. **4** Wer hat in der heutigen Zeit keinen Urlaub (Sommerfrische) nötig? **5** Am Bahnhof konnte [uns] niemand Auskunft geben. **6** Der Lehrer hat nur die winzigen Fehler korrigiert.

EGÉSZÍTSE KI

1 *In dieser Straße sind alle Häuser zu vermieten.*
Ebben .... minden ....

2 *Hast du erraten, (dass) durch welche Eingangstür man eintritt?*
Kitaláltad, ... melyik kapun ....?

3 *Es gibt Menschen, die sich niemals täuschen.*
Vannak .... akik ....

4 *Dieser Tage haben wir bei einem Verlag eine bescheidene Summe verdient.*
A .... összeget kerestünk egy ..... nál.

5 *Der Besitzer hat den Wissenschaftler in der Weinstube getroffen.*
A .... találkozott a .... a ....

HETVENHARMADIK LECKE

Három régi népszokás

1 Húsvéthétfőn a férfiak elmennek a lányokhoz, asszonyokhoz és így köszönnek nekik:
2 "Zöld erdőben jártam, kék ibolyát láttam, el akart hervadni, szabad-e locsolni?". **(1) (2) (3)**

ANMERKUNGEN
1 *El akart hervadni*: das Hilfsverb *akar* schiebt sich hier zwischen das Verbpräfix und das Verb.
2 *Szabad-e?* Wir verweisen Sie auf die Anmerkung **3** der achtundsechzigsten Lektion und auf den Absatz **3** der siebzigsten Lektion.

6 *An wen muss man sich um Auskunft wenden?*

Kihez .... fordulni ....?

DIE FEHLENDEN WÖRTER:
1 - az utcában - ház kiadó. **2** - hogy - - kell bemenni **3** - emberek - soha nem tévednek. **4** - napokban szerény - - - kiadó - **5** - tulajdonos - - tudóssal - borozóban. **6** - kell -felvilágosításért.

Második hullám: huszonharmadik lecke

DREIUNDSIEBZIGSTE LEKTION

Drei alte (Volks-)Bräuche

1 Am Ostermontag gehen die Männer zu den jungen Mädchen und zu den [verheirateten] Frauen und begrüßen sie (ihnen) so:
2 "Ich bin in einem grünen Wald gewesen (gegangen), ich habe [ein] blaues Veilchen gesehen, es war am (wollte) Verwelken, darf man [es] gießen?"

3 Hier eine Wortfamilie: *locsol* (gießen), *locsolás* (Begießen), *locsoló* (Begießer, Gießkanne)

3 Ezután következik a locsolás (régen egy vödör hideg vízzel, manapság egy-két csepp kölnivel). **(3)**

4 A locsolókat általában megajándékozzák festett tojással, süteménnyel, pár forinttal. **(3)**

5 Sok helyen sajnos előkerül a pálinkás üveg. Az iszogatásnak aztán meg is van az eredménye. **(4) (5) (6)**

6 Nem véletlen, hogy ezen a napon a szokottnál több dolguk van a mentőknek.

7 Egyes vidékeken a fiúk májusfát szoktak állítani annak az ablaka alá, akinek udvarolnak.

8 A fát színes papirokkal díszítik, de gyakran kerül alá bor, csokoládé és más ajándék. **(4)**

9 Hajnalig illik őrizni, nehogy valamelyik féltékeny udvarló ellopja és a magáét állítsa fel helyette.

10 Falun nagy ünnep a disznóölés. Rokonok, ismerősök érkeznek messziről, hogy segítsenek.

11 Együtt töltik a kolbászt, füstölik a húst és csomagolják a kóstolót azok részére, akik nem tudnak részt venni az esti disznótoron.

12 A gyerekek kíváncsian nézik, hogy mit csinálnak a felnőttek és közben ezt éneklik:

13 "Itt ma disznót sütnek, jól érzem a szagát, talán nekem adják a hátulsó combját".

ANMERKUNGEN
4 *Kerül* ist ein nur schwer ins Deutsche zu übersetzendes Verb. Ohne Verbalpräfix bedeutet es ungefähr "sich wiederfinden", mit Verbalpräfixen kann es verschiedene Bedeutungen haben, wie *előkerül:* "sich vorne wiederfinden", d. h. erscheinen, an die Oberfläche kommen: *felkerül Budapestre*: er schafft es nach Budapest hochzukommen (er findet sich wieder); *bekerül az egyetemre*: er wird an der Fakultät angenommen; *kikerül külföldre*: er erreicht das Ausland, usw.

3 Danach folgt das "Begießen" (früher mit einem Eimer kaltem Wasser, heutzutage mit ein oder zwei Tropfen Kölnischwasser).
4 Im Allgemeinen schenkt man den Begießern bemalte Eier, Kuchen [oder] einige Forint.
5 An vielen Orten taucht - unglücklicherweise - [auch] die Schnapsflasche auf. Die Folgen lassen nicht lange auf sich warten (das Anstoßen dann hat auch sein Resultat).
6 Es ist kein Zufall, wenn (dass) die Krankenwagen (die "Retter", d. h. die Ambulanzen) an diesem Tag mehr Arbeit haben als sonst.
7 In manchen Gegenden stellen die jungen Männer immer einen Maibaum unter das Fenster derjenigen, der sie den Hof machen.
8 Der Baum wird mit farbigem Papier geschmückt, aber darunter [sind] oft Wein, Schokolade und andere Geschenke.
9 [Er] muss bis zum Morgengrauen bewacht bleiben, um zu vermeiden, dass ein eifersüchtiger Verehrer ihn stiehlt und stattdessen als seinen aufbaut.
10 Auf dem Land (im Dorf) ist das Schweineschlachten ein großes Fest. Verwandte, Bekannte kommen von weit her, um zu helfen.
11 Zusammen füllen sie die Wurst, räuchern das Fleisch und wickeln Kostproben für die ein, die am Abend nicht am Schweinefest teilnehmen können.
12 Die Kinder sehen mit Neugierde zu, was die Erwachsenen machen und singen inzwischen:
13 "Hier wird heute das Schwein gebraten, ich [kann] es gut riechen (gut fühle ich seinen Geruch), vielleicht gibt man mir (seinen) die (hintere) Schinkenkeule.

---

5 *Iszogatás*: *iszik* (trinken), *iszogat* (in kleinen Schlucken trinken - Frequentativ), *iszogatás* (das In- kleinen-Schlucken-Trinken).
6 *Meg is van az eredménye*. *Is* hat zahlreiche Übersetzungen: meistens "auch", aber hier hat es den Sinn "wohl, tatsächlich" usw.

GYAKORLAT

1 A gyerekek hajnalig locsolták az utcát vízzel. **2** A Húsvét nagy katolikus ünnep. **3** A barátaim megajándékoztak egy üveg pálinkával. **4** Érzem a konyhában sülő hús szagát. **5** Ennek a lánynak a szokottnál több udvarlója van. **6** Hétfőn csak hideg víz volt a fürdőszobában.

EGÉSZÍTSE KI

1 *Auf dem Land malt man noch heute die Eier an.*
 ..... még ma is ...... a ....

2 *Es ist angebracht, den Armen einige Forint zu geben.*
 A .... embereknek ..... pár .... adni.

3 *Der eifersüchtige Ehemann ist auf Reisen gegangen.*
 A .... férj ....

4 *Warum trinken deiner Meinung nach so viele Erwachsene Schnaps?*
 Szerinted .... annyi , ...t?

5 *Die Wälder sind immer grün, und die Veilchen sind immer blau.*
 Az ..... mindig ...... és az ....

6 *Die Arbeiter haben der Direktorin Kölnisch Wasser geschenkt.*
 .... megajándékozták az .... nőt ....

kétszázötvennégy 254

ÜBUNG: **1** Die Kinder haben die Straße bis zum Morgengrauen begossen. **2** Ostern ist ein großes katholisches Fest. **3** Meine Freunde haben mir eine Flasche Schnaps geschenkt. **4** Ich rieche den Geruch des Fleisches, das in der Küche brät. **5** Dieses junge Mädchen hat mehrere Verehrer, als dies gewöhnlich üblich ist. **6** Am Montag gab es nur kaltes Wasser im Badezimmer.

DIE FEHLENDEN WÖRTER:
1 Falun - - - festik - tojásokat. **2** - szegény - illik - forintot - **3** - féltékeny - elutazott messzire. **4** - miért iszik - felnőtt pálinká -. **5** - erdők - zöldek - - ibolya mindig kék. **6** A munkások - - igazgató - kölnivel.

Második hullám: huszonnegyedik lecke

LEKTION 73

HETVENNEGYEDIK LECKE

Mit tegyek?

1 "Válaszolunk hallgatóinknak: ez a címe egy sikeres éjszakai rádióműsornak. **(1)**
2 A hallgató otthonról, a telefon mellől kérdez és a műsorvezető a stúdióból válaszol, ha tud. **(2) (3)**
3 Általában magányos emberek telefonálnak, akik nem tudják, **(1)**
4 hogy kihez forduljanak nehezen megoldható problémáikkal. Például: **(2)**
5 – A férjem évekkel ezelőtt meghalt. Nem akarok újra férjhez menni.
6 Szeretnék gyereket, de a tanácsban azt mondják, hogy egyedül nem fogadhatok örökbe senkit. **(4)**
7 – Önnek is meg kell tanulnia egyedül élni. Vagy keressen magának társaságot.
8 – Nemrég feladtam egy házassági hirdetést. Két szimpatikus férfi jelentkezett. **(5)**
9 Az egyik művelt, diplomás, nálam jóval idősebb. A másik olyan fiatal mint én, de nem végzett semmilyen iskolát. **(1)**

ANMERKUNGEN
1 *Sikeres, magányos, diplomás*. Wir erinnern Sie an die Zusammensetzung dieser Wörter: *siker* (Erfolg), *-es* (Suffix zur Bildung von Adjektiven mit Substantiven, das ungefähr bedeutet "versehen mit"), *magány* (Einsamkeit), *-os* (gleiche Bedeutung wie *-es* [e und o sind Bindungsvokale), *diplomás* (mit Diplomen, diplomiert). *Nős*: "mit Frau", das heißt verheiratet, *házas*: "mit Haus", *családos* "mit Familie", "eine Familie zu unterhalten haben".
2 *Hallgató, megoldható, műsorvezető* sind Partizipien im Präsens. *Hallgat*: zuhören, *hallgató*: Zuhörer; *megold*: lösen, *megoldhat*: er kann lösen, *megoldható*: das gelöst werden kann; *műsor*: Programm, *vezet*: führen, leiten, unterhalten, *műsorvezető*: Programmleiter.

VIERUNDSIEBZIGSTE LEKTION

Was soll ich machen?

1 "Wir antworten unseren Zuhörern". So lautet der Titel einer beliebten (die hat Erfolg) Nachtsendung im Radio.
2 Von sich zu Hause aus, per (von nahe des) Telefon, stellt der Zuhörer Fragen, die der Leiter der Sendung vom Studio aus beantwortet, soweit (wenn) er das kann.
3 Im Allgemeinen rufen einsame Leute an, [solche] die nicht wissen,
4 an wen sie sich mit ihren schwer lösbaren Problemen wenden sollen. Zum Beispiel:
5 – Mein Ehemann ist vor Jahren gestorben. Ich möchte mich nicht wieder verheiraten (gehen von neuem zu einem Ehemann).
6 Ich hätte gern ein Kind, aber im Rathaus (im Rat) sagt man [mir], dass ich als Alleinstehende keines adoptieren kann.
7 – Auch Sie müssen lernen, alleine zu leben. Oder suchen Sie sich Gesellschaft.
8 – Vor nicht langer Zeit habe ich eine Heiratsanzeige aufgegeben. Zwei sympathische Männer haben sich vorgestellt.
9 Der eine ist kultiviert, diplomiert, viel älter als ich. Der andere ist genauso jung wie ich, hat aber keinen einzigen Schulabschluss (hat nicht abgeschlossen keine einzige Schule).

---

3 *Mellől*. Wir erinnern Sie, dass die Postpositionen der Regel der Dreiteilung der Orientierungen folgen können: "von wo? wo? wohin?" - *mellől*: von nebenan; *mellett*: neben; *mellé*: neben, mit einer Bewegung nach ...
4 *Tanács* (Rat, Ratschlag; Konzil), *önkormányzat* (Kommunalverwaltung).
5 *Házassági* zerfällt in *ház* (Haus), *házas* (verheiratet), *házasság* (Heirat), *házassági* (Heirats-...). *Hétköznapjai*: *hét* (Woche), *köz* (zwischen, gemein-), *nap* (Tag), *-ja* (possessives Suffix des Besitzers in der dritten Person), *-i* (possessives Suffix des Plurals des Besitztums).

10 – Mindenkinek magának kell döntenie. Próbálja elképzelni, melyikkel lennének kellemesebbek a hétköznapjai. (5)

11 – Tizenkét évi boldog házasság után a feleségem megcsalt, pedig a legjobb férj és családapa voltam.

12 Azt mondja, még mindig szeret, de én nem tudok neki megbocsátani. Váljak el tőle?

13 – Aki megnősül, annak tudnia kell, hogy egy házasságban ez előfordulhat.

GYAKORLAT

1 Adj fel egy házassági hirdetést. **2** Mindenkinek vannak megoldhatatlan problémái. **3** Egy házasságban a hétköznapok nem mindig kellemesek. **4** A feleségem megcsalt, de én megbocsátok neki. **5** A jövő héten megnősülök. **6** A szomszéd család örökbe fogadott egy gyereket.

EGÉSZÍTSE KI

1 *Meine Tochter will nicht heiraten.*

    A .. nem .... menni.

2 *Dieser kultivierte Mann hat nicht studiert (hat keine einzige Schule gemacht).*

    Ez .... nem .... iskolát.

3 *Viele einsame Männer rufen mich an.*

    .... ember ....

4 *Was ist das Geheimnis einer glücklichen Ehe?*

    ... titka .... nak?

5 *Ich habe eine interessante Radiosendung über die Jugendlichen gehört.*

    Hallottam ... érdekes .... a ....

10 – Jeder muss selbst entscheiden. Fragen Sie sich (versuchen Sie sich vorzustellen), mit welchem von beiden das tägliche Leben (ihre Tage der Woche) angenehmer wäre.
11 – Nach zwölf Jahren glücklicher Ehe hat mich meine Frau betrogen. Dabei war ich der beste Ehemann und Familienvater.
12 Sie sagt, dass sie mich immer noch liebt, aber ich kann ihr nicht verzeihen. Soll ich mich scheiden lassen?
13 – Wer heiratet, (zur Frau nimmt) muss wissen, dass solche Dinge (das) in einer Ehe vorkommen können.

ÜBUNG: 1 Gib eine Heiratsanzeige auf. **2** Alle haben unlösbare Probleme. **3** In einer Ehe ist das tägliche Leben (die Tage der Woche) nicht immer angenehm. **4** Meine Frau hat mich betrogen, aber ich verzeihe ihr. **5** Nächste Woche heirate ich. **6** Die Nachbarsfamilie hat ein Kind adoptiert.

6 *Wir lieben Kinder so sehr, dass wir jedes Jahr eines adoptieren.*

Úgy .... a ...., hogy ......

évben örökbe ....

DIE FEHLENDEN WÖRTER:
1 - lányom - akar férjhez - **2** - a művelt ember - végzett semmilyen - **3** Sok magányos -telefonál nekem. **4** Mi a - a sikeres házasság- **5** - egy - rádióműsort - fiatalokról. **6** - szeretjük - gyerekeket - minden - - fogadunk egyet.

Második hullám: huszonötödik lecke

HETVENÖTÖDIK LECKE

Turistagondok

1 – Uram, meg tudná mondani, hol van a közelben bank, vagy utazási iroda? Pénzt szeretnék váltani.
2 – Menjen egyenesen a sarokig. Ott forduljon jobbra, majd a harmadik utcánál balra talál egy bankot.
3 – Jó napot kívánok. Foglalkoznak önök pénzváltással? Forintra lenne szükségem.
4 – Természetesen. Bármilyen külföldi valutát, utazási csekket és hitelkártyát elfogadunk.
5 – Akkor legyen szíves, váltsa be nekem ezt az összeget forintra. Ha lehet, adjon aprópénzt (tizeseket, huszasokat, százasokat) is.
6 – Kisasszony, hánytól hányig van nyitva az önök postahivatala?
7 – Munkanapokon reggel nyolctól este hatig. De hétvégén és ünnepnapokon zárva vagyunk.
8 – Ezeket a leveleket szeretném feladni. Mennyi bélyeget kell tennem a borítékra és a képeslapra?
9 – Az attól függ, hogy belföldre vagy külföldre küldi-e? Ajánlva, vagy légipostán persze drágább.
10 – Segítsen nekem, külföldi vagyok és nem tudom, hogyan kell táviratot feladni. (1)

ANMERKUNGEN
1 *Távirat* zerfällt in *táv-* (Entfernung, Tele-), *ír* (schreiben), und *-at* ("verbales" Suffix [Form von Nomen, die mit Verben gebildet werden]). *Távbeszélő* (Fernsprecher, Telefon), *távközlés* (Telekommunikation); *e-mail* (E-Mail); *ajánlott levél* (Einschreibebrief).

FÜNFUNDSIEBZIGSTE LEKTION

Touristensorgen

1 – Mein Herr, könnten Sie mir sagen, wo es in der Nähe (hier gibt es) eine Bank oder ein Reisebüro gibt? Ich möchte Geld tauschen.
2 – Gehen Sie geradeaus bis zur Ecke. Dort biegen Sie rechts ab, in der dritten Straße [wieder] links finden Sie eine Bank.
3 – Guten Tag. Kann man bei Ihnen (beschäftigen Sie sich mit) Geld tauschen? Ich bräuchte Forint.
4 – Natürlich. Wir akzeptieren jede ausländische Währung, [auch] Reiseschecks oder Kreditkarten.
5 – Dann tauschen Sie mir [bitte] diese Summe in Forint um. Wenn es möglich [ist], geben Sie mir auch Kleingeld (Zehnforintscheine, Zwanziger, Hunderter).
6 – Fräulein, von wann bis wann (von wie viel bis wie viel) ist Ihr Postamt geöffnet?
7 – An Werktagen von acht Uhr morgens bis sechs Uhr abends. Aber an Wochenenden und Feiertagen haben wir geschlossen.
8 – Ich möchte diese Briefe abschicken. Wie viele Briefmarken muss ich auf den Umschlag und auf die Ansichtskarte tun?
9 – Das hängt davon ab, ob Sie [sie] innerhalb des Landes oder ins Ausland verschicken wollen. Als Einschreiben oder Luftpost ist es natürlich teurer.
10 – Helfen Sie mir, ich bin Ausländer und ich weiß nicht, wie [man ein] Telegramm aufgibt.

11 – Töltse ki az űrlapot nyomtatott betűvel. Egy szó ára öt forint ötven fillér. **(2)**
12 Ide írja a feladó nevét és címét, oda pedig a címzettét. Holnap, vagy holnapután biztosan megkapják.
13 – Akkor inkább telefonálnék abból a fülkéből. Remélem, nem kell sokáig várni és működik a készülék.

GYAKORLAT

1 Pénzt a bankban lehet váltani. **2** Nincs a közelben postahivatal. **3** Ezt a levelet ajánlva szeretném feladni. **4** Külföldi valutával is lehet fizetni. **5** A második utcában balra van az utazási iroda. **6** Ennek a levélnek nem én vagyok a feladója.

EGÉSZÍTSE KI

1 *Im Restaurant werden auch Kreditkarten angenommen.*

 A .... ben elfogadják a .... is.

2 *Ich bräuchte Briefmarken.*

 .... re lenne ....

3 *Der Taxifahrer verlangt Kleingeld.*

 A ....sofőr .... kér.

4 *Dienstag ist ein Werktag, Sonntag ist ein Feiertag.*

 Kedd .... , vasárnap ....

5 *Ich habe den Brief in einen Umschlag gesteckt.*

 A .... ba tettem.

6 *Er hat mein Telegramm erhalten.*

 Megkapta ....

kétszázhatvankettő 262

11 – Füllen Sie dieses Formular in (mit) Druckbuchstaben aus. Ein Wort kostet fünf Forint und fünfzig Fillér.
12 Schreiben Sie hier den Namen und die Adresse des Absenders und hier die des Empfängers hin. Er wird es sicher morgen oder übermorgen erhalten.
13 – In diesem Fall möchte ich doch lieber von dieser Kabine aus telefonieren. Ich hoffe, dass man nicht lange warten muss und [dass] der Apparat funktioniert.

ANMERKUNGEN
2 Das Wort *Űrlap* zerfällt in *űr* (Leere, Raum) und *lap* (Blatt, Seite). Merken Sie sich auch *űrhajó*: Raumschiff, *űrkutatás*: Raumforschung.

ÜBUNG: **1** Geld kann man auf der Bank wechseln. **2** Es gibt kein Postamt in der Nachbarschaft. **3** Ich möchte diesen Brief per Einschreiben schicken. **4** Man kann auch mit ausländischen Devisen bezahlen. **5** Das Reisebüro befindet sich in der zweiten Straße links. **6** Nicht ich bin der Absender dieses Briefes.

DIE FEHLENDEN WÖRTER:
1 - vendéglő - - - hitelkártyákat - **2** Bélyegek- - szükségem. **3** - taxi aprópénzt - **4** - hétköznap - ünnepnap. **5** - levelet boríték - - **6** - táviratomat.

Második hullám: huszonhatodik lecke

LEKTION 75

HETVENHATODIK LECKE

Mi a futball?

1 – Csúcsforgalomban szoktak ennyien utazni a villamosokon és az autóbuszokon. Hova megy ez a rengeteg ember? És miért olyan hangosak? **(1)**
2 – Hát te nem tudod? Nagy meccs lesz a Népstadionban! Ma van a kupadöntő. **(2)**
3 – Milyen döntő? Milyen kupa? És hol az a Népstadion? **(2)**
4 – Édes öregem, szerintem te vagy az egyetlen a városban, aki ezt nem tudja.
5 Természetesen a futballkupadöntőre megy mindenki! És a Népstadion itt van Pesten, a Keleti pályaudvar mögött. **(2)**
6 Te, aki falun nőttél fel, soha nem futballoztál gyerekkorodban?
7 – A szüleim nem engedtek, mert sokat betegeskedtem. De magyarázd el végre, miről is van szó. Kezd érdekelni a dolog. **(3)**
8 – Látom, teljesen analfabéta vagy. Két csapat mérkőzik, mindegyik tizenegy játékosból áll **(4)**
9 A cél az, hogy a labda az ellenfél kapujába kerüljön. Ha ez sikerül, mindenki azt kiabálja: gól! Amelyik csapat több gólt lő, mint a másik, az nyer.

ANMERKUNGEN
1 *Rengeteg* bezeichnet ursprünglich den Wald. Dieses Substantiv, wie viele andere (zum Beispiel *csomó*: Knoten, *halom*: ein Haufen von, *tömeg*: Menge, usw.) kann wie ein Adjektiv (Beiwort) gebraucht werden.
2 *Döntő*, Partizip Präsens des Verbes *dönt*: entscheiden.

SECHSUNDSIEBZIGSTE LEKTION

Was ist Fußball?

1 – Zu den Hauptverkehrszeiten sind gewöhnlich so viele Leute in den Straßenbahnen und in den Autobussen unterwegs. Wohin fahren alle diese ungeheuer vielen Leute? Und warum sind sie so laut?
2 – Weißt du das denn nicht? Es wird ein wichtiges (großes) Spiel im Volksstadion geben! Heute findet das Endspiel um den Pokal statt.
3 – Was für ein Endspiel? Welcher Pokal? Und wo ist das Volksstadion?
4 – Mein (sanfter) Alter, meiner Meinung nach bist du der Einzige in der Stadt, der es nicht weiß.
5   Natürlich gehen alle zum Endspiel des Fußballpokals! Und das Volksstadion ist hier in Pest, hinter dem Ostbahnhof.
6   Du, der du auf dem Dorf aufgewachsen bist, hast du denn nie in deiner Kindheit Fußball gespielt?
7 – Meine Eltern erlaubten [es mir] nicht, weil ich oft krank war. Aber erkläre mir [doch] endlich, worum es geht. Die Sache fängt an mich zu interessieren.
8 – Ich sehe, [dass] du ein kompletter Analphabet bist. Zwei Mannschaften treffen aufeinander (messen sich), jede besteht aus elf Spielern.
9   Das Ziel [besteht darin], den Ball in das Tor des Gegners zu bringen. Wenn es klappt, schreien alle: Tor! Die Mannschaft, die mehr Tore schießt als die andere, gewinnt.

---

3 *Betegeskedtem*: *beteg* (krank), *beteges* (krankhaft), *-kedik* (Suffix, das den Frequentativ bezeichnet). Man findet es auch unter der Form *-kodik*, in *mosakodik* (sich waschen) oder *-ködik* in *öltözködik* (sich anziehen) wieder, wo das Suffix einen reflexiven Sinn hat.
4 *Áll*: stehen. Wenn es das Suffix *-ból/ -ből* regiert, bedeutet es "bestehen aus, zusammengesetzt sein aus".

10 A kupában valamennyi magyar futballcsapat részt vesz, de a döntőbe csak a legjobb kettő kerül be. (2)
11 Tényleg soha nem hallottál nagy nemzetközi futballmeccsekről?
12 – Ne gondold azt, hogy teljesen hülye vagyok. Amikor 1954-ben elvesztettük a világbajnokságot, másnap én is tüntettem az utcán.
13 De csak azért, mert a Horváth Mari, akinek éppen udvaroltam, szintén ott akart lenni a tüntetők között.

GYAKORLAT

1 A csúcsforgalom reggel fél nyolctól háromnegyed kilencig tart. **2** Azokban az években sokat betegeskedtem. **3** A barátom teljesen analfabéta, de jól futballozik. **4** Rengeteg gólt lőttünk a tavalyi döntőn. **5** A meccsen mindenki azt kiabálja: gól! **6** Mari gyerekkorában a pályaudvar mögött lakott.

EGÉSZÍTSE KI

1 *Alle Mannschaften wollen gewinnen.*
Minden .... akar.

2 *Ich habe meinen Eltern erklärt, wo sich das Volksstadion befindet.*
El .... a .... hol ... .

3 *Ich bin der Einzige, den Fußball nicht interessiert.*
Én ...... az .... akit nem ....

10 Alle ungarischen Fußballmannschaften nehmen an dem Pokalspiel teil, aber nur die beiden besten kommen bis zum Endspiel.
11 Stimmt es, dass du nie von den großen, internationalen Fußballspielen gehört hast?
12 – Halte mich nicht für vollkommen blöd (denke nicht, dass ich bin völlig schwachköpfig). Als wir 1954 die Weltmeisterschaft verloren haben, bin ich am nächsten Tag auch auf der Straße demonstrieren gegangen.
13 Aber nur weil (die) Marie Horváth, der ich gerade den Hof machte, dort unter den Demonstranten sein wollte.

ÜBUNG: 1 Die Hauptverkehrszeit dauert von halb acht bis viertel vor neun morgens. **2** Während dieser Jahre bin ich oft krank gewesen. **3** Mein Freund ist [ein] völliger Analphabet, aber er spielt gut Fußball. **4** Wir haben im Endspiel vom letzten Jahr enorm viele Tore geschossen. **5** Beim Spiel schreien alle: Tor! **6** In ihrer Kindheit wohnte Marie hinter dem Bahnhof.

4 *Die Spieler sind in der Hauptstadt des Landes aufgewachsen.*
A . . . . az . . . . . . főv árosában . . . .

5 *Wo wird nächstes Jahr das Weltpokalspiel stattfinden?*
   Hol .... jövőre ....?

6 *Ich verstehe nicht, warum die Leute so lautstark demonstrieren.*
   ... értem .... az emberek ....

HETVENHETEDIK LECKE

WIEDERHOLUNG UND ANMERKUNGEN

Es wird Ihnen sicher passieren, dass Sie mit Ungarn über die Länder sprechen, die Sie bereist haben, über ihre Bewohner, über die Städte, die Sie kennen, die Sprachen, die in der Welt gesprochen werden ... Nachstehend einiges, um die Unterhaltung zu bereichern:

1 Die vier Himmelsrichtungen

Észak: Norden, *dél*: Süden, *kelet*: Osten, *nyugat*: Westen. *Északkelet*: "Nordosten", *délnyugat*: "Südwesten". "Im Norden" = *északon*, "im Nordosten" = *északkeleten*, usw.

2 Die Kontinente sind *Európa, Amerika, Ázsia, Afrika, Ausztrália*. "In Europa" = *Európában*, "In Amerika" = *Amerikában*. "Nordeuropa" = *Észak-Európa*; "Südostasien" = *Délkelet-Ázsia*.

3 Hier **einige Ländernamen** und die ihrer **Bewohner**:

Magyarország	: Ungarn	- *magyar*	: Ungar
Ausztria	: Österreich	- *osztrák*	: Österreicher
Szlovákia	: Slowakei	- *szlovák*	: Slowake
Jugoszlávia	: Jugoslawien	- *jugoszláv*:	Jugoslawe
Románia	: Rumänien	- *román*	: Rumäne
Szlovénia	: Slowenien	- *szlovén*	: Slowene
Horvátország	: Kroatien	- *horvát*	: Kroate

DIE FEHLENDEN WÖRTER:
1 - csapat nyerni - 2 -magyaráztam - szüleimnek - van a népstadion. 3 - vagyok - egyetlen - - érdekel a futball. 4 - játékosok - ország - nőttek fel. 5 - lesz - a világbajnokság. 6 Nem - miert tüntetnek - - olyan hangosan.

Második hullám: huszonhetedik lecke

SIEBENUNDSIEBZIGSTE LEKTION

Csehország	: Tschechien	- *cseh*	: Tscheche
Oroszország	: Russland	- *orosz*	: Russe
Svájc	: Schweiz	- *svájci*	: Schweizer
Olaszország	: Italien	- *olasz*	: Italiener
Spanyolország	: Spanien	- *spanyol*	: Spanier
Görögország	: Griechenland	- *görög*	: Grieche
Portugália	: Portugal	- *portugál*	: Portugiese
Németország	: Deutschland	- *német*	: Deutscher
Lengyelország	: Polen	- *lengyel*	: Pole
Franciaország	: Frankreich	- *francia*	: Franzose
Belgium	: Belgien	- *belga*	: Belgier
Hollandia	: Niederlande	- *holland*	: Niederländer
Nagy-Britannia	: Großbritannien	- *brit*	: Brite
Anglia	: England	- *angol*	: Engländer
Svédország	: Schweden	- *svéd*	: Schwede
Finnország	: Finnland	- *finn*	: Finne
Dánia	: Dänemark	- *dán*	: Däne
Norvégia	: Norwegen	- *norvég*	: Norweger
Amerikai Egyesült Államok	: Vereinigte Staaten von Amerika	- *amerikai*	:Amerikaner
Kanada	: Kanada	- *kanadai*	: Kanadier
Japán	: Japan	- *japán*	: Japaner
Kína	: China	- *kínai*	: Chinese
India	: Indien	- *indiai*	: Inder

Wir erinnern Sie daran, dass mit Ausnahme von Ungarn (*Magyarországon*) alle Ländernamen das Suffix

-ban/ -ben annehmen, wenn es sich darum handelt, die Tatsache zu benennen, dass man sich dort befindet. *Angliában*: in England, usw.

Bei manchen Völkern bezeichnet der Name sowohl die Nation als auch die Sprache: *Orosz*: Russe und Russisch.

Nachstehend der ungarische Name von einigen wichtigen

HETVENNYOLCADIK LECKE

A határon

1 – Útlevél- és vámvizsgálat következik. Kérem a menetjegyeket és az iratokat. (**1**)
2 Köszönöm. Hova utazik, mennyi időre és milyen célból?
3 – Magyarországra jövök egy hónapra. Budapesten várnak a barátaim, meghívtak a balatoni villájukba és egész augusztusban ott leszek náluk.
4 – Figyelmeztetem, hogy a vízuma pontosan harminc napig érvényes. Ha lejár és tovább akarna maradni, akkor el kell mennie a rendőrségre és meg kell hosszabbítania. (**2**)
5 – Köszönöm a felvilágosítást. A magyar konzulátuson már felhívták erre a figyelmemet.

ANMERKUNGEN
1 *Útlevél- és vámvizsgálat*. Der Bindestrich nach dem ersten Wort bedeutet, dass dieses ein zusammengesetztes ist, dessen zweiter Teil erst im nächsten zusammengesetzen Wort erscheint, wie auch oft im Deutschen. Dieser letzte Teil (hier also *vizsgálat*: Kontrolle) verbindet sich also gleichzeitig mit *útlevél*: Pass und mit *vám*: Zoll. Andere Beispiele dieser Art: *vasár- és ünnepnap*: Sonn- und Werktage, *gyors-és*

Städten: *Bécs*: Wien, *Lipcse*: Leipzig, *Drezda*: Dresden, *Prága*: Prag, *Párizs*: Paris, *Brüsszel*: Brüssel, *Róma*: Rom, usw.

Notieren Sie sich ebenfalls *Duna*: die Donau, *Szajna*: die Seine, *Rajna*: der Rhein; *Kárpátok*: die Karpaten, *Alpok*: die Alpen.

Második hullám: huszonnyolcadik lecke

ACHTUNDSIEBZIGSTE LEKTION

An der Grenze

1 – Es folgt die Pass- und Zollkontrolle. Ich bitte um Ihre Fahrkarten und Ihre Papiere.
2   Danke. Wohin fahren (reisen) Sie, für wie lange (Zeit) und aus welchem Grund?
3 – Ich werde einen Monat in Ungarn verbringen (ich komme nach Ungarn für einen Monat). Meine Freunde erwarten mich in Budapest; sie haben mich in ihre Villa am Ufer des Balatonsees eingeladen, und ich werde den ganzen Monat August bei ihnen sein.
4 – Ich erinnere Sie (warne) daran, dass Ihr Visum genau für (bis zu) dreißig Tage gültig ist. Wenn es abläuft, und [wenn Sie] länger bleiben wollen (würden), dann müssen Sie zur Polizei gehen und [es] verlängern lassen.
5 – Danke für die Auskunft. Auf dem ungarischen Konsulat hat man mich darauf bereits aufmerksam gemacht (gezogen meine Aufmerksamkeit auf diese Tatsache darauf).

gépírónő: Stenotypistin (wörtlich: schnelle und mechanische Schreiberin), *bel- és külkereskedelem*: Innen- und Außenhandel, usw.
2 *El kell menie, meg kell hosszabbítania*. Wir erinnern Sie an die Regel der möglichen Possessivierung der Infinitivformen.

6 – Van-e valami elvámolnivalója? Arany, ezüst, ékszerek, egyéb értékes tárgy? Mennyi valutát hozott magával? **(3)**

7 – Csak a legszükségesebb holmi van nálam és néhány kisebb ajándék a magyarországi ismerőseim részére: egy üveg francia kölni a háziasszonynak, skót whisky a férjének, három tábla svájci csokoládé a gyerekeknek. **(4)**

8 Annyi pénzt hoztam magammal, amennyiből meg tudok élni. Forint nincs nálam, csak valuta, amit majd érkezésemkor beváltok Budapesten. **(5)**

9 – Melyek az ön csomagjai?... Megkérném, hogy vegye le a barna táskát a csomagtartóból... Szíveskedjék kinyitni ezt a kék bőröndöt is az ülés alatt.

10 – Az nem az enyém, hanem egy középkorú hölgyé, aki ott ült az ablak mellett, a menetiránnyal szemben. **(6)**

11 Tíz perccel ezelőtt kiment a fülkéből. Ha jól emlékszem, azt mondta, hogy szomjas és szeretne inni valamit az étkezőkocsiban.

12 – Rendben van. Látom, nem először tartózkodik Magyarországon: ez már a harmadik magyar vízum az útlevelében.

ANMERKUNGEN

3 *Elvámolnivaló. Való* ist eine der Partizip-Präsens-Formen des Verbs *van* (sein), ein zweiter Teil von bestimmten wichtigen Ausdrücken, wie *borravaló*: Trinkgeld, *ennivaló*: essbar, Vorräte, etwas zu essen, *innivaló*: zu trinken, trinkbar, *olvasnivaló*: Lektüre, *tennivaló*: "zu machen", Aufgabe usw.

4 *Üveg kölni, tábla csokoládé* (siehe Anmerkung **1** der sechsundsiebzigsten Lektion). *Üveg* (Flasche) und *tábla* (Tablett) werden hier als Adjektiv gebraucht. Dank dieser Konstruktion sind Sie ab jetzt in der Lage, ein Glas Wasser zu bestellen: *kérek egy pohár vizet*, oder eine Tasse Kaffee: *kérek egy csésze kávét*.

6 – Haben Sie etwas zu verzollen? Gold, Silber, Schmuckstücke oder andere Wertsachen? Wie viel Devisen haben Sie bei sich (mitgebracht)?
7 – Ich habe nur das Nötigste bei mir (die notwendigsten Sachen) und einige kleinere Geschenke für meine Bekannten in Ungarn: eine Flasche französisches Kölnischwasser für die Dame des Hauses, Schottischen Whisky für ihren Ehemann, drei Tafeln Schweizer Schokolade für die Kinder.
8 Ich habe gerade genug Geld für meinen Lebensunterhalt mitgenommen. Ich habe keine Forint, nur Devisen, die ich bei meiner Ankunft in Budapest wechseln werde.
9 – Welche sind Ihre Gepäckstücke? ... Ich würde Sie bitten, diese (die) braune Tasche aus dem Gepäcknetz (Gepäckhalter) herunterzuholen ... Öffnen Sie [bitte] diesen blauen Koffer unter der Sitzbank.
10 – Er gehört mir nicht, sondern einer älteren Dame, die dort saß, neben dem Fenster, entgegen der Fahrtrichtung.
11 Sie hat das Abteil vor zehn Minuten verlassen. Wenn ich mich recht erinnere, hat sie [uns] gesagt, dass sie Durst habe (hat) und im Speisewagen gerne etwas trinken möchte.
12 – In Ordnung. Ich sehe, dass es nicht das erste Mal ist, dass Sie sich in Ungarn aufhalten: das ist das dritte ungarische Visum in Ihrem Pass.

---

5 *Érkezésemkor* zerfällt in *érkezik* (ankommen), *érkezés* (Ankunft), *érkezésem* (meine Ankunft), *érkezésemkor* (bei meiner Ankunft). Dieses gleiche Suffix *-kor* hat uns schon für die Zeitstunde gedient: *három órakor* - um drei Uhr.
6 *Középkorú*. In diesem Wort ist *kor* ein Substantiv und bedeutet "Alter, Epoche". Nicht zu verwechseln mit *középkori*: mittelalterlich.

13 – Igen, nagyon szívesen jövök önökhöz. A magyarok vendégszerető emberek, kitűnő itt a konyha, gyönyörűek a hímzett blúzok, terítők és a reumámnak jót tesz a margitszigeti gyógyfürdő.
14 – Kellemes tartózkodást kívánok.

GYAKORLAT

1 Telefonáltam a magyarországi ismerősömnek. **2** Melyik bőröndbe tetted az olvasnivalót? **3** A gyors- és gépirónőt meghívták egy balatoni villába. **4** Hány évig érvényes az útleveled? **5** A középkorban az emberek kevesebbet utaztak, mint ma. **6** A vízumot a rendőrségen kell meghosszabbítani.

EGÉSZÍTSE KI

1 *Ich gebe dir so viel Geld, wie du willst.*
   Annyi .... neked, ... t akarsz.

2 *Viele Leute sitzen nicht gerne gegen die Fahrtrichtung.*
   Sokan .... szemben .... .

3 *Vergessen Sie nicht, bei der Abfahrt am Bahnhof zu trinken zu kaufen.*
   .... kor ne .... el .... t venni ....

4 *Mit welchem Ziel reisen Sie in die Schweiz? Sind es Ihre Bekannten, die Sie eingeladen haben?*
   Milyen ...... utazik .... ?
   Az .... meg?

5 *An der Grenze hat man uns darauf aufmerksam gemacht, dass Devisen nur in den Banken gewechselt werden können.*
   A .... figyelmeztettek ......, hogy csak .... lehet .... be ....

kétszázhetvennégy 274

13 – Ja, ich komme sehr gerne in Ihr Land (zu Ihnen). Die Ungarn sind gastfreundliche Leute, die Küche ist hier ausgezeichnet, die bestickten Blusen und Decken sind wunderschön, und die Thermalbäder von der Margareteninsel tun meinem Rheuma gut.
14 – Ich wünsche Ihnen einen angenehmen Aufenthalt.

ÜBUNG: **1** Ich habe meine Bekannten in Ungarn angerufen. **2** In welchen Koffer hast du die Lektüre getan? **3** Die Stenotypistin ist in eine Villa am Ufer des Balatonsees eingeladen worden. **4** Wie lange (bis zu wie viel Jahren) ist dein Pass gültig? **5** Im Mittelalter reisten die Leute weniger als heute. **6** Das Visum muss bei der Polizei verlängert werden.

6 *Im Juli werden meine polnischen Freunde bei mir sein.*

.... nálam .... a .... im.

DIE FEHLENDEN WÖRTER:
1 - pénzt adok - amennyi- - **2** -nem szeretnek menetiránnyal - ülni. **3** Indulás - - felejts -innivaló- - a pályaudvaron. **4** - célból - Svájcba - ismerősei hívták - **5** - határon - minket - - a bankokban - valutát -váltani. **6** Júliusban - lesznek - lengyel baráta-

Második hullám: huszonkilencedik lecke

LECKIÓN 78

HETVENKILENCEDIK LECKE

Mese a halászról és a feleségéről

1 Egyszer volt, hol nem volt, volt egyszer egy szegény, öreg halász. A tengerparton élt egy kunyhóban nagyravágyó feleségével. **(1) (2)**

2 Egy reggel elment halászni és fogott egy gyönyörű halat. Legnagyobb csodálkozására a hal váratlanul megszólalt: **(3)**

3 – Ha most elengedsz és visszamehetek a tengerbe, cserébe minden kívánságodat teljesítem.

4 A halász visszaengedte a halat, majd hazament és elmesélte a feleségének, hogy mi történt.

5 Az asszony nagyon haragudott a férjére, mert alig volt mit enniük.

6 Pár nap múlva így szólt: "Kérj a haltól egy szép házat nekünk, elegem van a szegénységből".

7 A halász kiment a partra, megkereste a halat és elmondta, mit üzen a felesége. Amikor hazaért, gyönyörű ház állt a régi kunyhó helyén.

ANMERKUNGEN

1 *Egyszer volt, hol nem volt, volt egyszer* - Rituelle Erzählformel zu Beginn eines Märchens: "es war einmal...".

2 *Nagyravágyó* zerfällt in *nagy* (groß), *-ra* (Suffix des "Sublativs" - Bewegung, die sich auf eine Fläche richtet oder die an einer Fläche ankommt), *vágy(ik)* (begehren, wünschen, sehnen) und *-ó* (Suffix des Partizip Präsens).

NEUNUNDSIEBZIGSTE LEKTION

[Das] Märchen (Fabel) vom Fischer und seiner Frau

1 Es war einmal (es war einmal, wo nicht war, war es einmal) ein armer, alter Fischer. Er lebte in einer Hütte am Meeresstrand mit seiner ehrgeizigen Frau.
2 Eines Tages ist er zum Fischen gegangen und hat einen herrlichen Fisch gefangen. Zu seinem größten Erstaunen fing der Fisch unerwarteterweise zu sprechen an:
3 – Wenn du mich jetzt wieder freilässt, und wenn ich wieder ins Meer zurück kann, werde ich dir als Gegenleistung alle deine Wünsche erfüllen.
4 Der Fischer ließ den Fisch wieder frei, ging dann zu sich nach Hause und erzählte seiner Frau, was sich zugetragen hatte.
5 Die Frau war sehr wütend auf ihren Mann, weil sie kaum genug zu essen hatten.
6 Einige Tage später sagte sie zu ihm: "Erbitte von dem Fisch ein schönes Haus für uns, ich habe genug von der Armut".
7 Der Fischer begab sich (ging aus) an das Meeresufer, suchte den Fisch und überbrachte [ihm] die Botschaft seiner Frau (sagte ihm, das was seine Frau ihn sagen ließ). Als er nach Hause kam, [sah er] an der Stelle der alten Hütte ein herrliches Haus stehen.

---

3 *Váratlanul* zerfällt in *vár* (warten), *-atlan* (Suffixe des Privativs) und *-ul* (Suffix zur Bildung von Adverbien).

8 De a feleségnek ez nem volt elég. Visszaküldte a halászt, hogy kérjen nekik kastélyt a ház helyett.

9 És valóban, másnap ott állt a kastély a ház helyén. A halász felesége pedig, mint grófnő élt benne. De ez sem elégítette ki.

10 Most már királynő szeretett volna lenni. Hatalmas palotát, kertet akart magának.

11 A szegény halász kénytelen volt újra megkeresni a halat, de ez a kérése már nem teljesült.

12 Amikor hazaért, nem volt se kastély, se gyönyörű ház a parton. A feleségét, aki már nem volt grófnő, a régi kunyhóban találta.

13 Még ma is élnek, ha meg nem haltak. Történetüket azóta is mindenütt mesélik. **(1)**

GYAKORLAT

1 A halász nagyon haragudott a feleségére. **2** A grófnő halat ebédelt. **3** Ezt a történetet mindenkinek elmesélheted. **4** A gyerekek nem teljesítették a tanár kivánságát. **5** Legnagyobb csodálkozásomra otthon találtam a férjemet. **6** Azokban az években a tengerparton éltünk egy gyönyörű palotában.

EGÉSZÍTSE KI

1 *Ich liebe dich nicht, weil du ehrgeizig bist.*

... szeret ..., mert ....

2 *Der Kranke wachte unerwarteterweise auf und sagte (so):*

A .... felébredt és ....:

8 Aber das reichte seiner Frau nicht. Sie schickte den Fischer zurück, dass er (für sie) ein Schloss anstelle des Hauses erbat.

9 Und tatsächlich, am nächsten Tag stand dort (dort stand) an der Stelle des Hauses das Schloss. Die Frau des Fischers führte nun dort das Leben einer Gräfin (sie dort lebte als Gräfin). Aber das befriedigte sie auch nicht.

10 Jetzt (jetzt schon) hätte sie Königin sein wollen. Sie wollte (für sich) [einen] riesigen Palast mit [einem] Park.

11 Der arme Fischer war gezwungen, den Fisch wieder zu suchen, aber dieser letzte Wunsch (dieser ihr Wunsch) wurde nicht erfüllt.

12 Als er nach Hause kam, fand (es gab dort nicht mehr) er weder ein Schloss noch ein herrliches Haus am Meeresufer. Seine Frau, die nicht mehr Gräfin war, fand er in der alten Hütte.

13 Und wenn sie nicht gestorben sind, so leben sie noch heute. Seitdem erzählt man [sich] überall ihre Geschichte.

ÜBUNG: 1 Der Fischer war sehr wütend auf seine Frau. **2** Die Gräfin hat Fisch zu Mittag gegessen. **3** Du kannst diese Geschichte allen erzählen. **4** Die Kinder haben die Wünsche des Lehrers nicht erfüllt. **5** Zu meinem großen Erstaunen habe ich meinen Mann zu Hause vorgefunden. **6** In diesen Jahren haben wir in einem herrlichen Palast am Meeresufer gelebt.

3 *Ich habe genug von der Krankheit, lasst [mich] zu mir nach Hause gehen.*

...... van a ...., engedjenek ..... .

4 *In diesem Palast lebte der Fürst vom 18. bis ins 19. Jahrhundert.*

Ebben . . . . a fejedelem a

. . . . századtól .

. . . .

5 *Diese Arbeit befriedigt mich nicht mehr, ich würde gerne woanders arbeiten.*

Ez . . . . . . már . . . ., szeretnék . . . . . . dolgozni.

6 *Stell dir vor, was passiert ist: ich habe auf der Straße die (englische) Königin von England getroffen.*

. . . . mi . . . .

az utcán . . . . .vel.

NYOLCVANADIK LECKE

Mi az ördögnek vettem autót? (Monológ)

1 Ezt a kérdést naponta többször is felteszem, de magyarázatot képtelen vagyok találni.
2 A dolog úgy kezdődött, hogy nyertünk a lottón százezer forintot és be kellett valamibe fektetni. Mert a pénz csak úgy nem maradhat a bankban... **(1)**
3 Nagynehezen sikerült egy olcsó Zsigulit találnunk. Eleinte annyira szerettük, hogy szinte a gyerekünknek tekintettük. El is neveztük Zsigának.

ANMERKUNGEN
1 *Csak úgy*: so; wörtlich "nur so". Adverbiale Redewendung mit unbestimmtem Sinn, typisch für die ein wenig lockere Umgangssprache.

DIE FEHLENDEN WÖRTER:
1 Nem -lek - nagyravágyó vagy. 2 - beteg váratlanul - - így szólt.
3 Elegem - - betegségből - haza. 4 - a palotában élt - - - tizennyolcadik - a
tizenkilencedik századig. 5 - a munka - nem elégít ki - máshol -
6 Képzeld el - történt talákoztam - - az angol királynő-.

Második hullám: harmincadik lecke

ACHTZIGSTE LEKTION

Warum zum Teufel (was für den Teufel) habe ich [mir] ein Auto gekauft? (Monolog)

1 Diese Frage stelle ich [mir] mehrmals am Tag, aber ich bin unfähig, [eine] Erklärung zu finden.
2 Die Sache hat so angefangen: (dass) wir haben hunderttausend Forint im Lotto gewonnen, und wir mussten in etwas investieren. Denn das Geld kann nicht einfach nur auf der Bank [liegen] bleiben ...
3 Mit großer Mühe (groß schwierig) haben wir [es] geschafft, einen billigen Schiguli ["Lada"] zu finden. Am Anfang liebten wir ihn so, dass wir ihn fast wie unser Kind betrachteten. Deshalb nannten wir ihn auch Zsiga (Koseform von Sigismund).

4 Az igazi bajok csak később jöttek. Háromszor is megbuktam az autóvezetői vizsgán, még ma se értem igazán a KRESZ-t.

5 De az elmélet semmi a gyakorlathoz képest. Már az első nap túlléptem a megengedett sebességet és majdnem elütöttem egy rendőrt.

6 Szerencsére nem vették el a jogosítványomat, de nagyon magas bírságot kellett fizetnem. A feleségemnek azóta se szóltam...

7 Autópályán vagy országúton nem merek előzni, de ha lassan megyek, mindenki dudál mögöttem.

8 A múltkor elakadtam az Alföldön. Órákig álltam az út szélén, integettem, de senki nem látott a nagy viharban. **(2)**

9 A legközelebbi falu tizenöt kilométerre volt, három és fél órát kellett gyalog mennem.

10 A városban, ahol lakunk, lehetetlen parkolóhelyet találni. Különben sem szeretek az utcán parkolni, mert a gyerekek ott labdáznak az autó körül.

11 Amióta vezetek, nem ihatok szeszes italt, pedig régen a napot egy kis pohár pálinkával kezdtem és egy fél liter borral fejeztem be.

12 A benzin ára egyre emelkedik és a kocsi javíttatása havonta legalább ezer forintba kerül. **(3)**

13 A fiam közben felnőtt, ő is szeretne autót venni. Vajon mit tanácsoljak neki? **(4)**

ANMERKUNGEN

2 *Integèt* Frequentativ (*-get*) des Verbs *int:* ein Zeichen mit der Hand machen, warnen.

3 *Javíttatás*: *jav-* ist eine Variante von *jó* (gut), *-ít* ist das Suffix des Kausativs, *-tat* das des Faktitivs und *-ás* das allgemein übliche Deverbativ. Insgesamt bedeutet dies alles (wörtlich): die Tatsache (*-ás*) zu tun (*-tat*) machen (*-ít*) gut (*jav-*).

4 Die echten Probleme sind erst später gekommen. Ich bin dreimal durch die Fahrprüfung gefallen, ich verstehe die Straßenverkehrsordnung immer noch nicht richtig.

5 Aber die Theorie ist nichts im Vergleich zur Praxis. Schon am ersten Tag habe ich die erlaubte Geschwindigkeit überschritten und hätte beinahe einen Verkehrspolizisten überfahren.

6 Glücklicherweise hat man mir meinen Führerschein nicht abgenommen, aber ich musste eine sehr hohe Strafe bezahlen. Ich habe meiner Frau davon immer noch nichts gesagt (meiner Frau seitdem auch nicht mehr ich habe gesprochen) ...

7 Auf [der] Autobahn oder auf [einer] Bundesstraße wage ich nicht zu überholen, aber wenn ich langsam fahre, hupen alle hinter mir.

8 Letztens hatte ich eine Panne auf der Großen Ebene. Stundenlang stand ich am Straßenrand, ich winkte, aber niemand sah [mich] in dem Sturm.

9 Das nächste Dorf war fünfzehn Kilometer entfernt, ich musste dreieinhalb Stunden zu Fuß laufen.

10 In der Stadt, in der wir leben, [ist es] unmöglich einen Parkplatz zu finden. Übrigens parke ich nicht gerne auf der Straße, denn die Kinder spielen dort ständig um das Auto herum Ball.

11 Seitdem ich fahre, kann ich keine alkoholischen Getränke mehr trinken, dabei begann ich früher den Tag mit einem kleinen Glas Schnaps und beendete ihn mit einem halben Liter Wein.

12 Der Benzinpreis steigt ständig und die Autoreparaturen kosten mindestens tausend Forint im Monat.

13 In der Zwischenzeit ist mein Sohn groß geworden; er möchte sich auch [ein] Auto kaufen. Was soll ich ihm [bloß] raten?

---

4 *Vajon*? unübersetzbares Fragewort. Es drückt das Erstaunen des Sprechers aus.

GYAKORLAT

1 A baleset után elvették a jogosítványomat. **2** A városban nem lehet parkolóhelyet találni. **3** Betettük a bankba a lottón nyert pénzt. **4** Aki megbukik a vizsgán, az nem vezethet autót. **5** A szeszes italok ára egyre emelkedik. **6** A kocsit évente többször kell javíttatni.

EGÉSZÍTSE KI

1 *Soll ich (dass ich anfange) den Tag mit Wein oder mit Schnaps beginnen?*

Borral vagy .... a .....?

2 *Fahre nicht langsam, weil [sonst] alle hinter dir hupen werden.*

Ne ...., mert .... fog.

3 *Ich betrachte ihn [als] meinen besten Freund.*

Őt .... nak.

4 *Wir hatten eine Panne acht Kilometer vor der Stadt.*

El .... a .... re.

5 *Deiner Meinung nach, was ist wichtiger: die Theorie oder die Praxis?*

Szerinted .. ..: az .... vagy ....?

ÜBUNG: **1** Nach dem Unfall hat man mir den Führerschein abgenommen. **2** [Es ist] unmöglich, in der Stadt einen Parkplatz zu finden. **3** Wir haben das Geld, das wir im Lotto gewonnen hatten, auf die Bank gebracht. **4** Wer bei der Prüfung durchfällt, der kann kein Auto fahren. **5** Der Preis der alkoholischen Getränke steigt ständig. **6** Man muss das Auto mehrmals pro Jahr reparieren lassen.

6 *Warum spielen diese Kinder Fußball auf der Landstraße?*
   Miért .... ezek a .... ?

DIE FEHLENDEN WÖRTER:
1 - - pálinkával kezdjem - napot **2** - vezess lassan - mindenki dudálni - **3** - tekintem a legjobb barátom- **4** - akadtunk - várostól nyolc kilométer- **5** - mi fontosabb - elmélet - a gyakorlat - **6** - labdáznak - - gyerekek az országúton.

Második hullám: harmincegyedik lecke

NYOLCVANEGYEDIK LECKE

Miről ír a mai újság?

1 Háromnapos baráti látogatásra hazánkba érkezett a finn külügyminiszter és felesége. **(1)**
2 A ferihegyi repülőtéren sajtótájékoztatót tartott. Egy újságíró kérdésére elmondta, hogy magyarországi tartózkodása során
3 tárgyalásokat folytat majd a kormány elnökével és tagjaival, találkozik a gazdasági és kulturális élet több vezető személyiségével.

4 Sz. János 35 éves budapesti lakos féltékenységből megölte feleségét. A szörnyű tett után jelentkezett a VII. (hetedik) kerületi rendőrségen.
5 A nyomozás során a rendőrség megállapította, hogy a tettes aznap nagy mennyiségű szeszes italt fogyasztott. **(1)**
6 Sz.-ék szomszédai a nyomozóknak elmondták, hogy a szerencsétlen asszony egész életében hűséges volt a férjéhez. **(1)**

7 Tegnap a késő esti órákban Kecskemét mellett lezuhant egy utasszállító repülőgép.
8 A baleset során valamennyi utas és a személyzet életét vesztette. A fedélzeten külföldi állampolgár nem tartózkodott.

ANMERKUNGEN
1 *Háromnapos, baráti, mennyiségű, hűséges, felhős, nappali, tavalyi* sind mithilfe der Suffixe *-s, -i* und *-ű* abgeleitete Adjektive. Beachten Sie, dass das Suffix in *háromnapos* es erlaubt, in einem einzigen Wort einen Ausdruck, der durch zwei Wörter gebildet wird, zusammenzuziehen: *három nap*.

EINUNDACHZIGSTE LEKTION

Worüber schreibt die Zeitung von heute?

1 Der finnische Außenminister und seine Gattin sind zu einem dreitägigen Freundschaftsbesuch in unserem Land (Heimat) angekommen.

2 Er hat eine Pressekonferenz auf dem Flughafen (Platz des Flugzeugs) von Ferihegy gegeben. Auf [eine] (seine) Frage eines Journalisten [hin], hat er gesagt (erzählt), dass er im Verlauf seines Aufenthalts in Ungarn

3 Gespräche mit dem Chef der Regierung und [deren] Mitgliedern führen werde, [und dass er] mehrere leitende Persönlichkeiten aus dem wirtschaftlichen und kulturellen Leben treffen werde.

4 János Sz., 25 Jahre, wohnhaft in Budapest, hat seine Frau [in einem Anfall] von Eifersucht getötet. Nach der brutalen Tat hat er sich auf dem Polizeiamt des VII. Bezirks gemeldet.

5 Im Verlauf der Untersuchung hat die Polizei festgestellt, dass der Täter an diesem Tag eine große Menge an alkoholischen Getränken zu sich genommen hatte.

6 Die Nachbarn der Sz. haben den Inspektoren gesagt, dass die unglückliche Frau ihr ganzes Leben lang ihrem Mann treu gewesen war.

7 Gestern in den späten Abendstunden ist ein Verkehrsflugzeug (von Reisenden) nahe bei Kecskemét abgestürzt.

8 Alle Passagiere und die Besatzung sind bei (während) diesem Unfall umgekommen (das Leben verloren). An Bord befand sich kein ausländischer Fluggast (Staatsbürger).

9 A Meteorológiai Intézet jelenti: Holnap reggelig hazánkban hűvös, nedves idő várható, de holnap délutántól **(2)**

10 a Dunántúlon újra kisüt a nap. Az Alföldön az ég felhős marad és az északi szél megerősödik. **(1)**

11 Éjszaka a hőmérséklet 10 fok körül lesz, de a nappali felmelegedés helyenként eléri a 20-22 fokot. **(3)**

12 A miskolci nemzetközi teniszverseny középdöntőjében a tavalyi világbajnok Panaporeitisz (Görögország) legyőzte Szabót, a hazai közönség kedvencét. **(4)**

ANMERKUNGEN

2 *Várható* zerfällt in *vár* (warten), *-hat* (Suffix des Potentialis) und das *-ó* des Partizip Präsens. Wörtlich also: "das was man kann erwarten", das heißt "voraussehbar".

3 *-ként* ist ein Suffix des "Distributivs", der oft durch "pro" übersetzt wird; *személyenként*: pro Person, *évenként*: pro Jahr.

GYAKORLAT

1 A teniszbajnok sajtótájékoztatót tartott Kecskeméten. **2** Melyik a kedvenc szeszes italod? **3** Ma reggel hét órakor megölték a külügyminiszter feleségét. **4** Nyisd ki a tévét, szeretném tudni, milyen idő várható. **5** A kormány tárgyalásokat folytatott a finn delegációval. **6** A nyomozás során megállapítottuk, hogy a tettes miskolci lakos.

EGÉSZÍTSE KI

1 *Dieses Jahr sind viele Flugzeuge abgestürzt.*

Ebben .. .. sok ....

2 *Die Zeitung schreibt oft über leitende Persönlichkeiten aus dem kulturellen Leben.*

Az .... ír a .... élet ....
ről.

kétszáznyolcvannyolc 288

9 Das Institut für Meteorologie meldet: [ein] kühles und feuchtes Wetter ist in unserem Land (Heimat) bis morgen früh zu erwarten, aber ab morgen Nachmittag zeigt sich

10 die Sonne wieder in [Transdanubien] (jenseits der Donau, wenn man in Ungarn ist). Über dem Tiefland bleibt der Himmel wolkig und der Nordwind verstärkt sich.

11 [In] der Nacht liegen die Temperaturen um 10 Grad, aber tagsüber erwärmt es sich an manchen Orten auf 20 bis 22 Grad.

12 Im Halbfinale des internationalen Tennisturniers von Miskolc hat der Weltmeister vom letzten Jahr, Panaporeitis (Griechenland) Szabó, den Publikumsliebling (des Landes) besiegt.

4 *Kedvenc* (Liebling, Favorit) wird auch als Adjektiv gebraucht *kedvenc ételem*: mein Lieblingsgericht.

ÜBUNG: 1 Der Tennischampion hat in Kecskemét eine Pressekonferenz gegeben. **2** Was ist dein liebstes alkoholisches Getränk? **3** Heute Morgen um sieben Uhr hat man die Frau des Außenministers getötet. **4** Mach den Fernseher an, ich möchte gerne die Wettervorhersage hören (wissen welches Wetter vorhergesehen ist). **5** Die Regierung hat Verhandlungen mit der finnischen Delegation fortgefürt. **6** Im Verlauf der Untersuchung haben wir festgestellt, dass der Täter in Miskolc wohnhaft ist (Einwohner von).

LEKTION 81

3 *Die unglückliche Frau war Bürgerin eines fremden Landes.*
   A .... egy .... ország ....
   volt.

4 *Das Meteorologische Institut (es) meldet einen bewölkten Himmel.*
   A .... azt ...., hogy az .. ..

5 *Wusstest du, dass der Weltmeister sich in Budapest aufhält?*
   ......, hogy a .... tartózkod ... .

NYOLCVANKETTEDIK LECKE
Közmondások állatokról

1 A magyar nyelv sok olyan bölcs közmondást ismer, amelynek szereplője állat.
2 Ezek közül most bemutatunk és megmagyarázunk néhányat.
3 *Hamarabb utolérik a hazug embert, mint a sánta kutyát.*
4 Ez azt jelenti, hogy nem érdemes hazudni, mert az igazság úgyis kiderül.
5 *Amelyik kutya ugat, az nem harap.*
6 Jelentése: a nagyszájú emberek általában nem veszélyesek. (**1**)
7 *Nincs otthon a macska, cincognak az egerek.*
8 Egy példa a használatára: a főnök távol van, a többiek pedig szórakoznak ahelyett, hogy dolgoznának.
9 *Ha nincs ló, szamár is jó.*

ANMERKUNGEN
1 *Nagyszájú*. Ab jetzt kennen Sie diese Konstruktion: das Suffix -*ú*/ -*ű* ermöglicht es, einen Ausdruck, der sich aus zwei oder mehreren Wörtern zusammensetzt, zu einem einzigen Wort zusammenzuziehen.

6 *Bei dem Unfall sind alle umgekommen.*
   A . . . . mindeki . . . .

DIE FEHLENDEN WÖRTER:
1 - az évben - repülőgép zuhant le. **2** - újság gyakran - - kulturális - vezető személyiségei- **3** - szerencsétlen asszony - külföldi - állampolgára - **4** - Meteorológiai Intézet - jelenti - - ég felhős marad. **5** Tudtad - - világbajnok Budapesten -ik. **6** - baleset során - életét vesztette.

Második hullám: harminckettedik lecke

ZWEIUNDACHTZIGSTE LEKTION

Sprichwörter über Tiere

1 Die ungarische Sprache kennt zahlreiche weise Sprichwörter, deren Hauptfiguren Tiere sind (die Person ist ein Tier).
2 Wir werden einige vorstellen (unter diesen wir stellen vor) und erklären.
3 Man fängt den Lügner (Menschen) schneller als den hinkenden Hund.
4 Dies bedeutet, dass es sich nicht lohnt zu lügen, denn die Wahrheit kommt auf jeden Fall ans Licht.
5 Bellende Hunde beißen nicht (so ein Hund, der bellt, dieser beißt nicht).
6 Die Bedeutung [ist Folgende]: im Allgemeinen sind die Großmäuler (die Menschen mit großem Mund) nicht gefährlich.
7 Wenn die Katze nicht da ist, tanzen (quietschen) die Mäuse.
8 Ein Beispiel für den Gebrauch: Der Chef ist weit weg, und die anderen amüsieren sich, statt zu arbeiten (anstatt dass sie arbeiten würden).
9 Wenn es kein Pferd gibt, dann tut es ein Esel auch (ist auch gut).

10 Ugye megértette? Ha nincs jobb, meg kell elégednünk azzal, ami van. **(2)**
11 *Madarat tolláról, embert barátjáról ismerni meg.*
12 E népi bölcsesség szerint mindenkire jellemző az, hogy kivel barátkozik.
13 Az ön anyanyelvében is megvannak ezek a közmondások? **(3)**

ANMERKUNGEN
2 *Meg kell elégednünk* (siehe Absatz 2 der siebzigsten Lektion).
3 *Megvan* (siehe Anmerkung 4 der einundsechzigsten Lektion).

GYAKORLAT
1 Vajon miért ugat ilyen hangosan a kutya? **2** Egyes helyzetekben kénytelen vagyok hazudni. **3** A főnök szeret vasárnaponként szórakozni. **4** Rád is jellemző, hogy kivel barátkozol. **5** Melyik könyvből érdemes magyarul tanulni? **6** Kiderült, hogy egerek vannak a házban.

EGÉSZÍTSE KI

1 *Die Wahrheit kommt immer ans Licht.*
   Az .... mindig ....

2 *Die Nachbarn haben einen bissigen Hund.*
   A .... nál harapós ....

3 *Der Chef "Großmaul" sagt von morgens bis abends Sprichwörter.*
   A .... főnök reggeltől .....
   közmondásokat ....

4 *Diese kleine, hinkende Katze ist die gefährlichste [von allen].*
   ... kis ..... macska a leg ....

5 *Der Mensch spricht, die Maus quietscht.*
   Az ..... beszél, az egér ....

10 Sie haben das verstanden, nicht wahr? Wenn es nichts Besseres gibt, müssen wir uns mit dem zufrieden geben, was da ist.
11 Man erkennt den Vogel an seinen Federn (wieder) und den Menschen an seinem Freund.
12 Dieser Volksweisheit nach sagt die Wahl unserer Freunde viel über uns selbst aus (für jeden ist charakteristisch das, dass mit wem er sich in Freundschaft verbindet).
13 Existieren diese Sprichwörter auch in Ihrer Muttersprache?

ÜBUNG: **1** Warum bellt der Hund denn so laut? **2** In manchen Situationen bin ich gezwungen zu lügen. **3** Sonntags amüsiert sich der Chef gerne. **4** Die Wahl deiner Freunde sagt auch viel über dich selbst aus. **5** Mit welchem Buch lohnt es sich, Ungarisch zu lernen? **6** Es hat sich herausgestellt, dass Mäuse im Haus sind.

6 *Man sollte sich nie mit dem, was ist, zufrieden geben.*

Soha . . . . megelégedni azzal . . . .

DIE FEHLENDEN WÖRTER:
1 - igazság - kiderül. **2** - szomszédok - - kutya van. **3** - nagyszájú - estig - mesél. **4** Ez a - sánta - - - veszélyesebb. **5** - ember - - - cincog. **6** - nem kell - - ami van.

Második hullám: harmincharmadik lecke

NYOLCVANHARMADIK LECKE

Miért gyenge a pesti fekete?

1. Egy ismert és népszerű humorista választ ad erre a fontos kérdésre.
2. A Feketekávéügyi Minisztérium négyszáz ellenőre tegnap délután váratlanul vizsgálatot tartott, **(1)**
3. hogy megállapítsa, mitől olyan gyenge a pesti feketekávé.
4. A megvizsgált tizenkétezer-háromszázhetvenegy fekete mind kávé nélkül készült.
5. De a lelkiismeretes ellenőrök szerint legnagyobb részük vizet sem tartalmazott.
6. Természetesen meghallgatták a kávéházak érintett dolgozóit is. Részlet a jegyzőkönyvből: **(2)**
7. – Mondja meg, Piroska, de őszintén: miből főzi maga a feketét?
8. – Nem titok ez kérem. Abból főzöm, ami jön.
9. – Legyen szíves magyarázza el pontosabban, hogy mit ért ezen.
10. – Azt teszem a kávéba, ami jön... az ablakon át. Beszáll a por, azt főzöm meg. **(3)**

ANMERKUNGEN
1 *Feketekávéügyi* eine humoristische Bildung nach dem Modell von *külügyi*: ausländische Angelegenheiten, *belügyi*: innere, usw.; *ügy*: Angelegenheit
2 *Jegyzőkönyv* besteht aus *jegyző*, Partizip Präsens von *jegyez*: Notizen machen, und *könyv*: Buch.
3 *Beszáll*, wörtlich "kommt fliegend herein". Das Verbalpräfix drückt den gesamten Wortsinn aus, der zweite Teil bezeichnet die Modalität.

DREIUNDACHTZIGSTE LEKTION

Warum ist der schwarze [Kaffee] in Budapest so schwach?

1. Ein bekannter und beliebter Humorist antwortet auf diese wichtige Frage.
2. Vierhundert Inspektoren des Ministeriums für Angelegenheiten des schwarzen Kaffees haben gestern Nachmittag eine unvorhergesehene Kontrolle durchgeführt,
3. um festzustellen, warum (von was) der schwarze Kaffee in Budapest so schwach ist.
4. Die zwölftausenddreihunderteinundsiebzig geprüften Kaffees waren alle ohne Kaffee gemacht worden.
5. Aber laut den gewissenhaften Inspektoren enthielt der größte Teil von ihnen (ihr größter Teil) nicht einmal Wasser.
6. Natürlich wurde das betreffende Personal (die Arbeiter) der Kaffeehäuser auch angehört. [Hier] ein Auszug aus dem Protokoll:
7. – Sagen Sie, Piroska, aber ehrlich, womit kochen Sie den Kaffee?
8. – Das ist kein Geheimnis, ich bitte Sie. Ich mache ihn mit dem, was kommt.
9. – Seien Sie [so] liebenswürdig und erklären Sie uns genauer, was Sie damit meinen.
10. – Ich tue in den Kaffee, was kommt... durch das Fenster. Es kommt Staub herein und ich koche ihn.

11 – Legalább vigyáz arra, hogy az előírt hat gramm meglegyen? **(4)**
12 – Ez nem probléma. Tudja, mostanában szeles az idő...

13 A fenti történet persze erősen túloz. A pesti kávé néha egészen kitűnő.

ANMERKUNGEN
4 *Meglegyen* (siehe Anmerkung 3 der zweiundachtzigsten Lektion).

GYAKORLAT

1 Nem emlékszel, hogy mit tartalmaz a jegyzőkönyv? **2** A kávéház dolgozói mind lelkiismeretesek. **3** Tudsz titkot tartani? **4** A minisztérium előírásait ismerni kell. **5** Maga miből főzi az ebédet? **6** Amit most mondok, téged is érint.

EGÉSZÍTSE KI

1 *Der Professor hat erklärt, warum das Ungarische eine finnisch-ugrische Sprache ist.*

A . . . . , hogy miért finnugor . . . .

2 *Ein Kontrolleur ist in den Bus gestiegen und hat die Fahrscheine verlangt.*

. . . . szállt fel . . . . és kérte a . . . .

3 *Welche Medikamente hat der Arzt dem Kind verschrieben?*

Milyen . . . . írt . . . az . . . . . a . . . . . . nek?

4 *Bei so einem windigen Wetter gehe ich nicht gerne am Donauufer spazieren.*

Ilyen . . . . ben nem . . . . a Duna . . . .

5 *Nach der Untersuchung wird ein Protokoll aufgenommen.*

A . . . . jegyzőkönyv fog . . . .

kétszázkilencvenhat 296

11 – Sorgen Sie zumindest dafür, dass es die vorgeschriebenen sechs Gramm [pro] Tasse ergibt?
12 – Das ist kein Problem. Wissen Sie, dieser Tage ist viel Wind (das Wetter ist windig) ...

13 Natürlich ist obige Geschichte stark übertrieben. Manchmal ist der Kaffee in Budapest durchaus ausgezeichnet.

ÜBUNG: 1 Erinnerst du dich nicht an das, was das Protokoll enthält? **2** Die Angestellten des Cafés sind alle gewissenhaft. **3** Kannst du [ein] Geheimnis für dich behalten? **4** Man muss die Vorschriften des Ministeriums kennen. **5** Womit (von) bereiten Sie das Mittagessen zu? **6** Das was ich jetzt sage, betrifft auch dich.

6 *Jedes Paket Kaffee enthält die [angegebenen] vorgeschriebenen 300 Gramm.*

...... csomag .... háromszáz .... tartalmazza.

DIE FEHLENDEN WÖRTER:
1 - tanár elmagyarázta - - - nyelv a magyar. **2** Egy ellenőr - - az autóbuszra - - - jegyeket. **3** - gyógyszereket - fel - orvos - gyerek - **4** - szeles idő- - szeretek sétálni - parton. **5** -vizsgálat után - - - készülni. **6** Minden - kávé az előirt - grammot -

Második hullám: harmincnegyedik lecke

LEKTION 83

NYOLCVANNEGYEDIK LECKE

WIEDERHOLUNG UND ANMERKUNGEN

1 Die Verbalpräfixe

Im Absatz **1 a** der vierzehnten Lektion haben wir Ihnen einige aufgezeigt. Seither haben Sie weitere dazugelernt. Nachstehend also eine umfassendere Liste dieser wichtigen Elemente. Sie enthält auch bestimmte Verben, zu deren Bildung sie beitragen.

be- (nach innen)
befárad: sich die Mühe machen einzutreten
befejeződik: zu Ende gehen
befordul: drehen
behoz: bringen
beiratkozik: sich einschreiben
bevásárol: einkaufen
bemutat: vorstellen

el- (sich entfernen)
elmegy: wegfahren
elad: verkaufen
elfelejt: vergessen
elfoglal: besetzen
elképzel: sich vorstellen
elmond: erzählen

fel- (nach oben)
felébred: aufwachen
felkel: aufstehen
felnő: aufwachsen, erwachsen werden
felöltözik: sich anziehen
felvilágosít: aufklären (jemanden über etwas), informieren

ki- (draußen, nach außen)
kiad: mieten, auflegen
kidob: wegwerfen
kifejez: ausdrücken
kihúz: ausreißen
kijavít: korrigieren
kitalál: erraten

VIERUNDACHTZIGSTE LEKTION

le- (nach unten)
leír: schreiben, abschreiben
leönt: schütten, beflecken
leszerel: abmontieren, entwaffnen
leül: sich setzen
levetkőzik: sich ausziehen

meg- (Perfekt)
megáll: stehenbleiben, innehalten
megcsókol: umarmen, küssen
megajándékoz: schenken
megért: verstehen
meghal: sterben
megismer: wiedererkennen
meghív: einladen
megpróbál: versuchen

Wie Sie sehen, haben die "lokalen" Verbalpräfixe auch einen übertragenen Sinn, der meistens im Perfekt steht (die durch das Verb angegebenene Aktion ist vollendet).

Andere Verbalpräfixe sind begrenzter in ihrer Anwendung, aber man muss sie unbedingt kennen, denn sie tragen zur Bildung sehr wichtiger zusammengesetzter Wörter bei:

- **át-** (durch) - *átmegy*: überqueren; *átszáll*: umsteigen (Zug, Autobus, usw.).
- **elő-** (nach vorne) - *előad*: repräsentieren, eine Konferenz halten; *előkerül*: erscheinen.
- **haza-** (zu Hause) - *hazamegy*: nach Hause gehen; *hazakísér*: zurückbegleiten.
- **hozzá-** (hinzu) - *hozzátesz*: hinzufügen: *hozzáír:* dazuschreiben.
- **ide, oda-** (nach hier, nach dort) - *idenéz*: hierhin schauen; *odamegy*: dorthin gehen.
- **össze-** (zusammen) - *összead*: zusammenrechnen; *összenéz*: einen Blick austauschen.
- **túl-** (darüber hinaus, jenseits) - *túlél*: überleben; *túllép*: überragen.
- **végig-** (bis zum Schluss) - *végigolvas*: bis zum Schluss lesen; *végignéz*: bis zum Schluss schauen.

- **vissza-** (zurück, nach hinten) - *visszaad*: zurückgeben; *visszanéz*: einen Blick nach hinten werfen.

2 Rektion und Redewendungen

Manche Verben werden immer mit den gleichen Suffixen gebildet. Man sagt dann, dass das Verb das betroffene Suffix "regiert", und man spricht von der Rektion des Verbs. Nachstehend finden Sie einige von diesen "konstanten" Suffixen, und wir werden sie Ihnen, zuammen mit dem Substantiv, in unserem grammatikalischen Anhang auflisten. Sie gehören nämlich zum Kasus-System, das heißt zur Deklination des Nomen.

örül + -nak/-nek: sich über etwas freuen
segít + -nak/-nek: jemandem helfen
hív + -nak/-nek: heißen
tetszik + -nak -nek: jemandem gefallen

foglalkozik + -val -vel: sich beschäftigen mit
megismerkedik + -val/-vel: jemanden kennenlernen
vitatkozik + -val/-vel: mit jemandem diskutieren
csináltat + -val/-vel: jemanden etwas machen lassen

haragszik + -ra/-re: auf jemanden böse sein
gondol + -ra/-re: denken an

NYOLCVANÖTÖDIK... ÉS UTOLSÓ LECKE

Búcsú

1 Közeledünk a tankönyv végéhez. Köszönjük, hogy elkísért minket ilyen sok leckén át.(**1**)

ANMERKUNGEN
1 Wie in allen Sprachen werden manche Verben mit bestimmten Suffixen gebildet (oder einigen Präpositionen oder Postpositionen). Man spricht also von der "Rektion" des Verbs (siehe Absatz 2 der vierundachtzigsten Lektion). In dieser Lektion haben wir folgende "Rektionen":

hasonlít + *-ra*/*-re*: jemandem ähneln
büszke + *-ra*/*-re*: stolz sein auf
függ + *-tól*/*-től*: abhängen von
fél + *-tól*/*-től*: Angst haben vor
elbúcsúzik + *-tól*/*-től*: sich verabschieden von
kér, kérdez + *-tól*/*-től*: jemanden fragen

Was die Redewendungen angeht, so sind dies meistens unveränderliche Verbindungen von Verben und von Substantiven.

In unseren letzten Lektionen haben wir mehrere von diesen Redewendungen gesehen. Zum Beispiel:
sajtótájékoztatót tart: eine Pressekonferenz geben
tárgyalásokat folytat: Verhandlungen führen, weiterführen
italt fogyaszt: Getränke zu sich nehmen
életét veszti: das Leben verlieren
kérdést feltesz: eine Frage stellen
Im Ungarischen "sucht" man Geld (im Deutschen dagegen "verdient" man es): *pénzt keres*.

Es kommt vor, dass sich der Sinn der Redewendung von dem der einzelnen, getrennt genommenen Teile unterscheidet. Somit bedeutet *csütörtököt mond* nicht "sagen Donnerstag", sondern "verfehlen"; *holnapután kiskedden* (wörtlich: übermorgen kleiner Dienstag): "niemals".

Második hullám: harmincötödik lecke

FÜNFUNDACHTZIGSTE UND LETZTE LEKTION

Abschied

1 Wir nähern uns dem Ende des Lehrbuchs. Wir danken Ihnen, dass Sie uns durch so viele Lektionen hindurch begleitet haben.

közeledik + *-hoz*/*-hez*/*-höz*: sich nähern; *kérdez* + *-tól*/*-től*: jemanden etwas fragen; *talál* + *-nak*/*-nek*: finden (schön finden, usw.); *biztos* + *-ban*/ *-ben*: einer Sache sicher sein; *(el)búcsúzik* + *-tól*/*-től*: sich von jemandem verabschieden; *találkozik* + *-val*/*-vel*: jemanden treffen.

2 Egyre gyakrabban kérdezzük egymástól:
sikerült-e tanítva szórakoztatnunk és
szórakoztatva tanítanunk önt. **(1)**

3 Reméljük, hogy történeteinket érdekesnek találta
és tanulás közben megtudott egyet s mást **(1) (2)**

4 arról, milyen Magyarország és hogyan élnek ott
az emberek.

5 Örülünk annak, hogy megtaníthattuk magyarul
írni, olvasni, számolni, énekelni (sőt talán
álmodni is?).

6 Megtudhatta könyvünkből azt is, hogy milyen a
magyar humor: pestiek között sikere lesz, ha
viccet mesél.

7 Reméljük, már vannak magyar barátai és biztosak
vagyunk abban, hogy, ha eddig nem tette, idén
elutazik Magyarországra. **(1)**

8 Most elbúcsúzunk öntől, ami nem jelenti azt,
hogy be kell fejeznie a magyar nyelv tanulását.
(1)

9 Rendszeresen ismételje az eddig tanultakat. Ugye
tudja, hogy a "Második hullám" még nem
fejeződött be? Ne hagyja, hogy az Assimil
valamelyik sarokban porosodjon.

10 Mindig nézze meg az új magyar filmeket,
vásároljon magyar nyelvű újságokat, könyveket,
hanglemezeket.

11 Ha magyarokkal találkozik, ne engedje, hogy más
nyelven beszéljenek. **(1)**

ANMERKUNGEN
2 *Egyet s mást*: "dies und jenes", "das eine und das andere"
3 Die Redewendung "wir hätten gerne, dass" wird im Ungarischen mit *ha*
+ Konditional übersetzt.

2 Wir fragen uns immer häufiger, [ob es] uns gelungen ist, Sie beim Unterrichten zu unterhalten und Sie beim Unterhalten zu unterrichten.

3 Wir hoffen, dass Sie unsere Geschichten interessant gefunden haben, und dass Sie beim Lernen das eine oder andere

4 über Ungarn und wie die Leute dort leben, erfahren haben.

5 Wir freuen uns, [dass] wir Ihnen schreiben, lesen, zählen, singen (und vielleicht sogar träumen) auf Ungarisch beibringen konnten.

6 Sie konnten aus unserem Buch lernen, wie der ungarische Humor ist: bei Budapestern hätten Sie Erfolg, wenn Sie [ihnen] Witze erzählen würden.

7 Wir hoffen, dass Sie bereits ungarische Freunde haben, und wir sind sicher, dass - wenn Sie es bis jetzt noch nicht getan haben - Sie dieses Jahr nach Ungarn fahren werden.

8 Nun sagen wir Ihnen Auf Wiedersehen, was nicht bedeutet, dass Sie nicht mehr Ungarisch lernen sollen (dass Sie das Lernen der ungarischen Sprache aufhören sollen).

9 Wiederholen Sie regelmäßig das bisher Erlernte. Sie wissen doch, dass die "zweite Welle" noch nicht zu Ende ist. Lassen Sie Assimil nicht in einer Ecke verstauben.

10 Gehen Sie immer in neue ungarische Filme, kaufen Sie Zeitungen, Bücher, Schallplatten in ungarischer Sprache.

11 Wenn Sie Ungarn begegnen, erlauben Sie Ihnen nicht, in einer anderen Sprache [als Ungarisch] zu sprechen.

12 Bocsássa meg nekünk e bölcs tanácsokat. De nagyon szeretnénk, ha ön minél tökéletesebben tudna magyarul. **(3)**
13 Viszontlátásra. Vagy ahogy barátok között mondják - viszlát!

A szerzők

GYAKORLAT

1 Még nem búcsúztam el a barátaimtól. **2** Ha nem érdekes a film, menj ki a moziból. **3** Közeledünk a fárasztó utazás végéhez. **4** Képzeljétek: álmomban magyarul beszélt hozzám édesanyám. **5** A tegnapi órán az eddig tanultakat ismételtük. **6** Ez az utolsó lecke utolsó gyakorlata.

EGÉSZÍTSE KI

1 *Wo wird der neue ungarische Film gespielt?*
 Hol .... az .... ?

2 *Wir hätten gerne, dass Sie dieses Jahr nach Ungarn fahren.*
 ...., ha .... el .... ra.

3 *Welches ist die Geschichte, die du am interessantesten gefunden hast?*
 ...... történetet .... a leg............. ?

4 *Wir sind sicher, dass Ihre Bücher nicht in einer Ecke verstauben werden.*
 .... vagyunk ....., hogy az .... nem ....
 ....

5 *Wenn er bescheiden wäre, würde er sich mit wenig zufrieden geben.*
 Ha .... lenne, kevés ... is ... elégedne.

12 Verzeihen Sie uns diese weisen Ratschläge. Aber wir möchten, dass Sie so perfekt wie möglich Ungarisch beherrschen.
13 Auf Wiedersehen! Oder wie man unter Freunden sagt: "viszlát!"

Die Autoren

ÜBUNG: **1** Ich habe mich noch nicht von meinen Freunden verabschiedet. **2** Wenn der Film nicht interessant ist, verlasse das Kino. **3** Wir nähern uns dem Ende der unangenehmen Reise. **4** Stellt euch vor, in meinem Traum hat meine Mutter mit mir Ungarisch gesprochen. **5** Gestern im Unterricht haben wir das wiederholt, was wir bis jetzt gelernt haben. **6** Dies ist die letzte Übung der letzten Lektion.

6 *Ich werde nie die weisen Ratschläge meines Vaters vergessen.*

Soha .... el .... tanácsait.

DIE FEHLENDEN WÖRTER:
1 - játsszák - új magyar filmet **2** Szeretnénk - ön az idén -utazna Magyarország- **3** Melyik - találtad -érdekesebbnek **4** Biztosak - abban - - ön könyvei - porosodnak egy sarokban. **5** - szerény - - sel - meg- **6** - nem felejtem - apám bölcs -

Második hullám: harmincadik lecke

ANHANG A. GRAMMATIKALISCHER ANHANG

Unser grammatikalischer Anhang zielt darauf ab, Ihnen eine systematische Übersicht über das Wesentliche der ungarischen Grammatik zu geben, deren verschiedene Aspekte in den Anmerkungen und Wiederholungen mehr oder weniger ungeordnet behandelt wurden.

INHALTSVERZEICHNIS DES ANHANGS

Die Fälle oder die Deklination des Substantivs 306

Die Pronomen 308

Postpositionen mit Personalpronomen 310

Konjugationstabelle 311

Wörterverzeichnis Ungarisch-Deutsch 317

DIE FÄLLE ODER DIE DEKLINATION DES SUBSTANTIVS

Wir haben gesehen, dass das ungarische Substantiv mit verschiedenen Suffixen konstruiert wird. Jede der so entstandenen Kombinationen entspricht einem "Fall". Es ist natürlich nicht unbedingt nötig, die Bezeichnung für diese Fälle zu kennen, aber sie gibt oft Aufschluss über den jeweiligen Sinn.

1. Nominativ	-∅
ház	ein/das "Haus"
2. Akkusativ	-t
házat	ein/das "Haus"
3. Dativ	-nak / -nek
háznak	einem/dem "Haus"
4. Instrumental	-val / -vel
házzal	mit einem/dem "Haus"
5. Final	-ért
házért	für ein/das "Haus"
6. Transformativ	-vá / -vé
házzá	(verwandelt) in ein/das "Haus"
7. Superessiv	-n
házon	auf einem/dem "Haus"
8. Sublativ	-ra / -re
házra	(gegen) auf ein/das "Haus"
9. Delativ	-ról / -ről
házról	von (auf) einem/dem "Haus"
10. Inessiv	-ban / -ben
házban	in einem/dem "Haus"
11. Elativ	-ból / -ből
házból	aus einem/dem "Haus" hinaus
12. Illativ	-ba / -be
házba	in ein/das "Haus"
13. Adessiv	-nál / -nél
háznál	bei einem/dem "Haus"
14. Allativ	-hoz / -hez / -höz
házhoz	zum "Haus" hin
15. Ablativ	-tól / -től
háztól	von einem/dem "Haus"
16. Terminativ	-ig
házig	bis zum "Haus"
17. Modal	-ként
házként	als "Haus"

Diese Suffixe können mit allen Substantiven kombiniert werden. Andere sind einer begrenzteren Verwendung unterworfen und können nur von bestimmten Suffixen begleitet werden:

18. Essiv	-ul / -ül
feleségül vesz	"zur Frau nehmen"
19. Temporal	-kor
éjfélkor	um "Mitternacht"
20. Komitativ	-stul / -stül
családostul	begleitet von der "Familie"
21. Distributiv (temporal)	-nta / -nte
naponta	pro / jeden "Tag"
22. Distributiv	-nként
fejenként	pro "Kopf"
23. Modal	-képpen /
ajándékképpen	als "Geschenk"

23 Fälle! Und dabei haben wir nicht einmal die aufgeführt, die nur von manchen Experten katalogisiert wurden, aber von anderen vernachlässigt werden. Diesbezüglich stellt das Ungarische einen Einzelfall unter allen Sprachen dar. In den Lektionen kommen nicht alle diese Fälle vor, aber es war uns wichtig, Ihnen hier eine möglichst vollständige Übersicht zu geben. Manche Suffixe können ebenfalls mit Pronomen verbunden werden.

DIE PRONOMEN

1. Personalpronomen

Fall ▼ / Sing.	1	2	3	3 (Höfl.)
1. Nominativ	én	te	ő	ön/Ön*
2. Akkusativ	engem	téged	őt	Önt
3. Dativ	nekem	neked	neki	Önnek
4. Instrumental	velem	veled	vele	Önnel
5. Final	értem	érted	érte	Önért
6. Transformativ	entfällt			
7. Superessiv	rajtam	rajtad	rajta	Önön
8. Sublativ	rám	rád	rá	Önre
9. Delativ	rólam	rólad	róla	Önről
10. Inessiv	bennem	benned	benne	Önben
11. Elativ	belőlem	belőled	belőle	Önből
12. Illativ	belém	beléd	belé	Önbe
13. Adessiv	nálam	nálad	nála	Önnél
14. Allativ	hozzám	hozzád	hozzá	Önhöz
15. Ablativ	tőlem	tőled	tőle	Öntől

Fall ▼ / Plural	1	2	3	3 (Höfl.)
1. Nominativ	mi	ti	ők	Önök
2. Akkusativ	minket	titeket	őket	Önöket
3. Dativ	nekünk	nektek	nekik	Önöknek
4. Instrumental	velünk	veletek	velük	Önökkel
5. Final	értünk	értetek	értük	Önökért
6. Transformativ	entfällt			
7. Superessiv	rajtunk	rajtatok	rajtuk	Önökön
8. Sublativ	ránk	rátok	rájuk	Önökre
9. Delativ	rólunk	rólatok	róluk	Önökről
10. Inessiv	bennünk	bennetek	bennük	Önökben
11. Elativ	belőlünk	belőletek	belőlük	Önökből
12. Illativ	belénk	belétek	beléjük	Önökbe
13. Adessiv	nálunk	nálatok	náluk	Önöknél
14. Allativ	hozzánk	hozzátok	hozzájuk	Önökhöz
15. Ablativ	tőlünk	tőletek	tőlük	Önöktől

* Das höfliche "Sie" wird – wie auf Deutsch – in der Schriftsprache immer groß geschrieben: **Ön**. Behalten Sie dies bitte stets im Gedächtnis, auch wenn die Großschreibung diesbezüglich im Buch nicht immer konsistent gehandhabt wird.

Fall ▼	2. Demonstrativpronomen			
	Singular	Plural	Singular	Plural
1. Nominativ	ez	ezek	az	azok
2. Akkusativ	ezt	ezeket	azt	azokat
3. Dativ	ennek	ezeknek	annak	azoknak
4. Instrumental	ezzel	ezekkel	azzal	azokkal
5. Final	ezért	ezekért	azért	azokért
6. Transformativ	ezzé	ezekké	azzá	azokká
7. Superessiv	ezen	ezeken	azon	azokon
8. Sublativ	erre	ezekre	arra	azokra
9. Delativ	erről	ezekről	arról	azokról
10. Inessiv	ebben	ezekben	abban	azokban
11. Elativ	ebből	ezekből	abból	azokból
12. Illativ	ebbe	ezekbe	abba	azokba
13. Adessiv	ennél	ezeknél	annál	azoknál
14. Allativ	ehhez	ezekhez	ahhoz	azokhoz
15. Ablativ	ettől	ezektől	attól	azoktól
16. Terminativ	eddig	ezekig	addig	azokig

Fall ▼	3. Fragepronomen			
	Singular	Plural	Singular	Plural
1. Nominativ	ki?	kik?	mi?	mik?
2. Akkusativ	kit?	kiket?	mit?	miket?
3. Dativ	kinek?	kiknek?	minek	miknek?
4. Instrumental	kivel?	kikkel?	mivel?	mikkel?
5. Final	kiért?	kikért?	miért?	mikért?
6. Transformativ	kivé?	kikké?	mivé?	mikké?
7. Superessiv	kin?	kiken?	min?	miken?
8. Sublativ	kire?	kikre?	mire?	mikre?
9. Delativ	kiről?	kikről?	miről?	mikről?
10. Inessiv	kiben?	kikben?	miben?	mikben?
11. Elativ	kiből?	kikből?	miből?	mikből?
12. Illativ	kibe?	kikbe?	mibe?	mikbe?
13. Adessiv	kinél?	kiknél?	minél?	miknél?
14. Allativ	kihez?	kikhez?	mihez?	mikhez?
15. Ablativ	kitől?	kiktől?	mitől?	miktől?

POSTPOSITIONEN mit PERSONALPRONOMEN

Fall ▼		1	2	3	3 (Höfl.)
alá	*(nach) unter mich, dich, ihn/sie/es …*				
Singular		alám	alád	alá	Ön alá
Plural		alánk	alátok	alájuk	Önök …
alatt	*unter … / darunter*				
Singular		alattam	alattad	alatta	Ön alatta
Plural		alattunk	alattatok	alattuk	Önök …
alól	*(von) unter …*				
Singular		alólam	alólad	alóla	Ön alóla
Plural		alólunk	alólatok	alóluk	Önök …
mellé	*(nach) neben …*				
Singular		mellém	melléd	mellé	Ön mellé
Plural		mellénk	mellétek	melléjük	Önök …
mellett	*neben …*				
Singular		mellettem	melletted	mellette	Ön melette
Plural		mellettünk	mellettetek	mellettük	Önök …
mellől	*von neben … (an)*				
Singular		mellőlem	mellőlod	mellőle	Ön mellőle
Plural		mellőlünk	mellőletek	mellőlük	Önök …
elé	*(nach) vor …*				
Singular		elém	eléd	elé	Ön elé
Plural		elénk	elétek	eléjük	Önök …
előtt	*vor …*				
Singular		előttem	előtted	előtte	Ön előtte
Plural		előttünk	előttetek	előttük	Önök …
elől	*(von) vor …*				
Singular		előlem	előled	előle	Ön előle
Plural		előlünk	előletek	előlük	Önök …
mögé	*(nach) hinter …*				
Singular		mögém	mögéd	mögé	Ön mögé
Plural		mögénk	mögétek	mögéjük	Önök …
mögött	*hinter …*				
Singular		mögöttem	mögötted	mögötte	Ön mögötte
Plural		mögöttünk	mögöttetek	mögöttük	Önök …
mögül	*(von) hinter …*				
Singular		mögülem	mögüled	mögüle	Ön mögüle
Plural		mögülünk	mögületek	mögülük	Önök …

KONJUGATIONSTABELLE

van (lenni) "sein"

	INDIKATIV		
	Präsens	**Perfekt**	**Futur**
Singular	va-**gy-ok**	vol-t-**am**	lesz-**ek**
	va-**gy**	vol-t-**ál**	lesz-**el**
	va-**n**	vol-t	lesz
Plural	va-**gy-unk**	vol-t-**unk**	lesz-**ünk**
	va-**gy-tok**	vol-t-**atok**	lesz-**tek**
	va-**nnak**	vol-t-**ak**	lesz-**nek**

	KONDITIONAL		IMPERATIV
	Präsens	**Perfekt**	
Singular	vol-n-**ék**/lenn-**ék**	lett-**em** volna	legy-**ek**
	vol-n-**ál**/lenn-**él**	lett-**él** volna	légy/legy-**él**
	vol-n-**a**/lenn-**e**	lett volna	legy-**en**
Plural	vol-n-**ánk**/lenn-**énk**	lett-**ünk** volna	legy-**ünk**
	vol-n-**átok**/lenn-**étek**	lett-**ünk** volna	legy-**etek**
	vol-n-**ának**/lenn-**ének**	lett-**ek** volna	legy-**enek**

neki van "haben"

	INDIKATIV		
	Präsens	**Perfekt**	**Futur**
Singular	nek-**em** van	nek-**em** volt	nek-**em** lesz
	nek-**ed** van	nek-**ed** volt	nek-**ed** lesz
	nek-**i** van	nek-**i** volt	nek-**i** lesz
Plural	nek-**ünk** van	nek-**ünk** volt	nek-**ünk** lesz
	nek-**tek** van	nek-**tek** volt	nek-**tek** lesz
	nek-**ik** van	nek-**ik** volt	nek-**ik** lesz

	KONDITIONAL		IMPERATIV
	Präsens	**Perfekt**	
Singular	nek-**em** volna / lenne	nek-**em** lett volna	nek-**em** legyen
	nek-**ed** volna / lenne	nek-**ed** lett volna	nek-**ed** legyen
	nek-**i** volna / lenne	nek-**i** lett volna	nek-**i** legyen
Plural	nek-**ünk** volna / lenne	nek-**ünk** lett volna	nek-**ünk** legyen
	nek-**tek** volna / lenne	nek-**tek** lett volna	nek-**tek** legyen
	nek-**ik** volna / lenne	nek-**ik** lett volna	nek-**ik** legyen

kér (kérni) "bitten" unbestimmte / bestimmte Form

INDIKATIV

	Präsens	Perfekt	Futur
Singular	kér-**ek** / -**em**	kér-t-**em** / -**em***	kérni fog-**ok** / -**om**
	kér-**sz** / -**ed**	kér-t-**é** / -**ed**	kérni fog-**sz** / -**od**
	kér / -**i**	kér / -t-**e**	kérni fog / -**ja**
Plural	kér-**ünk** / -**jük**	kér-t-**ünk** / -**ük**	kérni fog-**unk** / -**juk**
	kér-**tek** / -**itek**	kér-t-**etek** / -**étek**	kérni fog-**tok** / -**játok**
	kér-**nek** / -**ik**	kér-t-**ek** / -**ék**	kérni fog-**nak** / -**ják**

KONDITIONAL / IMPERATIV

	Präsens	Perfekt	IMPERATIV
Singular	kér-n-**ék** / -**ém**	kér-t-**em** / -**em*** volna	kérj-**ek** / -**em**
	kér-n-**el** / -**éd**	kér-t-**é** / -**ed** volna	kérj / -**él** / kér-d / -**jed**
	kér-n-**e** / -**é**	kér- / -t-**e** volna	kérj-**en** / -**e**
Plural	kér-n-**énk** / -**énk***	Pluralformen	kérj-**ünk** / -**ük**
	kér-n-**étek** / -**étek***	wie	kérj-**etek** / -**étek**
	kér-n-**ének** / -**nék**	Indikativ + volna	kérj-**enek** / -**ék**

* unbestimmte Form = bestimmte Form

vár (várni) "warten" unbestimmte / bestimmte Form

INDIKATIV

	Präsens	Perfekt	Futur
Singular	vár-**ok** / -**om**	vár-t-**am** / -**am***	várni fog-**ok** / -**om**
	vár-**sz** / -**od**	vár-t-**ál** / -**ád**	várni fog-**sz** / -**od**
	vár / -**ja**	vár-t / -**a**	várni fog / -**ja**
Plural	vár-**unk** / -**juk**	vár-t-**unk** / -**uk**	várni fog-**unk** / -**juk**
	vár-**tok** / -**játok**	vár-t-**atok** / -**átok**	várni fog-**tok** / -**játok**
	vár-**nak** / -**ják**	vár-t-**ak** / -**ák**	várni fog-**nak** / -**ják**

KONDITIONAL / IMPERATIV

	Präsens	Perfekt	IMPERATIV
Singular	vár-n-**ek** / -**ám**		várj-**ak** / -**am**
	vár-n-**ál** / -**ád**	wie	várj / -**ál**
	vár-n-**a** / -**á**	*Indikativ Perfekt*	várj-**on** / -**a**
Plural	vár-n-**ánk** / -**ánk***	+ volna	várj-**unk** / -**uk**
	vár-n-**átok** / -**átok***	Beispiel:	várj-**ato** / -**átok**
	vár-n-**ának** / -**ák**	vár-t-**ak** / -**ák** volna	várj-**anak** / -**ák**

* unbestimmte Form = bestimmte Form

néz (nézni) "schauen" unbestimmte / bestimmte Form

	INDIKATIV		
	Präsens	Perfekt	Futur
Singular	néz-**ek** / -**em**	néz-t-**em** / -**em***	nézni fog-**ok** / -**om**
	néz-**el** / -**ed**	néz-t-**él** / -**ed**	nézni fog-**sz** / -**od**
	néz / -**i**	néz-**ett** / -t-**e**	nézni fog / -**ja**
Plural	néz-**ünk** / -**zük**	néz-t-**ünk** / -**ük**	nézni fog-**unk** / -**juk**
	néz-**tek** / -**itek**	néz-t-**etek** / -**étek**	nézni fog-**tok** / -**játok**
	néz-**nek** / -**ik**	néz-t-**ek** / -**ék**	nézni fog-**nak** / -**ják**

	KONDITIONAL		IMPERATIV
	Präsens	Perfekt	
Singular	néz-n-**ék** / -**em**		nézz-**ek** / -**em**
	néz-n-**él** / -**éd**	*wie*	nézz / -**el** / néz-**d** / -**zed**
	néz-n-**e** / -**é**	*Indikativ Perfekt*	nézz-**en** / -**e**
Plural	néz-n-**énk** / -**énk***	+ volna	nézz-**nünk** / -**ük**
	néz-n-**étek** / -**étek***	Beispiel:	nézz-**etek** / -**étek**
	néz-n-**énEK** / -**ék**	néz-t-**ek** / -**ék** volna	nézz-**enek** / -**ék**

hoz (hozni) "bringen" unbestimmte / bestimmte Form

	INDIKATIV		
	Präsens	Perfekt	Futur
Singular	hoz-**ok** / -**om**	hoz-t-**am** / -**am***	hozni fog-**ok** / -**om**
	hoz-**ol** / -**od**	hoz-t-**ál** / -**ad**	hozni fog-**sz** / -**od**
	hoz / -**za**	hoz-**ott** / -t-**a**	hozni fog / -**ja**
Plural	hoz-**unk** / -**zuk**	hoz-t-**unk** / -**uk**	hozni fog-**unk** / -**juk**
	hoz-**tok** / -**zátok**	hoz-t-**atok** / -**átok**	hozni fog-**tok** / -**játok**
	hoz-**nak** / -**zák**	hoz-t-**ak** / -**ák**	hozni fog-**nak** / -**ják**

	KONDITIONAL		IMPERATIV
	Präsens	Perfekt	
Singular	hoz-n-**ék** / -**ám**		hozz-**ak** / -**am**
	hoz-n-**ál** / -**ád**	*wie*	hozz / -**ál** / hoz**d** / hozz**ad**
	hoz-n-**a** / -**á**	*Indikativ Perfekt*	hozz-**on** / -**a**
Plural	hoz-n-**ánk** / -**ánk***	+ volna	hozz-**unk** / -**uk**
	hoz-n-**átok** / -**átok***	Beispiel:	hozz-**atok** / -**átok**
	hoz-n-**ának** / -**ák**	hoz-t-**ak** / -**ák** volna	hozz-**anak** / -**ák**

eszik (enni) "essen" unbestimmte / bestimmte Form

	INDIKATIV		
	Präsens	**Perfekt**	**Futur**
Singular	esz-**em** / -**em***	e-tt-**em** / -**em***	e-nni fog-**ok** / -**om**
	esz-**el** / -**ed**	e-tt-**él** / -**ed**	e-nni fog-**sz** / -**od**
	esz-**ik** / -**i**	e-**v**-**ett** / e-tt-**e**	e-nni fog / -**ja**
Plural	esz-**ünk** / ess-**zük**	e-tt-**ünk** / -**ük**	e-nni fog-**unk** / -**juk**
	esz-**tek** / -**itek**	e-tt-**etek** / -**étek**	e-nni fog-**tok** / -**játok**
	esz-**nek** / -**ik**	e-tt-**ek** / -**ék**	e-nni fog-**nak** / -**ják**

	KONDITIONAL		IMPERATIV
	Präsens	**Perfekt**	
Singular	e-nn-**ék** / -**ém**		e-gy-**ek** / -**em**
	e-nn-**él** / -**éd**	*wie*	e-gy-**él** / e-**dd** / -gy-**ed**
	e-nn-**e** / -**é**	*Indikativ Perfekt*	e-gy-**en** / -**e**
Plural	e-nn-**énk** / -**énk***	+ volna	e-gy-**ünk** / -**ük**
	e-nn-**étek** / -**étek***	Beispiel:	e-gy-**etek** / -**étek**
	e-nn-**ének** / -**ék**	e-tt-**ek** / -**ék** volna	e-gy-**enek** / -**ék**

iszik (inni) "trinken" unbestimmte / bestimmte Form

	INDIKATIV		
	Präsens	**Perfekt**	**Futur**
Singular	isz-**om** / -**om***	i-tt-**am** / -**am***	i-nni fog-**ok** / -**om**
	isz-**ol** / -**od**	i-tt-**ál** / -**ad**	i-nni fog-**sz** / -**od**
	isz-**ik** / iss-**za**	i-**v**-**ott** / i-tt-**a**	i-nni fog / -**ja**
Plural	isz-**unk** / iss-**zuk**	i-tt-**unk** / -**uk**	i-nni fog-**unk** / -**juk**
	isz-**tok** / iss-**zátok**	i-tt-**atok** / -**átok**	i-nni fog-**tok** / -**játok**
	isz-**nak** / iss-**zák**	i-tt-**ak** / -**ák**	i-nni fog-**nak** / -**ják**

	KONDITIONAL		IMPERATIV
	Präsens	**Perfekt**	
Singular	i-nn-**ék** / -**ám**		i-gy-**ak** / -**am**
	i-nn-**ál** / -**ád**	*wie*	i-gy-**ál** / i-**dd** / -gy-**ad**
	i-nn-**a** / -**á**	*Indikativ Perfekt*	i-gy-**on** / -**a**
Plural	i-nn-**ánk** / -**ánk***	+ volna	i-gy-**unk** / -**uk**
	i-nn-**átok** / -**átok***	Beispiel:	i-gy-**atok** / -**átok**
	i-nn-**ának** / -**ák**	i-tt-**ak** / -**ák** volna	i-gy-**anak** / -**ák**

dolgozik (dolgozni) "arbeiten" NUR unbestimmte Form

	INDIKATIV		
	Präsens	**Perfekt**	**Futur**
Singular	dolgoz-**om**	dolgoz-t-**am**	dolgozni fog-**ok**
	dolgoz-**ol**	dolgoz-t-**ál**	dolgozni fog-**sz**
	dolgoz-**ik**	dolgoz-**ott**	dolgozni fog
Plural	dolgoz-**unk**	dolgoz-t-**unk**	dolgozni fog-**unk**
	dolgoz-**tok**	dolgoz-t-**atok**	dolgozni fog-**tok**
	dolgoz-**nak**	dolgoz-t-**ak**	dolgozni fog-**nak**

	KONDITIONAL		IMPERATIV
	Präsens	**Perfekt**	
Singular	dolgoz-n-**ék**	*wie Indikativ*	dolgozz-**am**
	dolgoz-n-**ál**	*Perfekt* + volna…	dolgozz / -**ál**
	dolgoz-n-**a**		dolgozz-**on**
Plural	dolgoz-n-**ánk**	außer:	dolgozz-**unk**
	dolgoz-n-**átok**	dolgoz-t-**ato** volna !	dolgozz-**atok**
	dolgoz-n-**ának**		dolgozz-**anak**

megy (menni) "gehen, laufen*" NUR unbestimmte Form

	INDIKATIV		
	Präsens	**Perfekt**	**Futur**
Singular	me-gy-**ek**	me-nt-**em**	menni fog-**ok**
	mé-**sz**	me-nt-**él**	menni fog-**sz**
	me-gy	me-**nt**	menni fog
Plural	me-gy-**ünk**	me-nt-**ünk**	menni fog-**unk**
	men-**tek**	me-nt-**etek**	menni fog-**tok**
	men-**nek**	me-nt-**ek**	menni fog-**nak**

	KONDITIONAL		IMPERATIV
	Präsens	**Perfekt**	
Singular	me-nn-**ék**		me-nj-**ek**
	me-nn-**él**	*wie*	me-nj / me-nj-**él**
	me-nn-**e**	*Indikativ Perfekt*	me-nj-**en**
Plural	me-nn-**énk**	+ volna	me-nj-**ünk**
	me-nn-**étek**	Beispiel:	me-nj-**etek**
	me-nn-**ének**	me-nt-**ek** volna	me-nj-**enek**

* auch mit der Bedeutung "funktionieren"

jön (**jönni**) "kommen" NUR unbestimmte Form

	INDIKATIV		
	Präsens	Perfekt	Futur
Singular	jö-v-**ök** jö-**ssz** jö-**n**	jö-tt-**em** jö-tt-**él** jö-t	jönni fog-**ok** jönni fog-**sz** jönni fog
Plural	jö-v-**ünk** jö-**ttök** jö-**nnek**	jö-tt-**ünk** jö-tt-**etek** jö-tt-**ek**	jönni fog-**unk** jönni fog-**tok** jönni fog-**nak**

	KONDITIONAL		IMPERATIV
	Präsens	Perfekt	
Singular	jö-nn-**ék** jö-nn-**él** jö-nn-**e**	*wie* *Indikativ Perfekt*	jö-jj-**ek** jö-jj / gy-**ere** jö-jj-**ön**
Plural	jö-nn-**énk** jö-nn-**étek** jö-nn-**ének**	+ volna Beispiel: jö-tt-**ek** volna	jö-jj-**ünk** / gy-**erünk** jö-jj-**etek** / gy-**ertek** jö-jj-**enek**

ANHANG B. WÖRTERVERZEICHNIS

In diesem Wörterverzeichnis finden Sie jeweils den Wortstamm und dahinter zwischen den senkrechten Strichen:
- bei Nomen den Akkusativ, den Possessiv und den Plural;
- bei Adjektiven den Akkusativ, den Plural und den Komparativ;
- bei Verben die 3. Person Singular der Vergangenheit sowie den Imperativ und den Konditional (die Formen der unbestimmten Konjugation).

Die Zahl verweist auf die Lektion, in der das Wort zum ersten Mal erscheint.

A

ablak |-ot|-a|-ok| Fenster	8
ad |-ott|-jon|-na| geben	8
agy |-at|-a|-ak| Gehirn	72
ahol wo	41
ajándék |-ot|-a|-ok| Geschenk	73
ajándékoz schenken	
ajánl |-ott|-jon|-ana| vorschlagen, empfehlen	29
ajtó |-t|-ajtaja|-k| Tür	19
akadály |-t|-a|-ok| Hindernis, Schwierigkeit	65
akar |-t|-jon|-na| wollen	
aki, welcher	22
akkor also, in diesem Fall	6
alacsony |-at|-ak|-abb| klein	16
alá unten ("nach" unten)	19
alatt unten, darunter	15
Alföld große ungarische Ebene	81
alól (von) unter	19
alszik |alud-t|-jon|-na| schlafen	13
altat |-ott|-altasson|-na| zum Schlafen bringen	71
altató |-t|-ja|-k| Wiegenlied	71
amelyik der, so, ein	25
amerikai |-t|-ak| amerikanisch	22
amíg während	26
amott dort	58
Anglia England	77
angol |-t|-ok| englisch	54
angyal |-t|-a|-ok| Engel	58
anya |-át|-ja|-ák| Mutter	54
anyag |-ot|-a|-ok| Rohstoff	69
anyanyelv |-et|-e|-ek| Muttersprache	82
anyuka |-kát|-kája|-kák| Mama	23
apró |-t|-k|-bb| winzig	54
aprópénz |-t|-e| Kleingeld	75
apa |-át|-ja|-ák| Vater	23
apuka |-kát|-kája|-kák| Papa	23
arany |-at|-a|-ak| Gold	78
arc |-ot|-a|-ok| Gesicht	72
asszony |-t|-a|-ok| Dame, Gattin	73
asszonyom gnädige Frau	29
asztal |-t|-a|-ok| Tisch	6
augusztus |-t|-a|-ok| August	49
Ausztrália Australien	51
Ausztria Österreich	53
autó |-t|-ja|-k| Auto, Wagen	20
autóbusz |-t|-a|-ok| Autobus	12
autópálya |-yát|-yája|-yák| Autobahn	80
a világért sem um nichts auf der Welt	64
aznap an diesem Tag	81
azonnal sofort	5
aztán dann	9

Á

Ági Agnes (Koseform)	16
ágy |-at|-a|-ak| Bett	15
áll |-t|-jon|-na| sich zusammensetzen aus	33
hogy állsz? Wie weit bist du mit ...?	
állam |-ot|-a|-ok| Staat	34
állampolgár |-t|-a|-ok| Staatsbürger	34

állandóan ununterbrochen, ständig	46
állapot |-ot|-a|-ok| Zustand	55
állat |-ot|-a|-ok| Tier	62
állatkert |-et|-je|-ek| Tiergarten	62
állít |-ott|-son|-ana| behaupten	73
állítólag angeblich	54
álmodik |-ott|-jon|-dna| träumen	85
álom |álmot|álma|álmok| Traum	41
általában im Allgemeinen	65
április |-t|-a|-ok| April	46
ár |-at|-a|-ak| Preis	59
árad |-t|-jon|-na| überlaufen; Hochwasser	52
áraszt |-ott|árasszon|-ana| zum Überlaufen bringen	52
áremelés |-t|-e|-ek| Preiserhöhung	59
áruház |-at|-a|-ak| Kaufhaus	45
át durch	83
átépítés |-t|-e|-ek| Umbau, Umwandlung	62
Ázsia Asien	40

B

baba |-át|-ája|-ák| Puppe, Baby	22
babám mein Mädchen, meine Puppe	58
Balaton Balaton-/Plattensee	47
baj |-t|-a|-ok| Unglück	26
bal links	8
balra nach links	8
baleset |-et|-e|-ek| Unfall	25
bank |-ot|-ja|-ok| Bank	8
barát |-ot|-ja|-ok| Freund	24
barátnő |-t|-je|-k| Freundin	24
barátkozik |-zott|-zzon|-zna| Freundschaft schließen	65
barna |-át|-ák|-ább| braun	16
bácsi |-t|-ja|-k| Onkel	22
bárcsak wenn nur, hoffentlich	46
bármilyen irgendeiner	72
bátor |-trat|-trak|-trabb| mutig	15
báty |-tyja|-tyák| älterer Bruder	51
befárad |-t|-jon|-na| sich hereinbemühen	55
befejez |-ett|-zen|-ne| aufhören	85
befejeződik |-ződött|-ződjön|-ződne| zu Ende gehen	48
befektet |-ett|-essen|-ne| investieren	80
befordul |-t|-jon|-na| drehen	25
beiratkozik |-zott|-zzon|-zna| sich einschreiben/anmelden	68
bejelentőlap |-ot|-ja|-ok| Anmeldeformular (Hotel)	65
bejárat |-ot|-a|-ok| Eingang	18
bejön |-jött|-jöjjön|-jönne| eintreten	11
belföld innerhalb des Landes	75
belga |-gát|-gák| Belgier	77
Belgium Belgien	77
bemegy |-ment|-menjen|-menne| eintreten, hineingehen	10
benzin |-te|-je|-ek| Benzin	80
berendezés |-t|-e|-ek| Anlage	68
beszáll |-t|-jon|-na| (in ein Fahrzeug) einsteigen	83
beszél |-t|-jen|-ne| sprechen	1
beszélget |ett|-gessen|-ne| sich unterhalten	38
beteg |-et|-ek|-ebb| krank	9
betegeskedik |-kedett|-kedjen|-kedne| oft krank sein	76
betesz |-tett|-tegyen|-tenne| (hin-)legen	19
betű |-t|-je|-k| Buchstabe	33
betűz |-ött|-zön|-ne| buchstabieren	65
bevásárol |-t|-jon|-na| Einkäufe machen	26
bevisz |-vitt|-vigyen|-vinne| (herein-)tragen	19
Bécs Wien	53
béke |békét|békéje| Frieden	60
bélyeg |-et|-e|-ek| Briefmarke	75
bírság |-ot|-a|-ok| Strafe, Strafzettel	80
bízik |-zott|-zzon|-zna| vertrauen, Vertrauen haben	44
bizonyára sicher	64
biztonság |-ot|-a| Sicherheit	60
biztos |-at|-ak|-abb| gewiss, sicher	85

biztosan sicher 15
bocsánat |-ot|-a| Verzeihung, Entschuldigung 64
bokor |-rot|-ra|-rok| Busch 58
boldog |-ot|-ok|-abb| glücklich 17
boldogan fröhlich 20
boldogul |-t|-jon|-na| zurechtkommen 68
bolt |-ot|-ja|-ok| Geschäft, Laden 45
bonyolult |-t|-ak|-abb| kompliziert
bor |-kt|-a|-ok| Wein 5
Bori Barbara 51
boríték |-ot|-a|-ok| (Brief-)Umschlag 75
borjúhús |-t|-a|-ok| Kalbfleisch 29
borozó |-t|-ja|-k| Weinstube 55
borravaló |-t|-ja|-k| Trinkgeld 29
bók |-ot|-ja|-ok| Kompliment 18
bölcs |-et|-ek|-ebb| Weiser, Philosoph 82
bölcsész |-t|-e|-ek| Student der Sprach- und Literaturwissenschaft 33
bölcsesség |-et|-e|-ek| Weisheit 65
bölcsőde |-dét|-déje|-dék| Krippe, Kinderhort 60
bőrönd |-őt|-je|-ök| Koffer 37
búcsú |-t|-ja|-k| Abschied 85
buli |-t|-ja|-k| Party, Fete 32
buta |-tát|-ták|-tább| blöd, stupide, dumm 22
bútor |-t|-a|-ok| Möbel 19
büfé |-t|-je|-k| Imbiss 13
büszke |-két|-kék|-kébb| stolz 61

C

ceruza |-zát|-zája|-zák| Bleistift 45
cédula |-lát|-lája|-zák| Schild, Karte, Zettel 72
cigaretta |-tát|-tája|-ták| Zigarette 45
cím |-et|-e|-ek| (Buch)Titel 6
címzett |-et|-je|-ek| Empfänger 75
cincog |-ott|-jon|-na| quietschen (Maus) 82
cipő |-t|-je|-k| Schuh 37

comb |-ot|-ja|-ok| Schinkenkeule 73
cukor |-rot|-ra|-rok| Zucker, Bonbon 71
cukrászda |-dát|-dája|-dík| Konditorei 10

CS

csak nur, erst 9
család |-ot|-ja|-ok| Familie 29
csapat |-ot|-a|-ok| Mannschaft 76
csekk |-et|-je|-ek| Scheck 8
cselekvés |-t|-e|-ek| Aktion, Handlung 57
Csehorszag Tschechien 46
cserép |-repet|-repe|-repek| (Blumen)Topf 67
csend |-et|-je| Stille, Ruhe 17
csendes |-et|-ek|-ebb| still, ruhig 17
csepp |-et|-je|-ek| Tropfen 73
csere |-ét|-éje|-ék| Austausch 79
csillag |-ot|-a|-ok| Stern 17
csinál |-t|-jon|-na| machen 6
csinos |-at|-ak|-abb| hübsch 24
csirke |-ét|-éje|-ék| Hühnchen 29
csodálatos |-at|-ak|-abb| wunderbar 18
csodálkozik |-zott|-zzon|-zna| sich wundern 59
csokoládé |-t|-ja|-k Schokolade 78
csokoládétorta |-tát|-tája|-ták| Schokoladenkuchen 20
csomag |-ot|-ja|-ok| Paket, Gepäck 37
csomagol |-t|-jon|-na| ein Paket machen 73
csomagtartó |-tót|-tója|-tók| Gepäcknetz 78
csontváz |-at|-a|-ak| Skelett, Gerippe 59
csúcs |-ot|-a|-ok| Gipfel, Spitze 76
csont |-ot|-ja|-ok| Knochen 59
csúnya |-yát|-yák|-yább| hässlich 22
csütörtök |-öt|-e|-ök| Donnerstag

D

dán |-t|-ok| Däne 77
Dánia Dänemark 77
december |-t|-ek| Dezember 49
dehogy aber nein 22
de aber 22
dél |-et|-le|-lek| Süden, Mittag 47
délen im Süden
délben zu Mittag
délelőtt |-öt|-je|-ök| Morgen, Vormittag 8
délután |-t|-ja|-ok| Nachmittag 49
dia |diát|diája|diák| Diapositiv 62
diavetítés |-t|-e|-ek| Diavorführung 62
díszít |-ett|-sen|-ene| dekorieren 73
diszkó |-t|-ja|-k| Diskothek 16
disznó |-t|-naja|-k| Schwein 66
disznózsír |-t|-ja| Schweinefett 66
disznóölés |-t|-e|-ek| Schweineschlachten 73
divat |-ot| ja|-ok| Mode 30
dohány |-t|-a| Tabak 51
dohányzik |-nyzott|-nyozzon|-nyozna| rauchen 51
dolgozik |-zott|-zzon|-gozna| arbeiten 13
dolog |-got|-ga|-gok| Sache, Ding 39
domb |-ot|-ja|-ok| Hügel 55
dönt |-ött|-sön|-ene| entscheiden 74
döntő |-t|-je|-k| Finale 76
drága |-gát|-gák|-gább| teuer 22
drágám (mein) Liebling
dudál |-t|-jon|-na| hupen 80
Duna Donau 17
Dunapart Donauufer
dunna |-át|-nája|-nák| Daunendecke 71

E

ebédel |-t|-jen|-ne| zu Mittag essen 13
eddig bis jetzt, bis hier 50
egér |egeret|egere|egerek| Maus 82
egész ganz, gesamt 32
egészen ganz, völlig 2
egészség |-et|-e| Gesundheit 64
egészségére auf Deine/Eure/Ihre Gesundheit!
egészséges |-et|-ek|-ebb| gesund 64
egy ein 3
egyedül allein 74
egyenes |-t|-ek|-ebb| gerade 75
egyesül |-t|-jön|-ne| sich vereinen 31
egyetem |-et|-e|-ek| Universität 32
egyetlen |-t|-e| einzig, allein 75
egyéb |egyebet|egyebek| andere, verschiedene 64
egyik einer, eine, eines von 20
egymás einander 30
egyre immer mehr 57
egyszerre gleichzeitig 61
egyszerű |-t|-ek|-bb| einfach 33
együtt zusammen 33
eladó |-t|-ja|-k| Verkäufer 72
elakad |-t|-jon|-na| eine Panne haben 80
elalszik |aludt|aludjon|aludna| einschlafen 65
elbúcsúzik |-zott|-zzon|-zna| sich verabschieden 85
elegáns |-at|-ak|-abb| elegant 24
eleinte am Anfang 80
elektromosság |-ot|-a| Strom, Elektrizität 11
elenged |-ett|-jen|-ne| gehen lassen, loslassen 79
elesik |esett|essen|esne| fallen 58
elé nach vorne 18
elég genug, ausreichend; hier: relativ 24
elér |-t|-jen|-ne| erreichen 62
elfelejt |-ett|-sen|-ene| vergessen 37
elfogad |-ott|-jon|-na| akzeptieren, annehmen 75
elfoglal |-t|-jon|-na| besetzen 40
elhatároz |-ott|-zon|-na| entscheiden 64
elhelyez |-ett|-zen|-ne| sich platzieren 68

elhelyezkedik |-kedett|-kedjen| -kedne| eine Stelle annehmen 68
elhervad |-t|-jon|-na| verwelken 73
elhisz |-hitt|-higgyen|-hinne| glauben 55
elhitet |-hitetett|-hitessen| -hitetne| glauben machen 55
elindul |-t|-jon|-na| sich auf den Weg machen, losfahren 25
eljön |-jött|-jöjjön|-jönne| kommen 20
elkárhozik |-hozott|-hozzon| -hozna| sich verdammen 31
elkezd |-ett|-jen|-ene| anfangen, beginnen 41
elképzel |-t|-jen|-ne| erfinden, sich vorstellen 53
elkésik |-késett|-késsen|-késne| zu spät kommen (Übung) 37
elkészül |-t|-jön|-ne| fertig sein 43
elkísér |-t|-jen|-ne| begleiten 85
ellenfél |-felet|-fele|-felek| Gegner 76
ellenőr |-t|-e|-ök| Kontrolleur 83
ellop |-ott|-jon|-na| stehlen 73
elmagyaráz |-ott|-zon|-na| erklären 45
elmegy |-ment|-menjen|-menne| weggehen 67
elmesél |-t|-jen|-ne| erzählen 25
elmélet |-et|-e|-ek| Theorie 80
elmond |-ott|-jon|-ana| sagen, erzählen 34
elnevez |-ett|-zen|-ne| nennen, taufen 80
elnézés |-t|-e| Verzeihung, Entschuldigung 12
elnök |-öt|-e|-ök| Präsident, Vorsitzender 51
elolvad |-t|-jon|-na| schmelzen 41
elolvas |-ott|-son|-na| lesen 50
előadás |-t|-a|-ok| Vorstellung, Vorführung 24
előbb zuerst 64
előfordul |-t|-jon|-na| vorkommen, passieren 74

előír |-t|-jon|-na| vorschreiben 83
előkerül |-t|-jön|-ne| erscheinen 73
előszoba |-szobát|-szobája| -szobák| Eingang, Flur 19
először zuerst 33
előtt vorher, davor 9
előző vorhergehender 30
elrabol |-t|-jon|-na| rauben 67
első |-t|-k| erster, -e, -es
elseje Monatserster 49
elszalad |-t|-jon|-na| weglaufen 41
eltör |-t|-jön|-ne| zerbrechen 46
eltűnik |-tünt|-tünjön|-tűnne| verschwinden 20
elutazik |-utazott|-utazzon| -utazna| abreisen 26
elutazás |-t|-a|-ok| Abfahrt, Abreise 26
elüt |-ött|-elüssön|-ne| überfahren 25
elválik |-vált|-váljon|-válna| sich scheiden lassen 74
elveszít |-ett|-sen|-ene| verlieren 40
elvégez |-végzett|-végezzen| -végezne| be-/vollenden 68
elvisz |elvitt|elvigyen|elvinne| mitnehmen 58
ember |-t|-e|-ek| Mensch 8
emelet |-et|-e|-ek| Etage, Stockwerk 9
emel |-t|-jen|-ne| heben 36
emlék |-et|-e|-ek| Erinnerung, Andenken 39
emlékszik |-emlékezett| -emlékezzen|-emlékezne| sich erinnern 39
enged |-ett|-jen|-ne| erlauben 41
engem mich 18
enyém mein, meine 22
ennyi so viel 45
erdő |-t|erdeje|erdők| Wald 58
eredmény |-t|-e|-ek| Resultat 50
erkély |-t|-e|-ek| Balkon 55
erős |-et|-ek|-ebb| stark 41
eset |-et|-e|-ek| Fall 64
esik |esett|essen|esne| fallen 39

este |estét|estéje|esték| Abend	13
eszik |evett|egyen|enne| essen	10
eszpresszó |-t|-ja|-k| Café, Bar	38
Európa Europa	2
evés |-t|-e| Essen, Mahlzeit, Nahrung	62
ez dies, das	2
ezentúl ab jetzt	50
ezer |ezret|ezre|ezrek| tausend	28
ezután anschließend	
ezüst |-öt|-je|-ök| Silber	78

É

édes |-et|-ek|-ebb| sanft, lieb, süß	76
édesanya |-anyát|-anyja|-anyák| Mutter, Mami	55
ég |eget|ege|egek| Himmel	58
éghajlat |-ot|-a|-ok| Klima	47
éhes |-et|-ek|-ebb| hungrig	10
éjfél Mitternacht	48
éjjel |-t|-e|-ek| Nacht	13
éjjelnappal Tag und Nacht	34
éjszaka |-kát|-kája|-kák| Nacht	65
ékszer |-t|-e|-ek| Schmuck	78
él |-t|-jen|-ne| leben	3
éljen! Es lebe!	60
élet |-et|-e|-ek| Leben	17
életrajz |-ot|-a|-ok| Biografie, Lebenslauf	68
én ich	1
ének |-et|-e|-ek| Gesang	33
énekkar |-t|-a|-ok| Chor	33
énekel |-t|-jen|-ne| singen	16
énekes |-t|-e|-ek| Sänger	16
épít |-ett|-sen|-ene| bauen	57
épül |-t|-jön|-ne| im Bau sein	57
épület |-et|-e|-ek| Gebäude	12
érdekel |-t|-jen|-ne| interessieren	76
érdekes |-et|-ek|-ebb| interessant	6
érdemes es lohnt sich	65
érettségi |-t|-je|-k| Abitur	68
érettségizik |-gizett|-gizzen|-gizne| das Abitur machen	34
érez |-zett|-zen|-ne| fühlen	36
érint |-ett|-sen|-ene| berühren, betreffen	83

322

érkezés |-t|-e|-ek| Ankunft	78
érkezik |-kezett|-kezzen|-kezne| ankommen	29
ért |-ett|-sen|-ene| verstehen	15
értesít |-ett|-senn|-ene| mitteilen	61
értékes |-et|-ek|-ebb| kostbar, wertvoll	78
érzés |-t|-e|-ek| Gefühl	54
és und	1
ész |-t|-esze| Verstand, Vernunft	59
észrevesz |-vett|-vegyen|-venne| bemerken	59
észak |-ot| Norden	7
északon im Norden	54
étterem |-éttermet|-étterme|-éttermek| Restaurant	5
étel |-t|-e|-ek| Speise	18
étkezés |-t|-e|-ek| Mahlzeit	64
étkezőkocsi |-t|-ja|-ka| Speisewagen	78
étlap |-ot|-ja|-ok| Speisekarte	5
étvágy |-at|-a| Appetit	5
év |-et|-e|-ek| Jahr	23
évszak |-ot|-a|-ok| Saison, Jahreszeit	46

F

fa |fát|fája|fák| Baum	31
fal |-at|-a|-ak| Mauer	19
falu |-t|-ja|falvak| Dorf	20
fáj |-t|-jon|-na| wehtun, schmerzen	10
fáradt |-at|-ak|-abb| müde	13
fáradtság |-ot|-a| Müdigkeit	36
február |-t|-ja|-ok| Februar	49
fedélzet |-et|-e|-ek| Bord	81
fedő |-t|-je|-k| Deckel	66
fehér |-et|-ek|-ebb| weiß	5
fejedelem |-delmet|-delme|-delmek| Fürst	40
fej |-et|-e|-ek| Kopf	11
fejlett |-et|-ek|-ebb| entwickelt	40
fejlődő |-t|-k|-bb| im Begriff sein, entwickeln	59
fekete |-ét|-ék|-ébb| schwarz, Kaffee	6

fekszik |feküdt|feküdjön|
  feküdne| liegen 46
felad |-ott|-jon|-na| aufgeben,
  inserieren 74
feladó |-t|-ja|-k| Absender 75
felé gegen, in Richtung von 18
felébred |-t|-jen|-ne| aufwachen 41
feleség |-et|-e|-ek| Ehefrau, Gattin 3
felesleges |-et|-ek|-ebb| überflüssig 70
felett über, oberhalb 15
felhív |-ott|-jon|-na| (an-)rufen 78
felhoz |-ott|-zon|-na| hoch-
  bringen, hochtragen 19
felhő |-t|-je|-k| Wolke 81
felirat |-ot|-a|-ok| Zettel, Notiz 72
felkel |-t|-jen|-ne| aufstehen 13
felmegy |-ment|-menjen|
  -menne| hinaufgehen 9
felmelegedés |-t|-e|-ek| Wieder-
  erwärmung 81
felnő |-tt|-jön|-ne| wachsen, er-
  wachsen werden 67
felnőtt |-et|-ek| Erwachsener 44
felöltözik |- öltözött|-öltözzön|
  -öltözne| sich anziehen 13
felszáll |-t|-jon|-na| einsteigen 9
feltesz |-tett-tegyen|-tenne|
  (Frage) stellen 80
felvágott |-at|-ja|-k| Wurstwaren 45
felváltva abwechselnd 61
felvesz |-vett|-vegyen|-venne|
  (Kleidungsstück) anziehen 37
felvilágosítás |-t|-a|-ok| Auskunft 72
felvisz |-vitt|-vigyen|-vinne|
  etw. heraufbringen 65
fent oben 12
fenti obiger, -e, es 83
fest |fett|fessen|festene| malen 73
fél |felet|fele|felek| halb, Hälfte 25
fél |-t|-jen|-ne| Angst haben 10
féltékeny |-t|-ek|-ebb| eifersüchtig 43
féltékenység |-et|-e| Eifersucht 43
fény |-t|-e|-ek| Licht; hier: Schein 17
fénykép |-et|-e|-ek| Photo 19
fényképez |-ett|-zen|-ne|
  fotografieren 62

férfi |-t|-ak| Mann 24
férj |-et|-e|-ek| Ehemann 3
fiú |-t|fia|-k| Sohn, Junge 11
fiatal |-t|-ok|-abb| Jugendlicher 20
figyel |-t|-jen|-ne| beobachten,
  aufpassen 59
figyelem |figyelmet|figyelme|
  Achtung 72
finn |-t|-ek| Finne 77
Finnország Finnland 77
finom |-at|-ak|-abb| köstlich, gut,
  lecker 20
fizet |-ett|fizessen|-ne| zahlen 10
fizika |fizikát| Physik 11
fog |-at|-a|-ak| Zahn 10
fog |-ott|-jon|-na| fangen, ergreifen 79
fogad |-ott|-jon|-na| adoptieren,
  annehmen 74
fogadás |-t|-a|-ok| Empfang 18
fogkrém |-et|-e|-ek| Zahnpasta 45
fogorvos |-t|-a|-ok| Zahnarzt 10
fok |-ot|-a|-ok| Grad 81
foglal |-t|-jon|-na| reservieren 65
foglalkozik |-kozott|-kozzon|
  -kozna| sich beschäftigen mit 69
folyó |-t|-ja|-k| Fluss 12
folyosó |-t|-ja|-k| Gang 65
folytat |-ott|folytasson|-na| wei-
  termachen, fortfahren 32
fontos |-at|-ak|-abb| wichtig 27
fordítás |-t|-a|-ok| Übersetzung 52
fordít |-ott|-son|-ana| drehen 57
fordul |-t|-jon|-na| drehen,
  wenden, abbiegen 25
forgalom |-galmat|-galma|
  -galmak| Straßenverkehr 69
forgat |-ott|-gasson|-na| drehen
  (mehrmals) 36
forradalom |-dalmat|-dalma|
  -dalmak| Revolution 40
fotel |-t|-e|-ek| Sessel 49
föld |-et|-je|-ek| Erde 67
földalatti |-t|-ja|-k| unterirdisch;
  Metro 61
földrajz |-ot|-a| Geografie 10
fölé über (dynamisch) 19

főnök |-öt|-e|-ök| Chef	65
főváros |-t|-a|-ok| Hauptstadt	12
főz |-ött|-zön|-ne| kochen	5
Franciaország Frankreich	2
francia |franciát|franciák| französisch	2
friss |-et|-ek|-ebb| frisch	26
fröccs |-öt|-e|-ök| Weinschorle	66
fúj |-t|-jon|-na| blasen	41
furcsa |-sát|-sák|-sább| fremd, eigenartig	41
fut |-ott|-fusson|-na| laufen	56
fül |-et|-e|-ek| Ohr	41
fülke |-két|-kéje|-kék| Abteil, Kabine	75
fürdő |-t|-je|-k| Bad	40
fürdőszoba |-szobája|-szobák| Badezimmer	19
füstöl |-t|-jön|-ne| räuchern	66
füzet |-et|-e|-ek| Heft	45

G

galamb |-ot|-ja|-ok| Taube	58
garázs |-t|-a|-ok| Garage	25
gazdag |-ot|-ok|-abb| reich	23
gazdaság |-ot|-a|-ok| Wirtschaft	69
gép |-et|-e|-ek| Maschine	13
gépész |-t|-e|-ek| Mechaniker	68
gondolat |-ot|-a|-ok| Idee, Gedanke	72
gól! |-t|-ja|-ok| Tor!	76
görög |-öt|-ök| Grieche	77
Görögország Griechenland	77
gratulál |-t|-jon|-na| beglückwünschen	50
gróf |-ot|-ja|-ok| Graf	79
gulyás |-t| Gulasch	

GY

gyakorlat |-ot|-a|-ok| Übung	6
gyakran oft	31
gyalog zu Fuß	9
gyár |-at|-a|-ak| Fabrik	13
gyárt |-ott|-son|-ana| bilden, zusammenstellen	33
gyenge |-ét|-ék|-ébb| schwach	67
gyerek |-et|-e|-ek| Kind	9
gyerekszoba |-szobát|-szobája|-szobák| Kinderzimmer	19
gyógyszer |-t|-e|-ek| Arznei, Medikament,	69
gyors |-at|-ak|-abb| schnell, rasch	20
gyönyörü |-t|-ek|-bb| herrlich	18
gyufa |gyufát|gyufája|gyufák| Streichholz	45
gyújt |-ott|-son|-ana| anzünden	64

H

ha wenn, ob, falls	8
hab |-ot|-ja|-ok| Schaum, Schlagsahne	43
hagy |-ott|-jon|-na| lassen	26
hagyma |-mát|-mája|-mák| Zwiebel	57
haj |-at|-a|-ak| Haare	22
hajlandó bereit sein zu	72
hajlik |-lott|hajoljon|hajolna| sich neigen	58
hajlít |-ott|-son|-ana| falten	36
hajnal |-t|-a|-ok| Morgendämmerung	73
hajó |-t|-ja|-k| Schiff	53
hajóállomás |-t|-a|-ok| Landungssteg	54
hal |-at|-a|-ak| Fisch	29
halász |-t|-a|-ok| Fischer	62
halhatatlan |-t|-ok|-abb| unsterblich	71
hall |-t|-ja|-ok| Halle, Salon	55
hall |-ott|-jon|-ana| hören	31
hallgat |-ott|-gasson|-na| schweigen, zuhören	43
hallgató |-t|-ja|-k| Zuhörer	74
hamar schnell	48
hamis |-at|-ak|-abb| falsch, unrecht	8
hamutartó |-t|-ja|-k| Aschenbecher	44
hanglemez |-t|-e|-ek| Schallplatte	85
hangosan laut	36
haragszik |-gudott|-gudjon|-gudna| böse sein auf	44

harap |-ott|-jon|-na| beißen 65
harcol |-t|-jon|-na| bekämpfen 40
harmat |-ot|-a|-ok| Tau 31
has |-at|-a|-ak| Bauch 36
hasizom |-izmot|-izma|-izmok|
Bauchmuskel 36
használ |-t|-jon|-na| benutzen,
verwenden 63
használt |-ot|-a| abgenutzt 63
hat sechs 28
hatalmas |-at|-ak|-abb| riesig 20
határ |-t|-a|-ok| Grenze 64
haza |-zát|-zája|-zák| Vaterland,
Heimat 81
hazakísér |-t|-jen|-ne| nach
Hause begleiten 64
hazamegy |-ment|-menjen|
-menne| nach Hause gehen 8
hazudik |-dott|-djon|-dna| lügen 65
hazug |-ot|-ok|-abb| Lügner 82
háború |-t|-ja|-k| Krieg 60
hálás |-ak|-abb| dankbar 29
hálószoba |-szobát|-szobája|
-szobák| Schlafzimmer 19
hány? wie viel? 12
hányszor? wie oft? 49
három drei 6
hát also, nun 22
hátha wenn, ob, vielleicht 72
hátulsó hinterer, -e, -es 73
ház |-at|-a|-ak| Haus 9
házasság |-ot|-a|-ok| Heirat 29
háziasszony |-t|-a|-ok| Hausfrau 59
házmester |-t|-e|-ek| Hausmeister 72
háztartás |-t|-a|-ok| Haushalt 45
hegy |-et|-e|-ek| Berg 23
hely |-et|-e|-ek| Platz, Ort 19
helyett anstelle von, anstatt 54
helyzet |-et|-e|-ek| Lage (Übung) 64
hentes |-t|-e|-ek| Fleischer 29
hét sieben 28
hét |-et|-e|-ek| Woche 49
hétfő |-t|-je|-k| Montag 28
hétköznap |-ot|-ja|-ok| Werktag 64
hétvége |-végét|-végék|
Wochenende 75

hiába vergeblich 44
hiba |hibát|hibája|hibák| Fehler,
Schuld 72
híd |hidat|-ja|-hidak| Brücke 12
hideg |-et|-ek|-ebb| kalt 46
hirdetés |-t|-e|-ek| Anzeige 74
hirtelen plötzlich 41
hisz |hitt|higgyen|higgye| glauben 54
hitelkártya |-yát|-yája|-yák|
Kreditkarte 75
hivatal |-t|-a|-ok| Büro 48
hív |hívott|hívjon|hívna| anrufen 18
hó |havat| Schnee 46
hogy wie, dass 1
hol? wo? (statisch) 3
holland |-ot|-ok| Niederländer 77
Hollandia Niederlande 77
hold |-at|-ja|-ak| Mond 17
holnap |-ot|-ok| morgen 19
hónap |-ot|-ja|-ok| Monat 49
honnan? woher? 8
hosszú |-t|-ak|-hosszabb| lang 50
hova? wohin? (dynamisch)
hoz |-ott|-zon|-na| (mit)bringen 5
hozzátesz |-tett|-tegyen|-tenne|
hinzufügen 30
hozzávaló |-t|-ja|-k| Zutaten 66
hölgy |-et|-e|-ek| Dame 12
hőmérséklet |-et|-e|-ek|
Temperatur 81
hős |-t|-e|-ök| Held 40
húg |-a|-ok| jüngere Schwester 51
humorista |-tát|-tája|-ták|
Humorist 69
hús |-t|-a|-ok| Fleisch 5
húsvét |-ot|-ja|-ok| Ostern 73
hülye |-yét|-yék|-yébb|
Schwachkopf 76
hűséges |-et|-ek|-ebb| treu 81
hűvös |-et|-ek|-ebb| kühl 81

I, Í
Ibolya Veilchen 17
idegen |-t|-ek|-ebb| Fremder 41
ideges |-et|-ek|-ebb| nervös 9
ide-oda hin und her 36

idén dieses Jahr 46
idő |-t|-ideje|-k| Wetter, Zeit 46
idős |-et|-ek|-ebb| alt 51
igaz |-at|-ak|-abb| wahr 39
igazán wirklich 67
igazgató |-t|-ja|-k| Direktor 9
igazság |-ot|-a| Wahrheit 65
igen ja 2
ígér |-t|-jen|-ne| versprechen 29
így so 23
iker |ikret|ikre|ikrek| Zwilling 61
illik |illett|illene| passen; hier: es ist höflich 64
Ilona Helene 24
ilyen solch, so 46
immár ab jetzt, von nun an 52
India Indien 77
indít |-ott|-son|-ana| abfahren lassen 57
indul |-t|-jon|-na| fahren, sich auf den Weg machen 18
injekció |-t| ja|-k| Spritze 10
inkább eher, lieber 43
integet |-ett|integessen|-ne| winken, Zeichen machen 80
intézet |-et|-e|-ek| Institut 81
ipar |-t|-a| Industrie 69
ír |-t|-jon|-na| schreiben 56
írás |-t|-a|-ok| Text, Dokument 40
irigy |-et|-ek|-ebb| neidisch 59
író |-t|-ja|-k| Schriftsteller 50
íróasztal |-t|-a|-ok| Schreibtisch 19
is auch 1
iskola |-lát|-lája|-lák| Schule 22
ismer |-t|-jen|-ne| kennen 18
ismeretlen |-t|-ek| unbekannt 41
ismerős |-t|-e|-ök| Kenntnis 73
ismétel |-t|-jen|-ne| wiederholen 27
iszik |-ivott|-igyon|-inna| trinken 63
iszogat |-ott|iszogasson|-na| in kleinen Schlücken trinken 73
István Stephan 3
ital |-t|-a|-ok| Getränk 5
itt hier 1
itthon zu Hause 32
izgul |-t|-jon|-na| sich aufregen 32
ízlik |ízlett|ízlene| schmecken 66
izom |izmot|izma|izmok| Muskel 36
izzad |-t|-jon|-na| schwitzen 36

J

január |-t|-ja|-ok| Januar 49
Jancsika Hänschen 61
javít |-ott|-son|-ana| korrigieren 57
javul |-t|-jon|-na| sich verbessern 57
János Hans 1
jár |-t|-jon|-na| gehen 12
jármű |-vet|-ve|-vek| Fahrzeug 69
járókelő |-t|-je|-k| Passant, Fußgänger 25
játék |-ot|-a|-ok| Spielzeug, Spiel 19
jegyzőkönyv |-et|-e|-ek| Protokoll 83
jelent |-ett|-sen|-ene| bedeuten 33
jelentés |-t|-e|-ek| Bedeutung 33
jelentkezik |-kezett|-kezzen| -kezne| sich melden 68
jelentős |-et|-ek|-cbb| wichtig, beträchtlich 69
jellemző |-t|-ek|-bb| typisch, charakteristisch 65
jelszó |-t|jelszava|jelszavak| Slogan, Wahlspruch (Übung) 60
Jenő Eugen 22
jóval viel 74
jobban besser 36
jobbra nach rechts 10
jogositvány |-t|-a|-ok| Führerschein 80
Joli Yolanda (Koseform) 24
jó |-t|-k|jobb| gut 1
jól gut 1
jólesik das tut gut 39
jó napot Guten Tag 30
József Joseph 13
jön |jött|jöjjön|jönne| kommen 9
jövő |-t|-je| Zukunft 20
jövőre nächstes Jahr 34
juh Schaf 71
juhász |-t|-a|-ok| Hirt 71
Julika Julia (Koseform) 22

július |-t|-a|-ok| Juli 49
június |-t|-a|-ok| Juni 49
jut |-ott|jusson|-na| einfallen,
  sich erinnern 48

K

kabát |-ot|-ja|-ok| Jacke, Mantel 24
kalap |-ot|-ja|-ok| Hut 37
kanál |kanalat|kanala|kanalak|
  Löffel 44
kap |-ott|-jon|-na| erhalten,
  bekommen 45
kapcsolat |-ot|-a|-ok| Beziehung 69
kapu |-t|-ja|-k| Eingangstür, Tor,
  Haustür 72
kar |-t|-ja|-ok| Arm; Chor 33
karácsony |-t|-a|-ok| Weihnachten 10
karika |-kát|-kája|-kák| Ring,
  Reif, Scheibe 66
Karola Caroline 48
kastély |-t|-a|-ok| Schloss 79
kaszinó |-t|-ja|-k| Kasino 23
katona |-nát|-nája|-nák| Soldat 71
kavargat |-ott|-gasson|-na|
  umrühren 43
kaviár |-t|-ja|-ok| Kaviar 18
kazetta |-tát|-tája|-ták| Kassette 52
kályha |-hát|-hája|-hák| Ofen 19
kár |-t|-a|-ok| schade 16
kávé |-t|-ja|-k| Kaffee 13
kávéház |-at|-a|-ak| Café,
  Kaffeehaus 83
kávéskanálnyi Kaffeelöffel,
  einen Kaffeelöffel voll 66
kedd |-et|-je|-ek| Dienstag 28
kedvenc |-et|-e|-ek| beliebtester;
  Liebling 81
kedves |-et|-ek|-ebb| lieb 12
kelet |-et| Osten, Orient 47
kell |-ett|-jen|-ene| müssen,
  sollen 10
kellemes |-et|-ek|-ebb| angenehm 48
kellemetlen |-t|-ek|-ebb|
  unangenehm 48
kellemetlenség |-et|-e|-ek|
  Unannehmlichkeit 48
kenyér |-yeret|-yere|-yerek| Brot 45

kerek |-et|-ek|-ebb| rund 58
kereskedelem |-delmet|-delme|
  Handel 69
keres |-ett|-sen|-ne| suchen 38
kert |-et|-je|-ek| Garten 62
kertmozi |-t|-ja|-k| Freilichtkino 48
kerül |-t|-jön|-ne| ankommen 60
kerül |-t|-jön|-ne| kosten 65
kerület |-et|-e|-ek| Viertel,
  Stadtbezirk 62
ketten zu zweit 59
kettő zwei 49
kever |-t|-jen|-ne| umrühren,
  vermischen 66
kéves wenig 66
kezd |-ett|-jen|-ene| beginnen,
  anfangen 22
kezet fog die Hand drücken 18
kezét csókolom ich küsse Ihre
  Hand 29
kék |-et|-ek|-ebb| blau 12
kénytelen gezwungen sein 54
kép |-et|-e|-ek| Bild, Foto 19
képeslap |-ot|-ja|-ok| Postkarte 75
képmagnó |-t|-ja|-k|
  Videorecorder 59
képviselő |-t|-je|-k| Vertreter,
  Abgeordneter 60
képtelen unfähig 80
képzel |-t|-jen|-ne| sich etwas
  vorstellen, erfinden 38
képzelt |-et|-ek| erfunden 60
kér |-t|-jen|-ne| fragen, bitten 5
kérem bitte (Sie) 5
kérlek bitte (du) 45
kérdés |-t|-e|-ek| Frage 11
kérdez |-ett|-zen|-ne| fragen 20
kérdezget |-ett|-kérdezgessen|
  -ne| viele Fragen stellen 43
késő spät 24
később später 29
későn mit Verspätung, zu
  spät 24
kész fertig, bereit
készít |-ett|-sen|-ene| herstellen,
  zubereiten 57

készül |-t|-jön|-ne| sich vorbereiten 57
készülék |-et|-e|-ek| Apparat 75
két zwei 28
kétágyas mit zwei Betten 65
kétszer zweimal 26
kéz |-et|-e|-ek| Hand 58
ki wer 11
kiabál |-t|-jon|-na| schreien 76
kiadó zu vermieten 72
kiadó |-t|-ja|-k| Verleger, Verlag 72
kiált |-ott|-son|-ana| schreien 20
kicsit ein bisschen 27
kicsoda wer 51
kiderül |-t|-jön|-ne| sich herausstellen, dass 62
kidob |-ott|-jon|-na| hinauswerfen 53
kié? wem? 27
kifejezés |-t|-e|-ek| Ausdruck 30
kihoz |-ott|-zon|-na| hinausbringen 19
kihúz |-ott|-zon|-na| (Zahn) ziehen 38
kijárat |-ot|-a|-ok| Ausgang, Ausfahrt 18
kijavít |-ott|-son|-ana| korrigieren 72
kijön |-jött|-jöjjön|-jönne| hinausgehen 25
kilenc neun 9
kiló Kilo 29
kilométernyi ungefähr ein Kilometer 66
Kína China 77
kínál |-t|-jon|-na| anbieten, schenken 72
kinéz |-ett|-zen|-ne| aussehen 34
kinyit |-ott|-yisson|-na| öffnen 78
király |-t|-a|-ok| König 40
kirándulás |-t|-a|-ok| Ausflug 71
kis |kicsit|kicsik|kisebb| klein 4
kisváros |-t|-a|-ok| Kleinstadt 4
kisasszony |-t|-a|-ok| Fräulein 64
kisfiú |-t|kisfia|-k| kleiner Junge, Bub 19
kislány |-t|-a|-ok| kleines Mädchen 19
kitalál |-t|-jon|-na| erfinden, erraten 32

kitisztít |-ott|-son|-ana| reinigen, saubermachen 54
kitölt |-ött|-sön|-ene| füllen 65
kitör |-t|-jön|-ne| brechen 58
kitünő |-t|-ek|-bb| ausgezeichnet 78
kiváló |-t|-ak|-bb| ausgezeichnet 69
kivált |-ott|-son|-ana| abholen 53
kíván |-t|-jon|-na| wünschen 1
kiváncsi |-t|-ak|-bb| neugierig 4
kívánság |-ot|-a|-ok| Wunsch 78
kivisz |-vitt|-vigyen|-vinne| etwas herausholen/-tragen 19
klub |-ot|-ja|-ok| Klub 48
koccint |-ott|-son|-ana| anstoßen (mit einem Glas) 64
kocka |-át|-ája|-ák| Würfel 69
kocsi |-t|-ja|-k| Auto 25
kolbász |-t|-a|-ok| Hartwurst 66
kolléga |-gát|-gája|-gák| Kollege 30

komoly |-at|-ak|-abb| seriös, ernst 40
konyha |-hát|-hája|-hák| Küche 3
konzulátus |-t|-a|-ok| Konsulat 53
kopasz |-t|-ok|-abb| kahl 24
kórház |-at|-a|-ak| Krankenhaus 61
kormány |-t|-a|-ok| Regierung 60
korona |-át|-nája|-nák| Krone 40
korszerű |-t|-ek|-bb| modern 68
kóstoló |-t|-ja|-k| Kostprobe 73
kosztüm |-öt|-je|-ök| Kostüm 53
kölni |-t|-je|-k| Kölnisch Wasser 73
költ |-ött|-sön|-ene| ausgeben 38
költő |-t|-je|-k| Dichter, Poet 31
költözik |-zött|-zzön|-zne| umziehen 19
könnyü |-t|-ek|-yebb| leicht, einfach 4
könyv |-et|-e|-ek| Buch 6
környék |-et|-e| Umgebung 25
körút |-at|-ak| Ring (Eigenname) 59
körül um ... herum 51
köszön |-t|-jön|-ne| danken/grüßen 1
köszönöm danke
köszönhetően dank (verdanken) 60
következik |-kezett|-kezzen|-kezne| folgen 73

következő |-t|-k| folgende,
nächste — 11
közben in der Zwischenzeit — 73
közel nahe — 65
közeledik |-ledett|-ledjen|
-ledne| sich nähern — 16
közé zwischen (dynamisch) — 19
Közép-Európa Mitteleuropa — 47
közepesen durchschnittlich,
mittel — 69
közepén inmitten von — 46
középdöntő |-t|-je|-k| Halbfinale — 81
középkorú |-t|-ak| mittleren
Alters — 78
közért |-et|-je|-ek|
Lebensmittelgeschäft — 45
közlekedés |-t|-e| Verkehr,
Transport — 69
közmondás |-t-a|-ok| Sprichwort — 82
közöl |-t|-jön|-ne| publizieren,
veröffentlichen — 52
közönség |-et|-e| Publikum — 81
között zwischen, unter (statisch) — 69
köztársaság |-ot|-a| Republik — 60
közül von, aus, unter — 82
krumpli |-t|-ja|-k| Kartoffel — 57
kulcs |-ot|-a|-ok| Schlüssel — 26
kulturális kulturell — 81
kunyhó |-t|-ja|-k| Hütte — 78
kupa |-pát|-pája|-pák| Pokal,
Schale — 75
kupola |-lát|-lája|-lák| Kuppel — 12
kutya |-yát|-yája|-yák| Hund — 65
küld |-ött|-jön|-ene| schicken,
senden — 22
külföldi |-t|-ek| Fremder,
Ausländer — 4
külkereskedelem |-delmet|
-delme| Außenhandel — 69
külön einzeln, extra, getrennt — 36
különben übrigens, sonst — 61
különböző |-ek|-bb| verschieden — 68
különös |-et|-ek|-ebb| besonders,
eigenartig — 1
külügyminiszter |-tert|-tere|
-terek| Außenminister — 81

L

labda |-dát|-dája|-dák| Ballon,
Ball — 71
labdázik |-zott|-zzon|-zna| Ball
spielen — 80
Laci Ladislaus (Koseform) — 6
lakás |-t|-a|-ok| Wohnung,
Appartement — 3
lakik |-kott|-kjon|-kna| wohnen — 12
lakos |-t|-a|-ok| Be-/Einwohner — 12
lassan langsam — 36
láb |-at|-a|-ak| Fuß, Bein — 36
lát |-ott|-sson|-na| sehen — 20
látható |-t|-k-bb| sichtbar — 40
látogatás |-t|-a|-ok| Besuch — 8
látszik |-zott|-zon|-zana| scheinen — 67
leányka |-kát|-kája|-kák|
Mädchen — 31
lecke |-két|-kéje|-kék| Lektion — 1
lecsó |-t|-ja| ungarischer
Gemüseeintopf — 66
lefekszik |-feküdt|-feküdjön|
-feküdne| sich hinlegen — 13
legalább mindestens — 80
legyen szíves bitte schön — 5
legyőz |-ött|-zön|-ne| siegen über — 81
lehet es ist möglich — 27
lehetetlen unmöglich — 80
lehetőleg möglicherweise — 65
lehetőség Möglichkeit, Gelegenheit — 72
lehuny |-t|-jon|-na| (Augen)
schließen — 71
leír |-t|-jon|-na| beschreiben — 72
lejár |-t|-jon|-na| ablaufen — 78
lelkiismeretes |-t|-ek|-ebb|
gewissenhaft — 83
lemegy |-ment|-menjen|-menne|
hinuntergehen — 12
Lengyelország Polen — 77
leönt |-ött|-sön|-ene| verschütten — 54
lesiet |-sietett|-siessen|-sietne|
schnell hinuntergehen — 43
leszáll |-t|-jon|-na| aussteigen — 9
leszerelés |-t|-e| Abrüstung — 69
letesz |-tett|-tegyen|-tenne|
hinstellen — 19

leül |-t|-jön|-ne| sich setzen 9
levél |-velet|-vele|-velek| Brief 26
levetkőzik |-kőzött|-kőzzön|
 -kőzne| sich ausziehen 13
lezuhan |-t|-jon|-na| abstürzen 81
légiposta |-át| Luftpost 75
lény |-e|-ét|-ek| Wesen 31
lép |-ett|-jen|-ne| einen Schritt/
 Schritte machen 56
létezik |-zett|-zzen|-zne| existieren 31
lift |-et|-je|-ek| Aufzug, Lift 9
liter |-t| Liter 5
ló |lovat|lova|lovak| Pferd 82
locsol |-t|-jon|-na| begießen 73
lő |-tt|-jön|-ne| schießen 8
Lujza Luise 37

M
ma heute 8
macska |-kát|-kája|-kák| Katze 26
madár |madarat|madara|
 madarak| Vogel 52
magam ich selbst 41
magas |-at|-ak|-abb| groß 16
magánlakás |-t|-a|-ok|
 Privatwohnung 62
magánügy |-et|-e|-ek| Privatsache 13
magányos |-at|-ak|-abb| einsam,
 einzeln 4
magázódik |-zódott|-zódjon|
 -zódna| sich siezen 64
magyar |-t|-ok| ungarisch,
 Ungar 2
magyarul auf Ungarisch
magyarázat |-ot|-a|-ok|
 Erklärung 80
Magyarország Ungarn 2
mai von heute 11
majd danach, anschließend 13
majdnem fast 80
mama |-át|-ája|-ák| Mama 19
manapság heutzutage 73
marad |-t|-jon|-na| bleiben 38
Margitsziget Margareten-Insel 78
marha |-hát|-hája|-hák| Ochse 29
Marika Marie (Koseform) 22

maszek |-ot|-ok| privat (Händler,
 Handwerker) 55
matematika |-kát|-kája|
 Mathematik 11
máj |-at|-a|-ak| Leber 20
május |-t|-a|-ok| Mai 46
már schon 9
március |-t|-a|-ok| März 46
más |-ok| anderer, andere 23
másik |-at| andere, der andere 20
másnap am nächsten Tag 36
második zweiter 2
másodszor zum zweiten Mal 39
mászkál |-t|-jon|-na| spazieren
 gehen, bummeln 32
meccs |-et|-e|-ek| Match, Spiel 76
megáll |-t|-jon|-na| stehen bleiben 9
megállapít |-ott|-son|-ana|
 feststellen 81
megbocsát |-ott|-bocsásson|
 -ana| verzeihen 74
megbukik |-bukott|-bukjon|
 -bukna| durchfallen 80
megcsal |-t|-jon|-na| täuschen,
 betrügen 74
megcsinál |-t|-jon|-na| machen 50
megcsókol |-t|-jon|-na| küssen 17
megelégszik |-elégedett|
 -elégedjen|-elégedne| sich zufrie-
 dengeben, sich begnügen 82
megegyezik |-egyezett|-egyezzen|
 -egyezne| übereinkommen 55
megenged |-ett|-jen|-ne| erlauben 64
megerősödik |-dött|-djön |-dne|
 sich verstärken 81
megérkezik |-kezett|-kezzen|
 -kezne| ankommen 20
megért |-ett|-sen|-ené| verstehen 50
megfog |-ott|-jon|-na| berühren 44
meghal |-t|-jon|-na| sterben 34
meghallgat |-ott|-gasson|-na|
 (zu-)hören 83
meghív |-ott|-jon|-na| einladen 32
meghosszabbít |-ott|-son|-ana|
 verlängern 78
megígér |-t|-jen|-ne| versprechen 48

megint noch einmal, wieder 12
megismerkedik |-kedett|-kedjen| |-kedne| kennenlernen 16
megismer |-t|-jen| -ne| (er)kennen 65
megkap |-ott|-jon| -na| nehmen, erhalten, bekommen 71
megkeres |-ett|-sen|-ne| suchen 79
megkér |-t|-jen|-ne| fragen, bitten 78
megkérdez |-ett|-zen|-ne| fragen, Frage stellen 25
megkóstol |-t|-e|-ek| kosten, probieren 41
megkülönböztet |-böztetett| -böztessen|-böztetne| unterscheiden 61
meglepetés |-t|-e|-ek| Überraschung 54
megnősül |-t|-jön|-ne| heiraten, zur Frau nehmen 34
megöl |-t|-jön|-ne| umbringen 81
megőrül |-t|-jön|-ne| verrückt werden 53
megpirít |-ott|-son|-ana| anbraten, anbräunen 66
megpróbál |-t|-jon|-na| versuchen, probieren 29
megszeret |-ett|-ressen|-ne| sich mögen 55
megszólít |-ott|-son|-ana| ansprechen 64
megtalál |-t|-jon|-na| finden 45
megtanít |-ott|-son|-ana| lehren 64
megtanul |-t|-jon|-na| lernen 50
megtekint |-ett|-sen|-eme| besichtigen 55
megtud |-ott|-jon|-na| erfahren, informiert sein 54
megvan |-volt|-legyen|-lenne| drin, darin 37
megvesz |-vett|-vegyen|-venne| kaufen 45
megver |-t|-jen|-ne| schlagen 22
megvizsgál |-t|-jon|-na| untersuchen 83
megy |ment|menjen|menne| gehen 4

még noch 74
meleg |-et|-ek|-ebb| heiß, warm 47
mellé neben (dynamisch) 19
mellett neben (statisch) 8
mellől von ... her 19
melyik? welcher? was für einer? 37
menetirány |-t|-a| Fahrtrichtung 78
menetjegy |-et|-e|-ek| Ticket, Fahrkarte 78
mennyi? wie viel? 10
mennyiség |-et|-e|-ek| Quantität 69
mennyország |-ot|-a|-ok| Himmel, Paradies 31
mentő |-t|-je|-k| Krankenwagen 73
mer |-t|-jen|-ne| wagen 80
mert weil 4
mese |-ét|-éje|-ék| Märchen 41
mesél |-t|-jen|-ne| erzählen 39
mezőgazdaság |-ot|-a| Landwirtschaft 69
méltóságos ehrwürdig 30
mérkőzik |-kőzött|-kőzzön| -kőzne| sich messen 76
mérnök |-öt|-e|-ök| Ingenieur 68
méter |-t|-e|-ek| Meter 9
miatt wegen 32
mi? was? 1
mi wii 36
mi bajod van? Was hast du? 44
miért? warum? 4
míg während 33
mikor? wann? 10
millió Million 8
milyen wie? so! 15
mind alles, alle 26
mind... mind ebenso ... wie 69
mindegyik jeder 76
minden alles 20
mindenesetre auf jeden Fall 68
mindenki alle 11
mindenütt überall 50
mindig immer 17
mindketten beide 61
miniszter |-t|-e|-ek| Minister 18
minőség |-et|-e| Qualität 69
mint wie 65

Misi Michael (Koseform)	29
mi újság? Was gibt's Neues?	
modern |-et|-ek|-ebb| modern	69
mond |-ott|-jon|-ana| sagen	20
mondat |-ot|-a|-ok| Satz	34
mos |-ott|-son|-na| waschen	45
mosakszik |-odott|-odjon|-odna| sich waschen	13
mosogat |-ott|-gasson|-nal| Geschirr spülen	32
mosópor |-t|-a|-ok| Waschpulver	45
most jetzt, nun	85
mostanában heutzutage	83
mostanáig bis jetzt	54
mozdít |-ott|-son|-ana| bewegen, verrücken	57
mozdul |-t|-jon|-na| (sich) bewegen	57
mozog |mozgott|-jon|-na| sich bewegen	36
mögé hinter (dynamisch)	19
mögött hinten	16
múlt |-at|-ja| Vergangenheit	48
múltkor letztens	32
múlva vorbei	48
munka |-kát|-kája|-kák| Arbeit	65
munkakör |-t|-e|-ök| Abteilung, Sektor	68
munkanap |-ot|-ja|-ok| Werktag	75
munkás |-t|-a|-ok| Arbeiter	34
múzeum |-ot|-a|-ok| Museum	12
műemlék |-et|-e|-ek| Monument, Denkmal	12
mű |-vet|-ve|-vek| Werk	71
működik |-ködött|-ködjön|-dne| funktionieren	75
műsor |-t|-a|-ok| Programm	74
műszaki |-ak| (poly)technisch	68
művelt |-et|-ek|-ebb| kultiviert, gebildet	84
N	
na also	
na de! na aber!	24
na és? na und?	23
nadrág |-ot|-tja|-ok| Hose	53
nagy |-ot|-ok|-obb| groß	2
nagymama |-mát|-mája|-mák| Großmutter, Oma	20
nagyon sehr, viel	6
nagyravágyó |-t|-ak|-bb| ehrgeizig	79
nagyságos úr "Seine Hochwürden", gnädiger Herr	30
nagyszájú |-t|-ak|-bb| "Großmaul"	82
Nagy Britannia Großbritannien	77
nap |-ot|-ja|-ok| Tag, Sonne	1
naponta pro Tag	80
napsugár |-garat|-gara|-garak| Sonnenstrahl	39
napsütés |-t|-e|-ek| Sonne, Sonnenschein	39
narancs |-ot|-a|-ok| Orange	41
NDK (Német Demokratikus Köztársaság) DDR	77
nedves |-et|-ek|-ebb| feucht	81
nehéz |-ezet|-ezek|-ezebb| schwer, schwierig	4
negyedik vierter	4
negyven vierzig	49
nehogy damit nicht, dass nicht	73
nemcsak nicht nur	50
nem baj das macht nichts	11
nem... hanem nein ... sondern	4
nemrég neulich, vor kurzem	26
nemzeti |-t| national	40
nemzetközi |-t| international	76
nevel |-t|-jen|-ne| erziehen	34
nevet |-ett|nevessen|-ne| lachen	59
negyed Viertel	66
négy vier	49
négykezes vierhändig gespieltes Musikstück	59
négyzetméter |-t|-e|-ek| Quadratmeter	55
néha manchmal	83
néhány einige, manche	69
nélkül ohne	15
néni |-t|-je|-k| Dame, Tante	20
nép |-et|-e|-ek| Volk	39
népi |-t|-ek| volkstümlich	39
népdal |-t|-a|-ok| Volkslied	52

Népstadion |Volkssstadion 76
népszerű |-t|-ek|-bb| populär,
  beliebt 83
név |nevet|neve|nevek| Name 71
néz |-ett|-zen|-ne| anschauen,
  betrachten 13
nézés |-t|-e| Blick 12
nincs es gibt nicht, es ist nicht,
  keiner, -e, -es 6
novella |-lát|-lája|-lák| Novelle 72
november |-t|-e|-ek| November 49
nő |-t|-je|-k| Frau 30
**NSZK (Német Szövetségi
  Köztársaság)** BRD 77

NY

nyak |-at|-a|-ak| Hals 36
nyaral |-t|-jon|-na| in die Ferien
  fahren 46
nyaraló |-t|-ja|-k| Landhaus,
  Ferienhaus 23
nyaralás |-t|-a|-ok| Ferien 72
nyár |-nyarat|-nyara|-nyarat|
  Sommer 47
nyelv |-et|-e|-ek| Sprache 4
nyelvtan |-t|-a|-ok| Grammatik 50
nyers |-et|-ek|-ebb| brutal, grob,
  roh 69
nyílik |nyílt|nyíljon|nyílna| sich
  öffnen 55
nyit |-ott|nyisson|-na| öffnen,
  aufmachen 62
nyolc acht 13
nyomda |-dát|-dája|-dák|
  Druckerei 60
nyomozás |-t|-a|-ok|
  Untersuchung 81
nyomozó |-t|-ja|-k| Inspektor 81
nyomtat |-ott|nyomtasson|-na|
  drucken 75
nyugat |-ot| Westen 47
Nyugat-Európa Westeuropa 62

O, Ó

odafelé auf der Hinreise 53
ok |-ot|-a|-ok| Grund, Ursache 43
okos |-at|-ak|-abb| intelligent, klug 8
okoz |-ott|-zon|-na| verursachen 54
október |-t|-e|-ek| Oktober 49
olasz |-t|-ok|-bb| italienisch 77
olcsó |-t|-k|-bb| billig 54
olvas |-ott|-son|-na| lesen 61
olyan so (sehr) 44
onnan von dort 53
opera |-át|-ája|-ák| Oper 24
óra |órát|órája|órák| (Uhr)Zeit,
  Stunde 9
óriás |-t|-ok| Riese 1
orr |-ot|-a|-oi| Nase 41
ország |-ot|-a|-ok| Land 2
országút |-at|-ak| Bundesstraße 80
orvos |-t|-a|-ok| Arzt 10
osztrák |-ot|-ok| Österreicher 40
óta seit 54
ott dort 1
otthon zu Hause 3
óvoda |-dát|-dája|-dák|
  Kindergarten 60

Ö, Ő

ő er, sie 16
őlel |-t|-jen|-ne| umarmen,
  küssen 58
öltözik |-zött|-zzön|-zne| sich
  anziehen 16
Ön Sie (Höflichkeitsform) 4
önálló |-t|-ak|-bb| selbständig 68
öntöz |-ött|-zön|-ne| begießen 26
ördög |-öt|-e|-ök| Teufel 80
öreg |-et|-ek|-ebb| alt (Person) 20
őriz |őrzött|őrzen|őrzne|
  bewachen 73
örök ewig 74
örökbe fogad adoptieren
öröklakás Eigentumswohnung 55
öröm |-öt|-e|-ök| Freude 61
örül |-t|-jön|-ne| sich freuen 18
ősz |-t|-e|-ök| Herbst 46
őszinte |-tét|-ték|-tébb| ehrlich,
  aufrichtig 83
összeg |-et|-e|-ek| Summe,
  Betrag 72

összkomfort |mit allem Komfort| 55
öt |fünf| 10

P

padló |-t|-ja|-k| Parkettboden 55
papír |-t|-ja|-ok| Papier 45
papírüzlet |-et|-e|-ek| Papierladen
paprika |-kát|-kája| Paprika 56
paprikás mit Paprika 5
paradicsom |-ot|-a| Tomate 66
parancsol |-t|-jon|-na| befehlen,
bestellen 65
park |-ot|-ja|-ok| Park 60
part |-ot|-ja|-ok| Ufer 12
pasas |-t|-a|-ok| Typ, Kerl 24
pálinka |-kát|-kája|-kák| Schnaps 73
pályaudvar |-t|-a|-ok| Bahnhof 62
pár Paar, einige 79
párol |-t|-jon|-na| dünsten,
schmoren, kochen 66
párt |-ot|-ja|-ok| Partei 60
pedig jedoch, seinerseits 30
perc |-et|-e|-ek| Minute 62
persze sicher 15
pesti |-t|-ek| von Pest/Budapest 8
Petike Peterchen 2
pezsgő |-t|-je|-k| Sekt 18
például zum Beispiel 30
péntek |-et|-e|-ek| Freitag 26
pénz |-t|-e|-ek| Geld 8
Péter Peter 1
piac |-ot|-a|-ok| Markt 66
pihen |-t|-jen|-ne| sich ausruhen,
sich erholen 23
pince |-ét|-éje|-ék| Keller 19
pincér |-t|-e|-ek| Kellner 5
piros |-at|-ak|-abb| rot 24
piszkos |-at|-ak|-abb| schmutzig 32
pofon |-t|-ja|-ok| Ohrfeige 22
pohár |-harat|-hara|-harak| Glas 43
pokol |-klot|-kla|-klok| Hölle 31
polc |-ot|-a|-ok| Regal 15
politikus |-t|-a|-ok| Politiker 18
pontos |-at|-ak|-abb| pünktlich 9
por |-t|-a|-ok| Staub 83

porosodik |-sodott|-sodjon|
-sodna| verstauben 85
portugál |-t|-ok| Portugiese 77
Portugália Portugal
posta |-tát|-tája|-ták| Post 64
probléma |-mát|-mája|-mák|
Problem 74
program |-ot|-ja|-ok| Programm,
Zeitplan 32
próbál |-t|-jon|-na| versuchen,
probieren 74
púder |-t|-e|-ek| Puder (aus Reis) 43

R

rajz |-ot|-a|-ok| Zeichnung 34
randevú |-t|-ja|-k| Verabredung,
Rendezvous 48
ráér |-t|-jen|-ne| Zeit haben 48
rágyújt |-ott|-son|-ana|
anzünden (Zigarette) 64
recept |-et|-je|-ek| Rezept 66
reggel |-t|-e|-ek| Morgen 9
reggeli |-t|-je|-k| Frühstück 65
reklamál |-t|-jon|-na| klagen,
reklamieren 65
remél |-t|-jen|-ne| hoffen 27
rend |-et|-je| Ordnung 8
rendben van einverstanden, in
Ordnung
rendel |-t|-jen|-ne| befehlen,
bestellen 37
rendes |-et|-ek|-ebb| ordentlich,
wohlerzogen, korrekt 32
rendetlenség |-et|-e|
Unordnung 32
rendez |-ett|-zen|-ne| ordnen,
organisieren 32
rendőr |-t|-e|-ök| Polizist 4
rendőrség |-et|-e| Polizei,
Kommissariat 78
rendszeresen ständig 57
repül |-t|-jön|-ne| fliegen 58
repülőgép |-et|-e|-ek| Flugzeug 69
repülőtér |-teret|-tere|-terek|
Flughafen 54

rettenetes |-et|-ek|-ebb|
 schrecklich 32
reuma |-mát|-mája| Rheuma 78
régen vor langer Zeit, damals 54
régi |-t|-ek|-bb| alt (Gegenstand) 12
régóta seit Langem 39
rész |-t|-e|-ek| Teil 33
részére für 65
részlet |-et|-e|-ek| Auszug,
 Passage 72
rét |-et|-je|-ek| Wiese 71
riport |-ot|-ja|-ok| Reportage 51
rizs |-t| Reis 66
rokon |-t|-a|-ok| Verwandter 26
romantikus |-at| romantisch 17
Románia Rumänien 47
rossz |-at|-ak|-abb| schlecht,
 falsch 39
rosszul schlecht 16
rózsa |-sát|-sája|-sák| Rose 58
rozmaring |-ot| Rosmarin 58
rögtön sofort, gleich 25
rövid |-et|-ek|-ebb| kurz 33
ruha |-hát|-hája|-hák| Kleid,
 Kleidung 24
rum |-ot|-ja|-ok| Rum 43
rúzs |-t|-a|-ok| Lippenstift 43

S
sajnál |-t|-jon|-na| bereuen,
 bedauern 5
sajnos unglücklicherweise,
 leider 29
sajt |-o|-ja|-ok| Käse 45
sajtó |-t|-ja| Presse 81
saláta |-tát|-tája|-ták| Salat 5
sarok |sarkot|sarka|sarkok|
 Ecke 25
Sándor Alexander 31
sánta |-tát|-ták|-tább| hinkend 82
sárga |-gát|-gák|-gább| gelb 12
sebesség |-et|-e| Geschwindigkeit 80
segít |-ett|-sen|-ene| helfen 29
segítség |-et|-e| Hilfe 33
se(m) auch nicht 79
se(m)... se(m) weder ... noch 15

semmi nichts 1
semmiség |-et|-ek| Nichts,
 Kleinigkeit 55
semmilyen keine/n einzige/n 74
senki niemand 54
sertés |-t|-e|-ek| Schwein 29
séta |-tát|-tája|-ták| Spaziergang 39
sétahajó |-t|-ja|-k|
 Ausflugsdampfer 62
sétál |-t|-jon|-na| spazieren gehen 6
sétálgat |-ott|-sson|-na| auf- und
 abgehen 43
siet |-ett|-siessen|-ne|
 sich beeilen 37
siker |-t|-e|-ek| Erfolg 50
sikeres |-et|-e|-ek| erfolgreich 50
síkság |-ot|-a|-ok| Flachland,
 Ebene 47
simogat |-ott|-gasson|-na|
 streicheln 44
síp |-ot|-ja|-ok| Pfeife 71
sír |-t|-jon|-na| weinen 22
skót |-ot|-ok| schottisch 78
soha nie 32
sok viel 23
sokan viele (Leute) 10
sokáig lange (Zeitdauer) 43
sokszor oft, häufig 49
só |-t|-ja| Salz 66
sógor |-t|-a|-ok| Schwager 51
sógornő |-t|-je|-k| Schwägerin 51
sötét |-et|-ek|-ebb| dunkel 65
spanyol |-t|-ok| Spanier 77
Spanyolország Spanien 77
sportol |-t|-jon|-na| Sport treiben 36
sportpálya |-yát|-yája|-yák|
 Stadion, Sportplatz 60
sör |-t|-e|-ök| Bier 56
söröző |-t|-je|-k| Brauerei 56
stb. usw.
súg |-ott|-jon|-na| flüstern 59
súly |-t|-a|-ok| Gewicht 61
sül |-t|-jön|-ne| braten 63
sült |-et|-je|-ek| Braten 63
sütemény |-t|-e|-ek| Gebäck 43
Svájc Schweiz 77
svájci |-t|-ak| Schweizer 77

svéd |-et|-ek| Schwede 77
Svédország Schweden 77

SZ

szabad |-ot|-ok|-abb| frei 60
szabadság |-o|-a|-ok| Freiheit 49
szag |-ot|-a|-ok| Geruch 73
szakember |-t|-e|-ek| Spezialist 69
szalámi |-t|-ja| Salami 69
szalonna |-nát|-nája|-nák| Speck 66
szamár |-marat|-mara|-marak|
Esel 82
szappan |-t|-a|-ok| Seife 45
szavaz |-ott|-zon|-na| stimmen
für, wählen 60
száj |-at|-a|-ak| Mund 41
szál |-at|-a|-ak| Halm, Faden 67
szállít |-ott|-son|-ana| liefern,
transportieren 81
szálloda |-dát|-dája|-dák| Hotel 4
számítógép |-et|-e|-ek| Computer 68
számol |-t|-jon|-na| zählen,
rechnen 85
származik |-zott|-zzon|-zna|
ableiten 33
szárnyashajó |-t|-ja|-k| Gleitboot 53
száz Hundert 28
század |-ot|-a|-ok| Jahrhundert 40
századik hundertster, -e, -es 51
szegény |-t|-ek|-ebb| arm 23
szegénység |-et|-e|-ek| Armut 79
szekrény |-t|-e|-ek| Schrank 9
szeles |-t|-ek|-ebb| windig 83
szem |-et|-e|-ek| Auge 22
személyiség |-et|-e|-ek|
Persönlichkeit 81
személyzet |-et|-e|-ek| Personal,
Mannschaft 81
szemüveg |-et|-e|-ek| Brille 15
szent |-et|-ek| heilig 40
szeptember |-t|-e|-ek| September 49
szerda |-dát|-dája|-dák| Mittwoch 28
szerelmes |-t|-ek|-ebb| verliebt 71
szerencsésen glücklicherweise,
problemlos 54
szerencsére glücklicherweise 33

szerencsétlen unglücklich 81
szerep |-et|-e|-tek| Rolle 69
szereplő |-t|-je|-k| Figur,
Darsteller 82
szerény |-t|-ek|-ebb| bescheiden 26
szeret |-ett|szeressen|-ne| lieben 27
szeretet |-et|-e| Zuneigung, Liebe 54
szerető |-t|-je|-k| Geliebte/r 67
szerint laut, nach 39
szerkesztő |-t|-je|-k| Redakteur 72
szervusz Tschüss, Servus! 1
szerző |-t|-je|-k| Autor 85
szesz |-t| Alkohol 80
szék |-et|-e|-ek| Stuhl 19
szél |szelet|szele|szelek| Wind 41
szép |-et|-ek|-szebb| schön 1
szépen gut 8
Szépművészeti Múzeum
Museum der Schönen Künste 62
szépítgeti |-gette|-gesse|-getné
(magát)| sich schön machen 43
szigorú |-t|-ak|-bb| streng 11
szimpatikus |-at|-ak|-abb|
sympathisch 24
szín |-t|-e|-ek| Farbe 69
színes |-et|-ek|-ebb| farbig, bunt 12
szinte fast, sozusagen 80
színház |-at|-a|-ak| Theater 48
szív |-et|-e|-ek| Herz 37
szíves |-et|-ek|-ebb| freundlich,
liebenswürdig 75
szívesen gerne 78
szíveskedjék würden Sie bitte ... 78
szoba |-bát|-bája|-bák| Raum,
Zimmer 3
szokás |-t|-a|-ok| Brauch, Tradition 73
szoknya |-yát|-yája|-yák| Rock 53
szokott |-kjon|-kna| gewohnt
sein zu 73
szombat |-ot|-ja|-ok| Samstag 26
szomjas |-at|-ak|-abb| Durst haben 78
szomorú |-t|-ak|-bb| traurig 31
szomszéd |-ot|-ja|-ok| Nachbar 20
szó |-t|szava|szavak| Wort 27
szól |-t|-jon|-na| sagen 37
szórakozik |-zott|-zzon|-zna|
sich vergnügen, sich unterhalten 15

szórakoztat |-ott|-tasson|-na|
  amüsieren, unterhalten 85
szorgalmas |-at|-ak|-abb| fleißig 50
szótár |-at|-a|-ak| Wörterbuch 33
Szovjetunió Sowjetunion 47
szőke |-két|-kék|-kébb| blond 16
szőnyeg |-et|-e|-ek| Teppich 19
szörnyű |-t|-ek|-bb| schrecklich 46
szöveg |-et|-e|-ek| Text 50
szövetkezet |-et|-e|-ek|
  Kooperative, Genossenschaft 68
szundít |-ott|-son|-ana| einnicken 71
szűk |-et|-ek|-ebb| eng 24
szükség |-et|-e| Bedürfnis,
  Notwendigkeit 23
szükséges |-et|-ek|-ebb| nötig 70
születik |-ett|-szülessen|-ne|
  geboren werden 33
születésnap |-ot|-ja|-ok|
  Geburtstag 51
szülészet |-et|-e|-ek|
  Entbindungsstation 61
szülő |-t|-je|-k| Eltern, Vater und
  Mutter 20
szürke |-két|-kék|-kébb| grau 25

T

tag |-ot|-ja|-ok| Mitglied 81
takarít |-ott|-on|-ana| putzen,
  sauber machen 32
takarítónő |-t|-je|-k| Putzfrau 26
talál |-t|-jon|-na| finden 62
találgat |-ott|-gasson|-na| zu
  erraten versuchen 43
találkozik |-kozott|-kozzon|
  kozna| treffen 24
talán vielleicht 72
tanács |-ot|-a|-ok| Stadtrat 51
tanácsol |-t|-jon|-na| beraten 80
tanár |-t|-a|-ok| Lehrer, Professor 2
tanfolyam |-ot|-a|-ok|
  Unterricht, Seminar 68
tanít |-ott|-son|-ana| unterrichten 57
tanító Lehrer
tankönyv |-et|-e|-ek| Lehrbuch 85
tanul |-t|-jon|-na| lernen 4

tanulás |-t|-a| Studium, Lehre 50
tanuló |-t|-ja|-k| Schüler 50
tartalmaz |-ott|-zon|-na|
  enthalten 83
tartozik |-tozott|-tozzon|-tozna|
  gehören 69
tartózkodás |-t|-a|-ok|
  Aufenthalt 81
tavaly letztes Jahr 38
tavasz |-t|-a|-ok| Frühling 39
tavaszi |-t|-ak| Frühlings- 52
tavasszal im Frühling 46
tábla |-blát|-blája|-blák|
  Schokoladentafel 78
tágas |-at|-ak|-abb| geräumig 55
tájékoztató |-t|-ja|-k| Auskunft,
  Konferenz 81
tálal |-t|-jon|-na| servieren (Essen) 66
tánc |-ot|-a|-ok| Tanz 48
táncol |-t|-jon|-na| tanzen 16
tárgyalás |-t|-a|-ok|
  Verhandlungen 81
társ |-at|-a|-ak| Partner, Gefährte,
  Begleiter 52
társaság |-ot|-a|-ok| Firma,
  Gesellschaft 74
társasutazás |-t|-ak|-ok|
  Gruppenreise 46
táska |-kát|-kája|-kák| Tasche 78
távirat |-ot|-a|-ok| Telegramm 75
távol weit, entfernt 51
távoli |-t|-ak|-bb| entfernt
  (Verwandter) 51
távolság |-ot|-a|-ok| Entfernung 71
te du, dir 1
tegeződik |-ződött|-ződjön|
  -ződne| sich duzen 64
tegnap gestern 24
tegnapelőtt vorgestern 49
teher |terhet|terhe|terhek|
  Gewicht, Last 67
tej |-et|-e| Milch 45
tekint |-ett|-sen|-ene| betrachten 71
tenger |-t|-e|-ek| Meer 23
tele voll 18
telefonál |-t|-jon|-na| anrufen,
  telefonieren 22

teljesen völlig 24
templom |-ot|-a|-ok| Kirche 12
terítő |-t|-je|-k| Tischdecke,
  Deckchen 78
tesz |tett|tegyen|tenne| machen,
  legen 63
terel |-t|-jen|-ne| führen, lenken 71
termelés |-t|-e| Produktion,
  Herstellung 69
termék |-et|-e|-ek| Erzeugnis,
  Produkt 69
természetesen natürlich 72
tessék Hier, bitte ... 4
tetszik |-szett|-sszen|szene|
  gefallen 16
tettes |-t|-e|-ek| Verbrecher 81
tél |telet|tele|telek| Winter 46
tényleg tatsächlich? stimmt das? 76
tér |teret|tere|terek| Platz 9
térd |-et|-e|-ek| Knie 36
téved |-ett|-jen|-ne| sich täuschen 72
tévé |-t|-je|-k| Fernsehen 19
ti ihr (2. Pers. Pl.) 16
tied deiner 2
titkárnő |-t|-je|-k| Sekretärin 68
titok |titkot|titka|titkok| Geheimnis 51
tíz zehn 26
tó |tavat|tava|tavak| See (der) 47
toll |-at|-a|-ak| Füller 45
tol |-t|-jon|-na| stoßen, schieben 44
tornázik |-názott|-názzon|-názna|
  Gymnastik machen, turnen 36
tornatanár |-t|-a|-ok|
  Gymnastiklehrer 36
torony |tornyot|tornya|tornyok|
  Turm 59
torta |-tát|-tája|-ták| Kuchen,
  Torten 20
tovább weiter 17
több mehr, mehrere 50
többi die anderen, die übrigen 41
többször mehrere Male 49
tökéletes |-et|-ek|-ebb| perfekt,
  vollkommen 85
tölt |-ött|-sön|-ene| füllen, gießen,
  einschenken; verbringen 73

török |-öt|-ök| Türke 40
történelem |-nelmet|-nelme|
  Geschichte 40
történet |-et|-e|-ek| Geschichte,
  Anekdote, Märchen 83
történik |tént|ténjen|ténne|
  passieren, stattfinden 57
trafik |-ot|-ja|-ok| Tabakladen 45
trolibusz |-t|-a|-ok|
  Oberleitungsbus 69
tud |-ott|-jon|-na| wissen 15
tudás |-t|-a| (das) Wissen 57
tudós |-t|-a|-ok| Wissenschaftler 72
tudajdonos |-t|-a|-ok| Besitzer 72
túllép |-ett|-jen|-ne| überschreiten 80
túloz |-zott|-zon|-na| übertreiben 83
túlzás |-t|-a|-ok| Übertreibung 46
turista |-tát|-tája|-ták| Tourist 75
tükör |-kröt|-kre|-krök| Spiegel 19
tüntet |-ett|-tessen|-ne|
  demonstrieren 76
tüntető |-t|-je|-k| Demonstrant 76
türelmes |-et|-ek|-ebb| geduldig 43
türelmetlen |-t|-ek|-ebb|
  ungeduldig 43
tüsszent |-ett|-sen|-ene| niesen 64
tűzoltó |-t|-ja|-k|
  Feuerwehrmann 71

U, Ú

udvarias |-at|-ak|-abb| höflich 30
udvarló |-t|-ja|-k| Verehrer 73
udvarol |-t|-jon|-na| den Hof
  machen 73
ugat |-ott|ugasson|-na| bellen 82
úgy so, auf diese Weise 20
ugyanez das gleiche 64
ugye? nicht wahr? 11
úgyis auf jeden Fall 82
úgynevezett angeblich,
  sogenannt 69
új |-at|-ak|-abb| neu 19
újra wieder, noch einmal 18
újság |-ot|-a|-ok| Zeitung, Neuigkeit 1
újságíró |-t|-ja|-k| Journalist 81
újszülött |-et|-ek| Neugeborenes 61

unoka |-kát|-kája|-kák| Enkel/-in 20
unokatestvér |-t|-e|-ek| Vetter,
Cousin 51
unokahúg |-ot|-a|-ok| Nichte 53
úr |urat|ura|urak| Herr 2
uram Mein Herr (Anredeform) 8
uszoda |-dát|-dája|-dák|
Schwimmbad 60
út |utat|-ja|utak| Straße; Reise 54
utál |-t|-jon|-na| hassen, verab-
scheuen 44
után danach, später 25
utas |-t|-a|-ok| Reisender,
Passagier 1
utazik |-zott|-zzon|-zna| reisen 23
utazás |-t|-a|-ok| Reise 53
utazási iroda Reisebüro 75
utazgat |-ott|-gasson|-na| häufig
reisen 54
utca |-cát|-cája|-cák| Straße 8
útlevél |-velet|-vele|-velek| Pass 4
utolér |-t|-jen|-ne| einholen,
erwischen 82
utoljára zum letzten Mal 53
utolsó letzter 62
uzsonna |-nát|-nája|-nák|
Nachmittagsimbiss
(Kaffee und Kuchen) 20
uzsonnázik |-zott|-zzon|-zna|
Nachmittagsimbiss einnehmen 20

Ü, Ű

ül |-t|-jön|-ne| sitzen 56
ülés |-t|-e|-ek| Sitzbank 78
ültet |-ett|-essen|-ne| pflanzen 67
ünnep |-et|-e|-ek| Fest 73
ünnepel |-t|-jen|-ne| feiern 51
ünnepnap |-ot|-ja|-ok| Feiertag 75
üres |-et|-ek|-ebb| leer 18
űrlap |-ot|-ja|-ok| Formular 75
üveg |-et|-e|-ek| Glas; Flasche 12
üveggolyó |-t|-ja|-k| Glaskugel,
Murmel 71
üzen |-t|-jen|-ne| Botschaft
überbringen 79
üzlet |-et|-e|-ek| Geschäft, Laden 39

V

vacsora |-rát|-rája|-rák|
Abendessen, Abendbrot 57
vacsorázik |-rázott|-rázzon|
-rázna| zu Abend essen 13
vad |-at|-ak|-tabb| wild 71
vaj |-at|-a|-ak| Butter 45
vajon ob 80
valahol irgendwo 15
valaki jemand 16
valamelyik irgendein 41
valami etwas 10
valuta |-tát|-tája|-ták| Devise 75
van |volt|legyen|volna/lenne|
sein (Verb) 1
vasárnap |-ot|-ja|-oi| Sonntag 26
vasút |-at|-ja|-ak| Eisenbahn 69
vág |-ott|-jon|-na| schneiden 66
vágyik |-ott|-jon|-na| begehren,
wünschen 79
válasz |-t|-a|-ok| Antwort 64
válaszol |-t|-jon|-na| antworten 20
választ |-ott|-lasszon|-ana| wählen 52
választás |-t|-a|-ok| die Wahlen 60
választási |-t| Wahl- 60
választó |-t|-ja|-k| Wähler 6
váll |-at|-a|-ak| Schulter 36
vállalat |-ot|-a|-ok| Firma,
Unternehmen 68
vált |-ott|-son|-ana| wechseln,
tauschen (Geld) 75
változat |-ot|-a|-ok| Variante 67
változik |-zott|-zzon|-zna| sich
verwandeln in, sich
verändern 31
vám |-ot|-ja|-ok| Zoll 78
vár |-at|-a|-ak| Schloss, Festung 12
vár |-t|-jon|-na| warten 10
város |-t|-a|-ok| Stadt 2
Városliget |-et| Stadtwald 62
vásárol |-t|-jon|-na| kaufen 62
vendég |-et|-e|-ek| Gast 18
vendégség |-et|-e|-ek| Einladung,
Besuch 59
vendégszerető |-t|-ek|-bb|
gastfreundlich 78

ver |-t|-jen|-ne| schlagen 56
vers |-et|-e|-ek| Gedicht 31
vesz |vett|vegyen|venne| nehmen, kaufen 63
veszekedés |-t|-e|-ek| Streit 22
veszélyes |-et|-ek|-ebb| gefährlich 82
vetít |-ett|-sen|-ene| vorführen (Dias) 62
vevő Kunde, Käufer
vezet |-ett|-essen|-ne| regieren, führen 60
vezető |-t|-je|-k| Fahrer; Leiter, Regierender 25
vécé |-t|-je|-k| WC 55
vég |-et|-e| Ende 12
végez |-zett|-zen|-ne| beenden, ein Diplom erhalten 74
végén am Ende 46
végre endlich, schließlich 10
végül zum Abschluss 66
véletlen |-t|-e|-ek| Zufall 73
véletlenül zufällig 34
vicc |-et|-e|-ek| Witz, Scherz 38
vidám |-at|-ak|-abb| fröhlich, lustig 41
vidáman fröhlich, mit Vergnügen 54
vidék |-et|-e|-ek| Land (≠ Stadt) 20
vigyáz |-ott|-zon|-na| aufpassen 26
vihar |-t|-a|-ok| Sturm 41
világ |-ot|-a| Welt 61
világbajnok |-ot|-a|-ok| Weltmeister 81
világháború |-t|-k| Weltkrieg 40
világos |-at|-ak|-abb| hell 55
villa |-át|-ája|-ák| Villa 62
villamos |-t|-a|-ok| Straßenbahn 9
Vilmos Wilhelm 65
virág |-ot|-a|-ok| Blume 26
visel |-t|-jen|-ne| tragen (Kleidungsstück) 71
viselkedik |-kedett|-kedjen| -kedne| sich verhalten, sich benehmen 44
visz |vitt|vigyen|vinne| tragen 63
viszontlátásra auf Wiedersehen 44

visszaenged |-ett|-jen|-ne| wieder freilassen, loslassen 79
visszafelé bei der Rückkehr, nach rückwärts 53
visszamegy |-ment|-menjen| -menne| zurückgehen 29
visszatér |-t|-jen|-ne| wiederkehren (Gelegenheit) 72
víz |vizet|vize|vizek| Wasser 5
viszga |-gát|-gája|-gák| Prüfung 11
viszgálat |-ot|-a|-ok| Kontrolle, Untersuchung 83
vonat |-ot|-a|-ok| Zug 37
vödör |-dröt|-dre|-drök| Eimer 73
vörös |-et|-ek|-ebb| rot 5
vöröshagyma |-mát|-mája| rote Zwiebel 66

Z

zaj |-t|-a|-ok| Lärm 65
zavar |-t|-a|-ok| stören 64
zavarás |-t|-a| Störung 64
zár |-t|-jon|-na| schließen 62
zárás |-t|-a|-ok| Ladenschluss 29
zene |-nét|-néje|-nék| Musik 16
zenekar |-t|-a|-ok| Orchester 16
zongora |-rát|-rája|-rák| Klavier 19
zöld |-et|-ek|-ebb| grün 25
zöldpaprika |-kát|-kája| grüne Paprikaschote 66
zuhanyozó |-t|-ja|-k| Dusche 65

ZS

zsír |-t|-ja|-ok| Fett, Schmalz 66
Zsuzsi Susi 16

Aussprache / Kurzübersicht

Buchstabe [*Lautschrift*] Aussprachebeispiel & Erklärung

Buchstabe	Lautschrift	Aussprachebeispiel & Erklärung
a	[α]	zwischen [a] & [o] wie im engl. „what"
á	[a:]	langes a wie in Vater, Saal
c	[ts]	wie **z** in **z**ehn, **Z**ange
cs	[tsch]	wie in **tsch**echisch
e	[ɛ]	wie in d**e**nn, w**e**nn
é	[e]	wie in S**ee**, **E**sel
gy	[dj]	wie in A**di**eu
h	[h]	wie in **H**aus
í	[i:]	langes i wie in T**ie**r, h**ie**r
ny	[nj]	wie in Cog**n**ac, Champa**gn**er
o	[o]	wie in S**o**nne, **o**b
ó	[o:]	langes o wie in **oh**ne, **Oh**ren
ő	[ö:]	langes ö wie in h**ö**ren
s	[sch]	wie in **sch**ön
sz	[s]	wie ss/ß in Hau**s**
ty	[tj]	wie in Hein**tj**e
ú	[u:]	wie in K**uh**
ű	[ü:]	langes ü wie in T**ü**r
v	[w]	wie **w** in **W**itwe
z	[z]	wie in ro**s**a
zs	[j]	wie in „Heute **J**ournal"